Negociación estratégica

Michael Fowler

ebl

Negociación estratégica

Primera edición: 2023

ISBN: 9781524318352
ISBN eBook: 9781524328603

© del texto:
  Michael Fowler

© de la maquetación, el diseño
  y la producción de esta edición: 2023 EBL

  Versión original publicada en 2017 por Carolina Academic Press, bajo
  el título Mastering Negotiation.

  Carolina Academic Press, LLC
  700 Kent Street
  Durham, NC 27701
  United States of America
  Telephone (919) 489-7486
  Fax (919) 493-5668
  www.cap-press.com

  Traducido del inglés al español por Felipe Reyes

Prólogo

La negociación estratégica está dirigido a estudiantes y profesionales interesados en el tema de la negociación avanzada, cuyos conocimientos se derivan de actividades académicas, asesoramiento de profesores o mentores, o a través de experiencias personales o profesionales de negociación en el pasado. Su objetivo es proporcionar a estos negociadores análisis más profundos, enfoques mejor estructurados, ideas y conocimientos adicionales y estrategias más avanzadas.

El libro busca integrar lo mejor de los conocimientos actuales sobre cómo negociar hábilmente. Su objetivo concreto es reunir las ideas más útiles formuladas por el grupo de eruditos en cuyo aporte, de una manera u otra, se ha basado en la obra fundacional, *Obtenga el sí (Getting to Yes)*. *La negociación estratégica* tiene como objetivo lograr esto mediante un enfoque práctico que proporcione al lector una caja de herramientas con conceptos eficaces —algunos básicos, otros intermedios y otros bastante avanzados.

La negociación estratégica pasa por las fases de un proceso típico de negociaciones, desde la prenegociación hasta el cierre del acuerdo. Pensar en una negociación progresiva es un concepto organizativo útil, pero también hay que tener en cuenta sus limitaciones. La comunicación en una negociación avanzada suele ser fluida. El inicio de una fase y el final de otra podría no estar bien definido. Las secuencias de las fases bien podrían alterarse, y los negociadores a veces pueden retroceder o adelantarse, o incluso saltarse algo.

La negociación estratégica también proporciona asesoría sobre cómo superar las diversas dificultades que suelen surgir en la negociación. Hay capítulos específicos que profundizan en la mejor manera de superar estancamientos, problemas interpersonales y problemas éticos. El libro cuenta con un capítulo acerca de complicaciones y oportunidades interculturales y habla de algunas de las necesidades principales del personal jurídico y otros profesionales que operan en el extranjero. Capítulo a capítulo, *La negociación estratégica* está diseñado para ayudar a los negociadores a planificar una estrategia que les proporcionará la mejor posibilidad de lograr una resolución favorable.

Se ha afirmado que: «La nuestra es una era de negociaciones» con normas, roles y relaciones, que están discutiéndose constantemente[1]. Por otro lado, si bien prácticamente todo el mundo negocia regularmente, no es fácil hacerlo, en particular las negociaciones complejas que son nuestro principal objetivo. Los siguientes capítulos tienen como objetivo ayudar al lector a dominar los aspectos de una negociación altamente efectiva.

Agradezco la cooperación que brindó Quality Leadership University para la publicación de la versión en español de este libro, particularmente aprecio profundamente el apoyo de Oscar León, Rector de Quality Leadership University, como también a Alexandra González, Hugo Leonel León y Felipe Reyes por sus esfuerzos en hacer posible el producir de *Negociación Estratégica*.

[1]   I. William Zartman, Introduction in *The 50% Solution*, ed. I. William Zartman (Garden City, New Jersey: Anchor Press, 1987), 2.

Acerca del autor

Graduado de la Facultad de Derecho de Harvard, la Universidad de Virginia y el Dartmouth College y exabogado en ejercicio en Boston, Michael Fowler es ahora profesor de Ciencias Políticas en la Universidad de Louisville. Dos veces becado por el programa Fulbright en el Japón y tres veces como profesor visitante en el Semestre del el Mar, el profesor Fowler fue fundador y director del Instituto Muhammad Ali para la Paz y la Justicia de la Universidad de Louisville y ha sido galardonado por la universidad con los premios Modelo a la Enseñanza Multicultural y el Premio por Servicios Internacionales Distinguidos.

Michael Fowler ha impartido cursos de formación en negociación para abogados, diplomáticos, profesores, oficiales militares, ejecutivos de empresas y profesionales de recursos humanos, así como para estudiantes de secundaria y universitarios a nivel de licenciatura y de posgrado. Ha enseñado en Argentina, Australia, China, Costa Rica, Gran Bretaña, Japón, Laos, México, Panamá, Venezuela y Vietnam. Entre los grupos con los que ha trabajado se encuentran la Comisión de Relaciones Humanas de Louisville, el Foro Nacional para Funcionarios Públicos Afroamericanos y la Oficina Electoral de Guatemala, así como la Academia Diplomática de Vietnam y el Instituto de Relaciones Exteriores de Laos, y las divisiones de entrenamiento de los Ministerios de Relaciones Exteriores de esos países.

El profesor Fowler ha publicado siete libros, así como artículos en revistas académicas tales como *Harvard Negotiation Law Review, The Ohio State Journal on Dispute Resolution y Review of International Studies*. El trabajo escrito de Fowler ha sido impartido en cursos en varias universidades, incluyendo Stanford, Columbia, Escuela de Derecho y Diplomacia Fletcher en Tufts.

Las obras más conocidas de Michael Fowler son *Bribes, Bullets, and Intimidation: Drug Trafficking and the Law in Central America* (Pennsylvania State University Press, 2012), *Law, Power, and the Sovereign State: The Evolution and Application of the Concept of Sovereignty* (Penn State Press, 1995), ambos en coautoría con Julie M. Bunck, *Envisioning Reform: Enhancing UN Accountability in the 21st Century* (United Nations University Press, 2009), coeditado con el ex-subsecretario general de Las Naciones Unidas Sumihiro Kuyama, y *With Justice For All?: The Nature of the American Legal System* (Prentice Hall, 1998).

Michael Fowler facilita talleres de negociación y temas relacionados como resolución de conflictos, diplomacia, leyes internacionales, organizaciones internacionales, y leyes de los Estados Unidos a estudiantes de pregrado y postgrado en University of Louisville (U of L). Los estudiantes interesados en estudiar programas de licenciaturas y maestrías en Ciencias Políticas en University of Louisville, Kentucky, pueden visitar https://louisville.edu/politicalscience para mayor información. El Profesor Fowler también enseña periódicamente en Quality Leadership University en Panamá e investiga en temas relacionados en Latinoamérica. Para conferencias, seminarios y talleres de negociación estratégica dentro de su organización, pueden contactarme a michael.fowler@louisville.edu o a mis colegas en Quality Leadership University en Panamá a: capacitacion@QLU.PA.

Reconocimientos previos a la publicación, *Negociación Estratégica*

"Negociación Estratégica del Prof. Michael Fowler provee el enfoque estratégico y táctico para las negociaciones exitosas utilizando la metodología basada en intereses en vez de fijarse en posiciones. El libro provee muchos ejemplos y herramientas de cómo superar los obstáculos y desafíos que encontramos al negociar con personas difíciles, hábiles, experimentadas, emocionalmente conflictivas o centradas en posiciones. El libro nos guía en cómo priorizar intereses y al desarrollo creativo de diferentes opciones para llegar a soluciones que superan el clásico ganar-ganar y de esa forma convertir a los competidores en socios estratégicos dispuestos a desarrollar relaciones duraderas." – Oscar León, Presidente Fundador y Rector, Quality Leadership University, Panamá.

"Negociación Estratégica es un libro impresionante. Abarca todos los aspectos de las negociaciones, las dificultades que entrañan, así como la manera de superarlas, para alcanzar resoluciones de conflictos y acuerdos. Michael Fowler aplica sus amplios conocimientos y experiencia para hacer que este libro sea una obra de consulta indispensable para cualquiera que necesite negociar con éxito en situaciones complejas." – Avital Bloch, Profesora Investigadora de Historia, Centro de Investigaciones Sociales, Universidad de Colima, México.

"Se trata de una contribución histórica a la enseñanza, el aprendizaje y la práctica de la negociación. Con un lenguaje simple y elegante, el profesor Fowler guía al lector en un estimulante viaje a través de disciplinas que van desde el derecho, la ética y la economía hasta la psicología, la antropología y la comunicación. Basándose en su propia experiencia como abogado, académico y negociador, además de las ideas extraídas de una ingeniosa recopilación de las obras más influyentes en este campo, el profesor Fowler demuestra que la negociación no es un simple proceso, sino una vocación profesional con normas, habilidades y valores rigurosos. El libro se desarrolla en dos vertientes: es una obra maestra en la elaboración y análisis crítico de los conceptos fundamentales, pero también una guía intensamente práctica de las técnicas de aplicación de dichos conceptos. En cada capítulo encontramos ilustraciones concretas y ejemplos del mundo real. El libro está destinado a convertirse en una guía de referencia muy consultada acerca de lo que resulta exitoso y lo que fracasa en diversos contextos de negociación." – Donald L. Burnett, Jr. Profesor Emérito y Ex Decano de la Facultad de Derecho de la Universidad de Idaho, Ex Presidente Interino de la Universidad de Idaho, Estados Unidos de América.

"Las personas que se dedican al estudio y práctica de la negociación y la resolución adecuada de conflictos llevan mucho tiempo buscando un libro que explore todos los avances en materia de negociaciones basadas en principios o intereses que se hayan efectuado desde la publicación en 1981 de aquella obra pionera de Roger Fisher y William Ury, Getting to Yes: Negotiating Agreement Without Giving In. Negociación Estratégica, del profesor Michael Fowler, es un trabajo claro, ameno, amplio y perspicaz, ideal para su incorporación en las aulas y de gran interés para estudiantes y profesores universitarios, así como para profesionales de bufetes de abogados, consejos administrativos, sociedad civil, ministerios de asuntos exteriores y círculos políticos". – Sean Byrne, Director, Centro Mauro para la Paz y la Justicia, Universidad de Manitoba, Canadá.

"Se trata de un interesante y profundo recorrido por el arte y la ciencia de las negociaciones, que logra abarcar un amplio abanico de temas, tanto de actualidad como otros menos tratados, pero lo hace de una forma que los explica detalladamente. Es accesible para estudiantes y profesionales de todos los niveles y forma parte esencial de mi biblioteca". – Matthew Parry, Profesor, Facultad de Derecho Hillary Rodham Clinton, Universidad de Swansea, Reino Unido.

Capítulo 1
Elegir el mejor enfoque
para una negociación

«Aquellos que posean la habilidad de tener principios definidos y convicciones profundamente arraigadas estarán en una posición mucho mejor para lidiar con los cambios y sorpresas de los asuntos diarios...».

Winston Churchill[2]

Las circunstancias importan mucho en la negociación. Resolver una disputa, ya sea legal, comercial, política o diplomática, puede diferir en aspectos importantes al estructurar los términos de una transacción. No se esperaría negociar una disputa entre propietario e inquilino como se hace con un tratado de defensa mutua, ni una empresa conjunta de manera exacta a un acuerdo de negociación colectiva. Por consiguiente, mientras los negociadores se enfrentan a cualquier problema u oportunidad particular, se basarán en algunas, mas no en todas las ideas presentadas en las páginas a continuación.

No obstante, muchos conceptos son aplicables a los diferentes tipos de problemas de una negociación. El pensamiento que conduce a una solución satisfactoria en un contexto puede muy bien aplicarse a otro. Y algunas negociaciones fluyen a través de categorías. Los negociadores altamente cualificados «intentan convertir una disputa en un acuerdo y evitar que un acuerdo se convierta en una disputa».

Negociación estratégica (*Mastering Negotiation*): se ocupa especialmente de la negociación de profesionales que trabajan en nombre de clientes u organizaciones y tienen que lidiar con escenarios complicados. Las negociaciones complejas son particularmente difíciles, ya que incluyen por lo menos uno y a menudo más de los siguientes factores: numerosas partes, múltiples cuestiones en juego, un contexto jurídico, un entorno internacional, complejidades científicas o técnicas, importantes diferencias interculturales, o conflictos o

---

[2] Winston Churchill, *The Second World War: The Gathering Storm*, vol. 1 (Boston: Houghton Mifflin, 1948), 210.

controversias de gran complejidad, de larga duración o cargados de obstáculos, ya sean personales, grupales, nacionales o internacionales.

Una negociación compleja y efectiva implica la experiencia del negociador y sentidos intangibles como el tacto, la inteligencia y la intuición. Pero también se basa en lo que se ha llamado «un cuerpo sistemático de proposiciones, conocimientos y habilidades profesionales»[3]. Esto es importante, ya que la aplicación de la pericia en materia de negociación a un problema determinado puede llevar a las partes a un resultado notablemente mejor.

A. ¿Qué es una negociación?

Entonces, ¿qué es exactamente lo que califica como una negociación? El término ciertamente puede ser usado con ideas distintas en mente, y puede significar cosas que son algo diferentes en personas de diferentes culturas.

1. Definición y descripción de negociación

La mejor manera de concebir las negociaciones es mediante conversaciones entre diferentes partes que tienen por objeto concluir una transacción, aprovechar una oportunidad o gestionar o resolver una controversia o un conflicto. Normalmente, las partes son interdependientes en el sentido de que cada una busca ganar algo y cada una tiene algo para dar que la otra quiere. La expectativa es lograr un resultado mutuamente beneficioso que ambas partes crean que es mejor que sus alternativas.

Las negociaciones comparten las siguientes características básicas. Las partes identifican uno o más problemas u oportunidades e inician la comunicación sobre ello con la expectativa de que se beneficien de algún tipo de acuerdo creado conjuntamente que sin él. A continuación, se hace un intercambio de opiniones en el que se formulan preguntas, se expone información, se examinan las respuestas y se exponen las perspectivas de las partes sobre la situación. Se espera que este proceso de diálogo conduzca a un acuerdo mutuo sobre la gestión futura.

Este diálogo interactivo no tiene por qué adoptar ninguna forma en particular. Puede cubrirse en un solo intercambio o extenderse a lo

---

[3]   I. William Zartman and Maureen Berman, *The Practical Negotiator* (New Haven: Yale University Press, 1982), ix.

largo de varias sesiones. Puede realizarse cara a cara o a distancia, por medios orales o a través de la palabra escrita. A menudo, las acciones de las partes mientras negocian pueden incidir en discusiones, como en el caso de huelgas, paros y cierres patronales en conflictos laborales, por citar un ejemplo destacado.[4] Entonces, con bastante frecuencia, uno u otro o ambos negociadores actúan como agentes, negociando en nombre de otra persona, ya sea un individuo, un grupo o una organización. De hecho, una corporación o un gobierno es incapaz de negociar por sí mismo, sino que siempre utiliza un agente de algún tipo.

Aunque a veces se realizan negociaciones obligatorias, normalmente las partes entran voluntariamente en las conversaciones para ver si es posible llegar a una solución negociada. Este deseo mutuo de negociar suele dar un impulso inicial y a veces puede ayudar a superar las dificultades que puedan surgir.

Cada parte normalmente entra en una negociación con objetivos particulares en mente. Cada uno tiende a negociar habiendo ya pensado en el resultado que le gustaría que se produjera. Sin embargo, una buena negociación también es creativa en el sentido de que el proceso frecuentemente estimula nuevas ideas. En una negociación exitosa se crea un resultado que las partes apoyan, ya que va más allá del estado previo de las circunstancias, cuando aún no actuaban de manera concertada.

El objetivo final de una negociación, entonces, es formular una propuesta en la cual las partes se pongan de acuerdo, ya que de alguna manera les beneficia. Como mínimo, cada uno considerará que el acuerdo es mejor que sus alternativas. El proceso de negociación lleva a una u otra parte, o a ambas, a crear una o varias propuestas para hacer frente a las circunstancias que se les presentan. Las posibles decisiones son entonces evaluadas y pueden ser modificadas, contrarrestadas por una oferta de la otra parte, o, a veces, retomadas y reformuladas. Por último, las partes deciden si avanzan hacia un acuerdo formal, rechazan todo esfuerzo de negociar y terminan las conversaciones, o continúan negociando con la esperanza de encontrar un resultado más beneficioso de lo que se ha sugerido hasta ese momento. Si las contrapartes encuentran un denominador común, entonces elaboran los detalles de una decisión que puede ser oral, pero que a menudo se presenta por escrito.

---

[4]   Brigid Starkey, Mark A. Boyer, and Jonathan Wilkenfeld, *International Negotiation in a Complex World*, 4th ed. (Lanham: Rowman & Littlefield, 2015), 2.

Finalmente, las negociaciones a menudo implican equilibrios: cada parte renuncia a algo para obtener algo más que considera especialmente valioso. También suele implicar la invención o el descubrimiento de algo nuevo, algo que va más allá de la elección como se ha visto anteriormente.

2. Dinámica de la negociación

Considere, entonces, la dinámica de la negociación. Existe una gama de enfoques diferentes para tratar las numerosas situaciones que se presentan en la vida cotidiana. Se podría simplemente optar por no hacer nada, dejar que las cosas pasen y esperar que un problema mejore o se desvanezca con el tiempo. Varios factores podrían hacer que la otra parte cambie sus acciones o su orientación. Una persona que está profundamente involucrada en la situación podría mudarse, cambiar de trabajo, retirarse o morir. Es posible que una legislación se ocupe de una situación relevante, tal vez aprobando una ley que resuelva la situación.

En el otro extremo del espectro de posibles reacciones, si uno de ellos litiga o arbitra una disputa, el objetivo es conseguir que un tribunal o un árbitro ordene a la otra parte que haga lo que uno quiere. En este caso, se presentaría un argumento a un tercero y luego se tendría que acatar la decisión. Esto ciertamente tiene sus ventajas. Por ejemplo, una de las partes podría determinar que la creación de un precedente legal vinculante a través de un caso judicial es de vital importancia.

Otra forma de abordar un problema es emplear la autoayuda, es decir, tomar con determinación una acción disponible sin molestarse en negociar. El hecho de seguir un determinado procedimiento de forma independiente puede resultar atractivo, ya que, para que otra parte participe en una decisión se requieren compromisos. Por lo tanto, un cónyuge infeliz puede solicitar el divorcio. Una empresa podría despedir a ciertos empleados. Un Gobierno podría ir a la guerra.

En circunstancias particulares, puede haber razones de peso para considerar favorablemente cada una de estas alternativas de negociación, y, sin embargo, cada una de ellas está también asociada a problemáticas importantes. No hacer nada puede no traer ningún progreso, al menos durante un largo período. Las posiciones pueden endurecerse, y la frustración se hace presente. Llevar una disputa a los tribunales suele ser una experiencia larga y costosa. El juicio puede ser incómodo para las partes, ya que se ven obligadas a testificar sobre diferentes asuntos. Una vez que comienza el juicio, las partes pueden sentir que han perdido el control del proceso. Los gastos aumentarán, a menudo de manera precipitada, y puede que nunca se recuperen totalmente.

Además, un tribunal suele decidir a favor de una de las partes y en contra de la otra, haciendo de muchos procesos una propuesta de todo o nada. Esta puede ser una perspectiva aleccionadora para las partes que podrían preferir un compromiso en el que cada uno gane algo. También puede ser difícil predecir con exactitud la decisión de un tribunal. Antes del juicio, cada parte litigante suele prestar mucha más atención a sus propios argumentos que a los de su oponente. Esto puede llevar a cada parte a sobreestimar sus posibilidades de ganar. Y los pleitos podrían deteriorar tanto las relaciones entre las diferentes partes que se eliminaría la posibilidad de una futura relación productiva.

La negociación es un método más sutil para atender problemas complejos. Un negociador trata de trabajar con la otra parte para encontrar un resultado con el que ambas partes estén de acuerdo. La pregunta es: ¿cómo pueden los negociadores usar su inteligencia para alcanzar un acuerdo mutuamente satisfactorio, algo mejor que cualquier opción de las que alguna de las partes considere distante de la mesa de negociaciones? Pero, como dice el dicho, «se necesitan dos para bailar el tango». Si una de las partes considera que una negociación es inútil o que ya está avanzando hacia sus objetivos sin la necesidad de negociar, es probable que el esfuerzo de la otra parte por negociar fracase.

Obsérvese también que, en una presentación ante un tribunal, un abogado litigante trata de acercar a la persona que toma las decisiones a su perspectiva sobre las cuestiones jurídicas que se plantean. Por el contrario, los negociadores tratan de influir en sus colegas negociadores. Esto puede ser bastante difícil, ya que muchas personas están condicionadas a resistirse a la persuasión de alguien que consideran un adversario. Por lo tanto, crean contraargumentos, y la comunicación pronto se convierte en un debate. Una parte esencial del arte de la negociación es ir más allá de los argumentos para crear un acuerdo. En los próximos capítulos se establecerán una serie de caminos para hacer precisamente eso.

3. Negociaciones grupales

Cuanto más complejo sea el problema, más probable es que sea, o se convierta, en una negociación grupal. A veces el grupo consiste en dos equipos, uno de cada lado. En otras ocasiones, se reúnen varios negociadores —a veces representando a las partes individualmente y a veces con compañeros de equipo— con el fin de considerar juntos un problema o una oportunidad. Otra variedad de negociación grupal consiste en una gran reunión destinada a resolver algún asunto o problema que las partes enfrentan.

En cada uno de estos escenarios, múltiples personas estarán interactuando entre sí. Esto crea una dinámica diferente a la que se da en las conversaciones uno a uno, y pone en juego nuevas inquietudes y problemas para los negociadores. Unir incluso dos y tres partes trae consigo complejidades «sorprendentemente ricas»...[5] Considere las siguientes preguntas estratégicas. En una negociación triangular, es decir, una entre tres partes, ¿a quién se dirige usted primero y se compromete usted con ellas antes de dirigirse a la tercera parte? ¿Y si las otras dos partes tienen algún conocimiento previo y actúan de común acuerdo acudiendo a usted? ¿Cuándo tratas de atraer a otro miembro del triángulo, y cómo lo haces?

Todos estos temas se amplían cuando tres partes se convierten en seis, nueve, doce o docenas. Piense, por ejemplo, en las complejidades inherentes al cierre de un acuerdo cuando diferentes partes promueven una variedad de soluciones. Howard Raiffa señaló: «Si hay quince participantes, puede haber inicialmente en la mesa seis soluciones, que pueden fusionarse a cuatro y luego a tres. Las agrupaciones cambian continuamente: algunas se fusionan, otras se fraccionan y se unen con agrupaciones cambiantes»[6]. Y siempre existe la posibilidad de que una parte de la totalidad del grupo llegue a un acuerdo en lugar de, o además de, un acuerdo de la totalidad.

B. Descripción detallada del Método de negociación posicional

Las personas tienden a negociar a través de dos métodos básicos: un enfoque de negociación posicional o un método denominado de manera variada negociación de principios, de resolución de problemas, de intereses o de ganancias mutuas.

---

[5] Howard Raiffa, *The Art and Science of Negotiation* (Cambridge: Harvard University Press, 1982), 252.

[6] Ibíd., 253.

1. Definición de la negociación posicional

La negociación posicional es un modo convencional de negociar que se centra en que cada parte asuma una posición particular y luego haga exigencias a la otra.[7] La palabra «negociación» implica que el objetivo del negociador es ganar una negociación, es decir, un resultado singularmente atractivo, logrado a través de «un proceso de negociación de concesiones mutuas».[8]

Este método se centra en que cada negociador establezca sus posiciones. Es decir, cada uno plantea su posición o petición sobre aspectos clave, de esa manera expone su punto de vista sobre lo que se necesitaría para llegar a un acuerdo. Una posición es una manifestación de la solución deseada por los negociadores para el problema o la oportunidad que se les presenta. Aunque se espera que una posición fuertemente asumida haga que la otra parte acepte esos términos, las contrapartes son libres de manifestar su posición contraria. En ese caso, en los momentos clave de la negociación, lo que una parte desea se opone a lo que la otra parte desea.

Cuando existen diferencias significativas entre las respectivas posiciones manifestadas por cada parte, como suele ser el caso, las partes ven si es posible reducir esa brecha. Lo habitual es que cada uno exija más de lo que realmente espera recibir y, a menudo, a través de una serie de pequeños compromisos, cada uno cambia su posición, normalmente de forma lenta o vacilante, en la dirección del otro. O bien sus posiciones reajustadas coinciden en última instancia, en cuyo caso es probable que se llegue a un acuerdo, o bien una u otra de las partes o ambas se rinden, poniendo fin a la negociación.

2. Inicios en la negociación

En los primeros años de vida, la mayoría de nosotros experimentamos la negociación posicional. De niños, podemos negociar de esta manera con un hermano, amigo o padre. A medida que crecemos, podemos visitar una venta de garaje o un mercado de pulgas. Podríamos ver a la gente negociar adoptando posiciones opuestas en la televisión o en el cine. O bien, podríamos iniciarnos en la negociación posicional en la compra de un auto usado.

---

[7] Roger Fisher, William Ury, and Bruce Patton, *Getting to Yes*, 2nd ed. (New York: Penguin, 1991), 4 et seq.

[8] Roger Fisher and Daniel Shapiro, *Beyond Reason* (New York: Viking, 2005), 68.

De hecho, las personas a menudo «giran la rueda y negocian» en la venta de artículos usados —bicicletas, canoas, cortadoras de césped— y, cuando los precios no están preestablecidos, podría producirse una negociación posicional para determinar un precio. Es posible ver a la gente negociando los términos de un negocio para la prestación de servicios de jardinería. O negociando el precio del parqueo en un estacionamiento privado cerca de un estadio. En el campo, un granjero y un hacendado pueden llegar a un acuerdo sobre el precio de un caballo o de fardos de heno.

Los turistas a menudo practican la negociación posicional mientras están en el extranjero. En un mercado latinoamericano se puede escuchar a un vendedor llamando a un cliente potencial que pasa: «Quince pesos por estos plátanos». El cliente podría echar un vistazo y responder: «Se ven pequeños y verdes; un par tiene magulladuras. No pagaré más de cinco». El vendedor podría descascarar un plátano y ofrecer un mordisco, mientras sugiere un compromiso sobre un precio «final». El punto clave aquí es que «la esencia de muchas negociaciones implica cambiar las percepciones de los demás sobre cómo deberían efectuarse las negociaciones».[9]

3. El proceso y las tácticas de la negociación posicional

En la negociación posicional «pides más de lo que esperas recibir, ofreces menos de lo que esperas dar, compites en cuanto a quién puede ser más persistente y quién puede amenazar mejor con abandonar una negociación»[10]. Un negociador posicional típicamente magnifica (alaba) lo que ha ofrecido para vencer y minimizar (menospreciar) lo que la contraparte ha ofrecido aportar. El proceso de asumir posiciones, argumentar sobre su conveniencia y luego reformularlas a menudo lleva un tiempo considerable, ya que cada negociador quiere estar seguro de que el otro no cederá fácilmente. La idea central es que, si se puede persuadir a la otra parte mediante el debate, puede que no sea necesario hacer ninguna concesión. Por lo tanto, un negociador posicional

---

[9]   David Lax and James Sebenius, Three Ethical Issues in Negotiation, *Negotiation Journal* 2 (1986): 364.

[10]   Roger Fisher, An Interview with Roger Fisher and William Ury, *The Academy of Management Executive* 18 (2004): 104.

prueba los argumentos para ver si funcionarán antes de pasar a reunirse con la otra parte en una negociación.

Como negociador explica, aclara y defiende una posición, puede llegar a estar más comprometido con ella y menos inclinado a ceder mucho. Los negociadores posicionales a menudo discuten, fingen incredulidad y no dan largas antes de ceder a regañadientes. Dado que ninguno de los negociadores sabe en qué punto se pondrá de acuerdo el otro, cada parte busca dar el menor número de pasos posibles hacia la posición contraria, esperando así llegar a la conclusión más ventajosa.

Las partes que entablan una negociación posicional a menudo piensan en términos de un punto de partida, un conjunto de posibles opciones alternativas, y una opción alternativa final que a veces se denomina «resultado final». Las opciones alternativas reflejan, por lo tanto, el abandono del punto de partida del negociador y el acercamiento a la posición de la contraparte. El resultado final sería la resolución mínima necesaria para llegar a un acuerdo.

Al principio de las conversaciones un negociador posicional podría tratar de fijar la negociación en un punto que le sea favorable. Es decir, trataría de hacer un fuerte argumento a favor de un determinado punto u otro, con la esperanza de que esta posición inicial influya en el resto de las discusiones. Esa primera propuesta podría servir para demarcar un área determinada de posibles acuerdos, y el resultado podría estar cerca de esa posición inicial.

Por ejemplo, en un lote de autos usados en los Estados Unidos tu oferta inicial podría ser «Pagaré cinco mil dólares por ese viejo Chevy Camaro. Necesita urgentemente un trabajo de pintura, el interior está desgastado y los neumáticos necesitan ser reemplazados». En privado, podrías reconocerle a tu amigo que realmente estarías dispuesto a pagar diez mil dólares. Tu punto de partida sería cinco mil dólares; podrías estar totalmente preparado para aumentar, si fuera necesario, a seis mil quinientos dólares, o si eso no garantiza un acuerdo a ocho mil dólares. Tu última palabra serían diez mil dólares. Tu estrategia de negociación consistiría en presentar argumentos al vendedor sobre el precio adecuado del auto o cuánto estarías dispuesto a pagar. Y tu objetivo final sería tratar de conseguir una decisión lo más cercana posible a tu punto de partida.

En la negociación posicional cada parte intenta alterar las expectativas de la otra, mientras desgasta la resistencia a su posición. La expectativa es que de esa manera el negociador logre un acuerdo sobre algo cercano a sus términos. Por lo tanto, gran parte del proceso de negociación implica que cada negociador trate de llevar al otro a un punto de vista previamente manifestado: un tira y afloja intelectual.

a. Dejar un margen de maniobra para negociar

Al ofrecer una posición, cada parte busca dejar algún margen disponible para negociar, es decir, alguna posibilidad de alejarse de su posición y acercarse a la posición de la otra parte mientras que el resultado sea un negocio atractivo. Por ejemplo, un ejecutivo bancario propone comprar un pequeño banco local por diez millones de dólares, sabiendo muy bien que la junta directiva está dispuesta a pagar doce millones de dólares, pero dejando algo de margen para negociar con los vendedores.

En una negociación posicional simple, el curso de la negociación puede equivaler a poco más que una serie de compromisos entre los diferentes puntos de inicio, ya que ambas partes se tantean mutuamente para avanzar, mientras intentan alcanzar la decisión más beneficiosa para ellas. El avance hacia las posiciones de cada uno será normalmente pequeño siempre y cuando cada uno crea que ceder un poco su posición podría resultar en un acuerdo.

Este es un método común de negociación en todo el mundo. Lo más probable es que el precio que el vendedor de alfombras anuncie, cuando un comprador potencial camine por un bazar de Oriente Medio o un zoco de África del Norte, sea un número sustancialmente elevado. El vendedor puede esperar que el comprador simplemente *ceda* y, bajo la presión de tener que responder en el acto o bajo alguna coacción, acepte la propuesta presentada en su totalidad sin solicitar ninguna modificación. Pero, él o ella podría sorprenderse ante tal ingenuidad, ya que la oferta hecha no es lo que el vendedor realmente espera recibir. Del mismo modo, la oferta con la que responde un comprador interesado es también una cifra baja.

Los negociadores posicionales rutinariamente elevan sus exigencias por varias razones. El elevarlas proporciona un margen para retirarse. La otra parte puede estar más dispuesta a aceptar una vez que ha recibido una concesión. Y si un negocio se materializa, es probable que los beneficios sean mayores que si no hubiesen existido tales exigencias.[11] Sin embargo, típicamente, cada lado es muy consciente de lo que el

---

[11]   Roger Fisher, *International Conflict for Beginners* (New York: Harper & Row, 1969), 95.

otro está haciendo. Una oferta extraordinariamente elevada suele desencadenar una contraoferta igualmente escandalosa: una anula a la otra, y nadie se siente particularmente favorecido por esa táctica o se inclina a ceder rápidamente tras la oferta.

b. Regatear, argumentar y fingir

El esfuerzo de cada parte por alejar a la otra de su posición y hacer que adopte una nueva posición más cercana a la suya suele implicar un considerable cruce de argumentos, lo que se conoce como regateo o «cháchara». Mientras negocian, los negociadores posicionales a menudo se enfrentan verbalmente entre ellos, ya que tienden a poner gran énfasis en quién tiene la ventaja y quién parece encabezar la negociación, dirigiéndola en una dirección ventajosa.

En este enfoque de la negociación, los negociadores tratan de ocultar muchos de sus verdaderos sentimientos a sus contrapartes. Como se dice de los jugadores de póquer, «juegan sus cartas cerca del chaleco». Por ejemplo, los negociadores posicionales podrían pretender una falta de interés en algo en lo que están realmente muy interesados. Lo que supone que un negociador de la otra parte está en una posición privilegiada para obtener más valor por un artículo que es claramente deseado.

Como consecuencia, los negociadores posicionales no solo frecuentemente tergiversan sus verdaderos sentimientos, sino que se enorgullecen de su capacidad para hacerlo de manera convincente. Para un negociador posicional, el fingir es simplemente una parte integral del juego de la negociación. En el *bluffing* o también conocido como «la táctica de la desinformación», un negociador finge que algo es así cuando no lo es para ver si la otra parte es tonta, inexperta o está lo suficientemente interesada como para aceptar el engaño a la ligera.

Aunque fingir sobre el precio al que se compraría o vendería es bastante común, un negociador puede fingir sobre cualquier cantidad de cosas. Por ejemplo, podría tratar de dar la impresión de tener una alternativa muy atractiva, cuando en realidad no existe ninguna. Otro engaño podría consistir en hacer referencia a una limitante externa, como cuando un negociador justifica el rechazo de una propuesta refiriéndose a una «política de empresa» que, de hecho, no existe. O bien, un negociador puede presentar una propuesta extrema y unilateral, amenazando con poner fin a la negociación si las negociaciones no se resuelven en esos términos, cuando en realidad no existe una verdadera intención de desistir.

De una forma u otra, un negociador que usa tácticas engañosas trabaja para engañar a la otra parte para conseguir un mejor acuerdo del que realmente necesita. Dos académicos sugirieron: «[.T..] cuanto más quiera un negociador engañar, más necesita parecer digno de confianza para llevar a cabo su engaño cuando llegue el momento».[12] Por supuesto, ya que un negociador que finge sobre demasiadas cosas pronto pierde credibilidad, el *bluff* tiene también sus limitaciones concretas. Y una verdadera pérdida de credibilidad surge cuando el engaño de un negociador se expone como si hubiera tergiversado algo. Obsérvese también que, como dijo un experimentado negociador, «[. T.] solo hay una cosa peor que ser sorprendido engañando». No es ser un mentiroso, sino provocar que la otra parte piense que eres.[13]

Una variedad extrema de engaño es la técnica de actitud arriesgada (enfoque de negociación arriesgado o *brinkmanship*), en la que una de las partes, o ambas, lleva a las otras al borde del desastre con la esperanza de que cedan. En este sentido, a veces se ven alusiones al juego de la gallina, asociado a la película de James Dean *Rebelde sin causa*, en la que los conductores adolescentes se lanzaban unos contra otros en los autos, tratando de no ser uno de los que se desviaban para evitar un choque. Quien cambiaba de dirección era entonces despreciado como un cobarde; el que seguía adelante era considerado un héroe. Un negociador que juega este juego utiliza algún desastre inminente y el engaño de que no lo detendrá para tratar de obligar a la otra parte a ceder y aceptar una exigencia.

c. Hacer concesiones

Una concesión es algo que la otra parte quiere que se le otorgue con el ánimo de llegar a un acuerdo. Los negociadores suelen esperar que las concesiones sean recíprocas: Yo le hago una concesión a usted, y espero que usted, entonces, me haga una concesión a mí. En un intercambio *quid pro quo* (recíproco), un negociador se niega a renunciar a algo sin ganar algo más a cambio. Así, los negociadores posicionales regularmente marcan el ritmo de sus concesiones vinculándolas a las que hace su contraparte. Además, las concesiones suelen ser sucesivamente más pequeñas cuanto más largo es el proceso de negociación. La intención

---

[12] Zartman and Berman, 28.
[13] James C. Freund, *Smart Negotiating* (New York: Simon & Schuster, 1992), 69.

es demostrar que la capacidad o la voluntad del negociador de ceder algo está llegando a su final.

Por estas razones, los negociadores posicionales a menudo comparan cuidadosamente las concesiones que cada parte ha hecho. Es decir, al exigir un movimiento adicional de una contraparte, un negociador señalará cuánto ya se ha concedido desde su posición original. Al hacer tales argumentos, cada parte se inclina a exagerar el valor de lo que ha ofrecido hasta el momento, mientras que califica las concesiones de la otra parte como insignificantes, ni cerca de ser un intercambio equitativo.

El proceso de avanzar hacia la postura de la otra parte, a través de estas concesiones, se ve afectado por el hecho de que cada parte está tratando de engañar a la otra en cuanto a lo que exactamente se va a aceptar. Cada negociador trata de persuadir al otro de que simplemente no puede conceder nada más. La incertidumbre acerca de si se debe hacer una concesión o cuándo se debe hacer, permea, y a menudo retrasa el proceso de negociación posicional: «Hacer una concesión cuando la otra parte no compensará su mal accionar. Sin embargo, no hacer una puede provocar una disputa sobre quién puede ser más obstinado».[14]

De hecho, lo que significa otorgar una concesión podría no estar muy claro. Una concesión puede demostrar buena voluntad, invitando a un comportamiento recíproco de su compañero negociador, pero también puede revelar debilidad, llevando a su contraparte a ser inflexible, en espera de un inminente colapso.

Complica todo esto aún más el hecho de que no solo las partes adoptan sucesivamente posiciones diferentes, sino que también ajustan constantemente sus objetivos, ya que cada una trata de alcanzar el mejor resultado posible. Una fuente observó:

Aunque en teoría es fácil imaginar la posición descendiente hasta alcanzar el límite de aceptación de la otra parte, en realidad el límite no se ha establecido en absoluto. Cuando la otra parte ve que el oponente está dispuesto a hacer concesiones, eleva su límite de aceptabilidad para obtener las mayores concesiones del oponente.[15]

d. Proceso de la negociación posicional

Las estrategias de negociaciones posicionales difieren en cuanto a si se comienza con una posición extrema, una que maximice la capacidad de hacer concesiones posteriores, o se comienza con

---

[14] Roger Fisher and Danny Ertel, *Getting Ready to Negotiate* (New York: Penguin, 1995), 5.
[15] Zartman and Berman, 173.

una posición más razonable y se mantiene más firme a medida que comienza el regateo. Hacer un avance significativo hacia la posición de su contraparte podría indicar que usted está seriamente interesado en llegar a un acuerdo. Es más, el exsecretario de Estado de EE.UU., Henry Kissinger, lo planteó: «Cuanto más exagerada sea la propuesta inicial, mejor será la perspectiva de que lo que uno "realmente" quiere se considere un compromiso».[16]

Sin embargo, exagerar sus exigencias al principio podría ser arriesgado. El negociador contrario podría en cualquier momento concluir que usted es una persona irracional o que ha evaluado tan mal la situación que no tiene sentido seguir negociando. Otra posibilidad es que el negociador pierda credibilidad al alejarse de las altas exigencias iniciales. «Una vez que comenzamos a alejarnos de una oferta razonable», se ha observado, «comenzamos a adquirir fama de gente que cede». Un negociador contrario podría razonablemente concluir que, si nos retractamos una vez, nos retractaremos de nuevo. Entonces muchos pueden no creernos cuando decimos que hemos llegado al final de la oferta.[17]

Un enfoque contrastante de negociación posicional, entonces, es formular una oferta de apertura que atraiga a la otra parte. Esta oferta modesta debe ser cuidadosamente calibrada: lo que pides debe favorecerte, pero también atraer a la otra parte, y aun así dar espacio para negociar.

En cualquier caso, las exigencias iniciales de los negociadores opuestos que participan en la negociación posicional suelen intercambiarse en una fase bastante temprana del proceso de negociación, y cada una de ellas es objeto de un minucioso análisis por la otra parte. Se pueden aclarar los detalles y las razones de las posiciones iniciales, y se pueden ventilar los posibles problemas asociados con el rechazo de las respectivas ofertas. Luego, comúnmente, cada parte solicitará concesiones a su contraparte, a menudo acompañadas de una justificación de por qué esto sería razonable. Si bien es probable que se produzca algún acercamiento a las posiciones de los demás, los compromisos tienden a ser modestos, ya que cada negociador trata de no alejarse demasiado de la posición original planteada.

A lo largo del proceso de negociación posicional un negociador inteligente trata de ocultar a la otra parte cualquier cosa que pueda

---

[16]   Henry Kissinger, *The Necessity for Choice* (Westport: Greenwood Press, 1961), 205.
[17]   Fisher, *International Conflict*, 99.

darle una ventaja, por ejemplo, información sobre lo mucho que se desea o se necesita algo o sobre lo que se podría esperar.

En medio de toda la evasiva y, tal vez, el engaño, ¿cómo se transmite entonces el mensaje al final de la negociación de que las negociaciones realmente terminarán si no se acepta algo muy parecido a los términos actuales? Este es un problema repetitivo para los negociadores posicionales, y a menudo usan el lenguaje corporal, el tono de voz o la urgencia por comunicarse para tratar de transmitir este mensaje.

A veces, para señalar que este «baile de la negociación» está terminando, un negociador posicional simplemente dará un ultimátum: «Es lo mejor que puedo hacer». «¿Quieres un trato en esos términos o no?». Piense en una oferta de «tómelo o déjelo», es decir, como una propuesta final cuyos términos sugieren que no es posible hacer más concesiones y que un eventual rechazo hará que la negociación termine. Por supuesto, siempre es posible responder a un ultimátum de «tómalo o déjalo» con una contraoferta. Esta puede o no ser considerada, pero «llamará la atención» de la otra parte, si en efecto es llamativa.

4. Naturaleza de la negociación posicional

Dado que la esencia de la negociación posicional implica hacer lo mínimo posible para complacer a la otra parte y aun así llegar a un acuerdo con ella, el proceso de aceptar a regañadientes a menudo crea una sensación de antagonismo, combatividad o competencia. Ambas partes pueden intentar «ganar»: salir mejor parados que el negociador contrario.

Algunas negociaciones posicionales se convierten en juegos de poder en los que cada parte flexiona sus músculos y luego pone en juego la fuerza de sus argumentos, amenazas y ventajas contra los de su adversario. Otras podrían definirse mejor como competencias de fuerza de voluntad en las que cada parte trata de persuadir a la otra de que no va a ceder. Los egos pueden involucrarse fácilmente cuando las partes entran en conflicto abiertamente, discutiendo el razonamiento de cada uno y compitiendo entre ellos para controlar lo que sucede en la mesa de negociaciones.

a. Enfoque distributivo

Mientras los negociadores debaten entre sí, nadie quiere perder dinero, es decir, concluir la negociación por menos dinero del que la contraparte habría estado dispuesta a ceder. A menudo, el foco principal de la negociación posicional está en cómo los beneficios, el dinero o los bienes deben ser divididos entre las diferentes partes. Por ejemplo, uno más para mí es uno menos para ti. Y, el enfoque central de muchos negociadores posicionales es ganar más que su oponente sobre lo que está en juego.

Si se inicia una negociación centrada en la distribución adecuada de los bienes, las partes pueden percibir las negociaciones como un juego de suma cero, una frase tomada de la teoría del juego para describir una situación en la que lo que uno gana lo pierde el otro. Un astuto negociador posicional trabajará para persuadir a la otra parte de que debe conformarse con menos de lo que había querido al comenzar las negociaciones.

b. Concesiones

Para todas las maniobras entre las partes, la negociación posicional suele depender en última instancia del consenso para que se produzcan los acuerdos. Los negociadores hacen ciertas concesiones, si se les presiona y si parecen necesarias para llegar a un acuerdo. Sin embargo, determinar si se puede llegar a un consenso y en qué medida, puede ser un proceso que requiere mucho tiempo. Una vez que ambas partes creen que no es probable que haya una propuesta mejor, o cuando se hayan agotado, pueden llegar a un consenso final, y entonces, siempre y cuando ambas partes hayan obtenido suficiente de lo que buscaban, llegan a un acuerdo.

c. Tácticas posicionales y respuestas emocionales

Un negociador puede considerar varios asuntos como no negociables, es decir, fuera del alcance de la negociación. La implicación es que discutir un tema no negociable es inútil, ya que no es posible llegar a un acuerdo.

Una táctica relacionada es la de la técnica obstruccionista, es decir, negarse rotundamente a cambiar de posición o evadir completamente las discusiones sobre algo. La expectativa puede ser que la parte que quiere hablar de ello se dé por vencida o deje el tema. Alternativamente, la parte que se opone puede tratar de obtener alguna concesión significativa a cambio de acceder a discutir el tema.

Un negociador posicional utilizará una serie de argumentos, complementados con un lenguaje corporal apropiado, para persuadir a la otra parte de que no habrá más avances. El objetivo es justificar ante la contraparte por qué un negociador está afianzado en una posición previamente anunciada y por qué sería imprudente o ilógico que se orientara hacia la posición de la contraparte. La amenaza, implícita o explícita, es que la negociación terminará si la otra parte se niega a aceptar los términos del negociador posicional.

Las prácticas asociadas con diferentes tácticas posicionales pueden aumentar la oferta emocional a medida que la frustración se hace evidente. Pueden surgir disputas sobre quién está siendo obstinado e inflexible y quién está dispuesto a ceder. Una o ambas partes, pueden comenzar a amenazar, intimidarse mutuamente, tratar de demostrar su fuerza de voluntad o enumerar perjuicios pasados para estimular los sentimientos de culpa. Todas estas tácticas de presión están orientadas a tratar de llevar a la otra parte hacia la aceptación de una posición particular.

C. Evaluando el enfoque posicional

1. Algunas ventajas de la negociación posicional

a. Familiaridad y tradición

Los humanos a veces parecen negociar instintivamente al adoptar posturas. Ciertamente, las ideas básicas del enfoque de negociación posicional tienen la ventaja de ser fáciles de observar, aprender y comprender. La negociación posicional está tan arraigada en las prácticas de negociación de muchas culturas que en gran parte del mundo es la forma típica en que siempre se han llevado a cabo las negociaciones.

Una razón es que el proceso de adoptar posiciones extremas y luego avanzar lentamente hacia la otra posición, a menudo tiene éxito para lograr un acuerdo. Ambas partes discuten entre sí hasta que llegan a la conclusión de que el trato ofrecido es el mejor que pueden hacer. Si la negociación posicional no produjera tantos acuerdos, no se confiaría en ella con tanta frecuencia. Además, a veces «las costumbres y expectativas pueden estar tan marcadas que cualquier beneficio que pudiera surgir de negociar de una manera diferente se vería superado por los costos operativos de intentarlo».[18] Así pues, cuando los gobiernos negocian entre sí después de un largo y arduo proceso interno para llegar a un consenso entre los diferentes organismos y funcionarios, es muy probable que se observen elementos de negociación posicional, al menos mientras la negociación se pone en marcha. En las negociaciones con rehenes, un intercambio de posiciones iniciales es casi inevitable, ya que los grupos interesados de ambas partes consideran de vital importancia exponer las consecuencias mortales de no ceder.

La negociación de contratos de atletas profesionales suele realizarse a través de la negociación posicional.[19] A este respecto, el elemento clave tiende a ser financiero, por encima de la calidad de vida y otras cuestiones secundarias de este tipo. En estas negociaciones dólar-conducidas, la mayoría de los agentes deportivos y muchos ejecutivos de equipos se deleitan con las duras negociaciones distributivas, en las que un dólar para el equipo significa uno menos para el jugador o viceversa.

De hecho, la negociación posicional se destaca en muchas variedades de negociaciones laborales. A veces las partes tienen la obligación legal de intercambiar propuestas de apertura. Algo que no estaba presente en esa posición original, en teoría, no necesita ser discutido en absoluto y, en la práctica, a menudo se incluirá de nuevo en la negociación solo al precio de una concesión realizada posteriormente. Además, las fuerzas del sindicato pueden creer que solo una dura negociación posicional les permitirá alcanzar el mejor acuerdo posible. Así, un sindicato podría basarse «en el consenso posicional para su unidad interna».[20]

b. Conveniente en circunstancias particulares

Incluso alguien que sea reacio a la negociación posicional en una gran disputa podría encontrar que es un método eficiente y apropiado para tratar un problema en el que hay poco riesgo o en el que no es probable que se continúe manteniendo una relación. Por otra parte, si las partes no perciben ninguna manera de «agrandar la torta», pueden inclinarse a maximizar su porción de la misma y optar por la negociación posicional.

---

[18]   Roger Fisher, A Code of Negotiation Practices for Lawyers, *Negotiation Journal* 1 (1985): 108.

[19]   Brian Mandell, Unnecessary Toughness, *Negotiating on Behalf of Others*, ed. Robert Mnookin and Lawrence Susskind (Thousand Oaks: Sage Publications, 1999), 263-72.

[20]   Chris Provis, Interests vs. Positions, *Negotiation Journal* 12 (1996), 306.

Además, el proceso de negociación posicional tiene algunos puntos estratégicos recomendables. Un negociador podría esperar solucionar las discusiones dentro de una zona relativamente cercana a una posición inicial. Además, las posiciones tienen la ventaja de ser a menudo bastante fáciles de captar: «Es probable que una posición sea concreta y explícita; los intereses implícitos en ella pueden ser no-expresados, intangibles y tal vez inconsistentes».[21]

Por otro lado, tomar una posición extrema y hacer concesiones a regañadientes puede dejar a un negociador posicional con la certeza de que no ha cedido mucho ni demasiado rápido. Ningún negociador quiere quedarse con la desagradable sensación de haber subestimado lo que la otra parte podría haber aceptado. A este respecto, un académico señaló que la negociación posicional: «permite a cada parte dar a sus respectivos integrantes una idea del margen de maniobra con la otra parte, manteniendo así el apoyo de los integrantes a las posiciones adoptadas en la negociación».[22]

2. Algunas desventajas de la negociación posicional

Aunque cualquiera de las razones mencionadas podría inclinar a los negociadores hacia la negociación posicional, este método tiene también algunas desventajas concretas. La posición de un negociador en algún asunto podría verse influenciada por la ira, el miedo o el orgullo. Podría reflejar una mentalidad con poca visión de futuro. Esto podría obstruir el acuerdo o hacer que los negociadores interrumpan un proceso de negociación que de otro modo sería prometedor.

a. Las tácticas incentivan el tratamiento recíproco

Otra desventaja de confiar en un método de negociación que implica establecer una posición personalmente beneficiosa, revelando las verdaderas opiniones sobre muchos puntos a pesar de las reservas, si es que las hay, y buscando el engaño para ganar ventaja siempre que sea posible, es que la contraparte a menudo percibe estas tácticas y responde con más de lo mismo. Cuando una de las partes inicia desde una postura extrema o inicia

---

[21] Fisher, Ury, and Patton, 44.

[22] Jeffrey Z. Rubin, Some Wise and Mistaken Assumptions About Negotiations, *Journal of Social Issues* 45 (1989): 206.

una competencia de voluntades, puede inducir a la otra a hacer lo mismo. Cuando un negociador muestra una postura obstinada e inflexible, el otro tiende a seguir su ejemplo. Es común que se produzcan estancamientos.

Es cierto que los negociadores hábiles pueden utilizar técnicas de negociación posicional y aun así encontrar maneras de superar los difíciles estancamientos. Sin embargo, las negociaciones posicionales, especialmente las iniciadas por negociadores menos experimentados, corren el riesgo de caer en debates improductivos. Las posiciones contrarias a menudo convierten las negociaciones en argumentos sobre por qué un punto de partida o una posición contraria era válida y la otra no.

Los negociadores posicionales también podrían debatir quién tiene más motivos para sentirse perjudicado. En algunas circunstancias podrían inclinarse a discutir sobre la manera en que un tribunal podría dictaminar en caso de que se iniciara un proceso judicial. O bien, las partes podrían encontrarse discutiendo sobre quién es el más culpable por el hecho de que no se haya llegado a un acuerdo. Pero, cuando expresamos nuestros pensamientos, para la mayoría de nosotros buena parte de las veces suena perfectamente razonable. Por lo tanto, para los negociadores, esa forma de comunicación podría no ser el uso más productivo de su tiempo.

Entonces, cuando ambas partes tienen una relación continua, lo que sucede en una negociación puede trascender y afectar a la siguiente. Una parte que se sienta obligada a aceptar una oferta de «tómalo o déjalo» en una negociación, podría considerar la posibilidad de revertir la situación la próxima vez que ambas partes negocien.[23] Por lo tanto, una serie continua de negociaciones posicionales podrían volverse cada vez más complicadas con el tiempo.

b. Las partes podrían ignorar posibles acuerdos

Otro problema de fondo es que, a veces, las posiciones adoptadas están tan alejadas entre sí que parece no haber posibilidad de acuerdo. Es decir, lo que una parte quiere, la otra parte no parece poder proporcionarlo. O bien, cada parte puede ser tan convincente en sus argumentos a favor de su propia posición que la negociación parece estar irremediablemente estancada.

---

[23]   Roger Fisher and Scott Brown, *Getting Together* (New York: Penguin Books, 1988), 142.

Estos escenarios comunes pueden hacer que las partes desistan, incluso en situaciones en las que un observador neutral, plenamente consciente de todos los hechos y las posiciones reales de cada parte, podría concertar una solución negociada mutuamente beneficiosa. Como Ben Franklin, uno de los «Padres Fundadores» de los Estados Unidos, una vez señaló: «El peor resultado es cuando, al excederse en la codicia, no se llega a ningún acuerdo, y un intercambio comercial que podría haber sido ventajoso para ambas partes no se logra en absoluto...».[24]

c. La creatividad puede ser bloqueada

Aunque los negociadores posicionales creativos ciertamente existen, el proceso de negociación a través de la unión de posiciones contrastantes puede afectar la creatividad. El concepto de un resultado final tiende a centrar la atención en una sola dirección, por ejemplo, el precio que se está negociando.[25] Además, formular opciones nuevas e innovadoras que puedan crear una utilidad real para las partes es más fácil de llevar a cabo en una atmósfera de buena voluntad, en la que las partes trabajen juntas hacia el objetivo común de encontrar una solución mutuamente aceptable.

Sin embargo, gran parte de la negociación posicional demuestra poco esfuerzo por comprender verdaderamente el problema desde las perspectivas de cada uno, y mucho menos por crear la confianza entre las partes que podría ayudarles a crear opciones que satisfagan los intereses fundamentales. El hecho de que las partes puedan estar encasilladas en argumentos preexistentes que apoyen sus posiciones dificulta aún más la creatividad.

d. Reclamar valor frente a generar valor

La gente suele adoptar un enfoque de negociación posicional con la esperanza de que les ayude en la negociación distributiva, es decir, que les permita obtener la mayor parte posible del pastel que pueden repartirse entre las partes. Una de las principales funciones de la negociación consiste en lo que los teóricos de la negociación denominan «reclamar valor», es decir, cuando los recursos son limitados y deben asignarse entre las partes, captando el mayor número posible de los

---

[24] Raiffa, *Art and Science*, 33.
[25] Roger Fisher and Wayne Davis, Authority of an Agent, in *Negotiating on Behalf of Others*, 74.

recursos en cuestión. Comenzando con demandas extremas y haciendo concesiones a regañadientes, la negociación posicional tiene como objetivo hacer precisamente eso.

Otra función de la negociación, por el contrario, implica lo que se denomina «generar valor», es decir, encontrar maneras de aportar nuevos beneficios a cada parte, ampliar el pastel que se va a dividir y, en última instancia, hacer que cada parte se beneficie del acuerdo generado. Un ejemplo puede ayudar a explicarlo.

Analice un contrato entre un atleta profesional y un agente deportivo y la concesión de un porcentaje de honorarios en compensación por la obtención de patrocinios. Si la concesión se ha llevado a cabo en términos de reclamación de valor, el deportista querrá que el porcentaje más pequeño vaya al agente: cada dólar que vaya al bolsillo del agente es un dólar menos en la cuenta bancaria del deportista. Sin embargo, si se lleva a cabo en términos de generación de valor, el deportista querrá que el agente tenga un verdadero incentivo para salir a buscar acuerdos publicitarios y luego presionar para que los beneficios financieros sean lo más elevados posible. Por lo tanto, reducir el porcentaje de comisión a un mínimo parecería bastante corto de miras.

Como método de negociación para crear valor, la negociación posicional a menudo es insuficiente. Las posiciones, por su propia naturaleza, centran la atención de las partes en una respuesta específica al problema u oportunidad que enfrentan.[26] Los negociadores posicionales gastan así mucha energía tratando de crear argumentos que justifiquen permanecer fieles a sus posiciones actuales. También se engañan frecuentemente entre ellos. Incluso cuando los negociadores posicionales reciben exactamente lo que quieren, intentan dar la impresión de que están cediendo con la esperanza de extraer algo más de la otra parte. El proceso de ocultar sus verdaderos intereses, metas y motivaciones con frecuencia hace que se ignoren los intereses y objetivos comunes.

e. Otras circunstancias difíciles

Si algunas circunstancias parecen razonablemente apropiadas para un enfoque posicional, en otras confiar en este método de negociación podría causar problemas importantes. Piense, por ejemplo, en problemas muy complejos divididos en numerosas problemáticas. Convertir cada problema en un combate de lucha posicional puede

---

[26] Fisher and Brown, 143.

provocar un desastre. O, piense en las negociaciones en un momento de crisis, cuando las partes realmente necesitan avanzar eficientemente hacia un acuerdo, en lugar de desperdiciar un tiempo precioso engañando y regateando.

O bien, imagínese las negociaciones entre muchas partes. Piense en los asuntos internacionales de las grandes reuniones de diplomáticos y asesores jurídicos, cuando docenas de Gobiernos se reúnen para tratar de negociar nuevos acuerdos sobre algún aspecto del derecho internacional.

Considere las negociaciones que forman parte de relaciones continuas extremadamente importantes para las diferentes partes: cuestiones legales entre miembros de una familia, cuestiones laborales entre una gerencia y un sindicato, o cuestiones regulatorias que enfrentan a una corporación con una agencia gubernamental. Tal vez el gerente de una empresa piense que un posible empleado aportará una valiosa labor durante años si se le hace un contrato laboral. En cada uno de estos casos, las mismas partes interesadas podrían estar presentes el próximo mes, el próximo año o incluso en un futuro más lejano, y la manera en que se actúe hoy probablemente influirá en las relaciones y negociaciones a futuro.

Otro escenario en el que la negociación posicional podría no funcionar bien, sería una negociación en donde las emociones están a flor de piel. Sumergirse en posiciones encontradas y luego pedir concesiones puede hacer que ambas partes terminen alejándose de las negociaciones. Cuando las partes tienden a perder la paciencia fácilmente, las tácticas de negociación posicional podrían exacerbar sus frustraciones internas.

Otra situación en la que la negociación posicional podría reducir las posibilidades de una solución negociada sería cuando dos empresas se enfrentan a una emocionante oportunidad de unir sus fuerzas de alguna manera. Piense, por ejemplo, en una alianza estratégica en la que las empresas implicadas intentan aprovechar las sinergias y minimizar los despidos. Su objetivo es trabajar conjuntamente durante un período prolongado, y la alianza inicial a menudo se centra en cuál de las partes tiene qué ventajas competitivas para aportar y cómo se pueden manejar mejor los asuntos en la nueva entidad fusionada.

Por otra parte, si el engaño es parte de la estrategia de un negociador, se deben tener en cuenta los costos potenciales de engañar a un compañero negociador. Con el tiempo, es posible que el engaño no permanezca oculto y que las omisiones o las declaraciones falsas se vuelvan en contra de quien las haya utilizado en un esfuerzo por maximizar las ganancias. Muchos negociadores, ya sea que operen a nivel personal o profesional, no querrán que la mentira u ocultar la verdad sea el tipo de comportamiento que otros asocien con ellos. Y el engaño que luego sale a la luz puede terminar por debilitar los intereses a largo plazo. Esto podría destruir una relación laboral positiva y hacer que las futuras negociaciones sean mucho más difíciles de concertar.

En todos estos casos, los negociadores pueden sentirse insatisfechos con los principios básicos de la negociación posicional.

D. Introducción al método de la negociación basada en intereses

Debido a los inconvenientes de la negociación posicional, a veces puede considerarse recomendable un método alternativo de negociación, particularmente para problemas más complejos y de mayor peso. Pero ¿cómo exactamente debería modificarse la tendencia humana a negociar por posiciones? ¿Cuál sería un enfoque diferente de negociación que se adapte mejor a las circunstancias consideradas como poco favorables para una negociación posicional? Ese interrogante teórico llevó a varios académicos, muchos de ellos asociados con el consorcio multiuniversitario de Boston conocido como Método Harvard de Negociación, a crear un modelo diferente de negociación. Este se denominó «negociación basada en intereses o principios», o a veces «resolución de conflictos o negociación de ganancias mutuas».

Prefiero la frase negociación basada en intereses, y gran parte de lo que resta de este libro explora diferentes dimensiones de la misma. En este capítulo se relata la esencia de este enfoque, contrastándolo con la negociación posicional.

El enfoque de la negociación basada en intereses se expuso por primera vez, en su forma más fundamental, en el popular libro *Obtenga el sí: El arte de negociar sin ceder*, de Roger Fisher, William Ury y Bruce Patton. Enfoca la atención en siete elementos clave de la negociación —relación, comunicación, intereses, opciones, legitimidad, alternativas y compromisos— con consignas y argumentos de apoyo sobre cada uno de ellos, con el fin de ayudar a los negociadores a lograr resultados positivos en una amplia gama de situaciones.

1. Hacer hincapié en los intereses por encima de las posiciones

En el núcleo mismo de la negociación basada en intereses se encuentra la idea de que los negociadores deben hacer hincapié en los intereses por encima de las posiciones. Las negociaciones complejas plantean desafíos especiales, ya que pueden tener muchas situaciones que resolver, múltiples partes involucradas, objetivos complejos por tratar de alcanzar, o una gran variedad de hechos y perspectivas operativas. Aquí puede ser especialmente importante tratar de ir más allá de las posiciones iniciales y profundizar en las preocupaciones de fondo que realmente están motivando a las partes.

Uno de los objetivos de la negociación basada en intereses es que las partes lleguen a sentir como suyo el problema o la oportunidad. Sin embargo, dos autoridades advirtieron:

> La gente con la que negocias rara vez entiende esto y de repente poseen un problema junto contigo. Se necesita trabajo para hacer que se unan a ti... Un sentido de interdependencia... debe surgir de una comprensión más profunda de que ambos están implicados en el problema y deben trabajar en su solución juntos.[27]

Además, en la negociación posicional, por su naturaleza, las partes dedican mucho tiempo y energía a articular cuidadosamente sus posiciones. Dado que un negociador que se basa en intereses prevé la importancia de apartar a la otra parte de sus posiciones, no apoya el proceso establecer esas posiciones ni profundiza en ellas. El esfuerzo consiste más bien en centrar la atención de ambas partes en los intereses específicos. Luego, la tarea del negociador es tratar de alinear esos intereses en un acuerdo aceptable para ambas partes.

2. La lógica de la negociación basada en intereses

El negociador basado en intereses aconseja que, mientras uno negocia, debe estar atento y pasar tiempo investigando los intereses de la otra parte. Una parte importante de una negociación llevada

---

[27] Deborah Kolb and Judith Williams, *The Shadow Negotiation* (New York: Simon & Schuster, 2000), 208.

a cabo mediante este enfoque de colaboración para la resolución de problemas debería implicar tratar de comprender mejor cómo ve la situación la otra parte. Esto pone de manifiesto las siguientes preguntas.

- ¿Qué es lo que está impulsando realmente a mi contraparte?
- ¿Qué siente la otra parte que quiere o necesita?
- ¿Qué le preocupa o motiva?
- ¿Qué se ve como bastante complicado, y qué, como una oportunidad tentadora?

3. Algunas ventajas de la negociación basada en intereses

Los negociadores basados en intereses ven una serie de ventajas importantes al adoptar su enfoque.

a. Superar la renuencia a negociar

Los posibles negociadores que se enfrentan a posiciones de apertura extremas podrían descartar precipitadamente las posibilidades de llegar a un acuerdo negociado. Es posible que el negociador haya adoptado una posición al comienzo de las negociaciones simplemente para ver si existe alguna probabilidad de llegar a una resolución en condiciones que sean extremadamente favorables. Como alternativa, podría ser que una parte sienta la necesidad urgente de hacer constar en acta una dura declaración de apertura, y esto bien podría ser planteado en términos posicionales. Se podría tomar una posición con el fin de complacer o tranquilizar a algunos integrantes importantes.

Puede que en ocasiones un eventual grupo se muestre reacio a negociar, tal vez considerándolo como una pérdida de tiempo. En este caso, apelando a la posibilidad de que se satisfagan algunos de sus intereses principales, un colega negociador inicialmente escéptico puede a veces verse involucrado en negociaciones serias. En consecuencia, alguien que podría haberse desanimado al planteársele una posición inicial, podría percibir una oportunidad real de negociar un resultado mutuamente beneficioso mediante un enfoque basado en los intereses.

b. Fomentar una relación de trabajo productiva

Sus defensores consideran que los argumentos a favor del uso del método basado en intereses se hacen bastante fuertes cuando los negociadores deben abordar controversias complejas. Para llegar a un acuerdo y, ciertamente, para encontrar uno idóneo, es probable que las partes tengan que trabajar mancomunadamente. La negociación basada en intereses es más orientada a la labor de fomentar una relación de trabajo cooperativa y productiva distinta a la negociación posicional.

Considere también las negociaciones que implican relaciones a largo plazo. Piense, por ejemplo, en un atleta profesional negociando un posible acuerdo con un agente deportivo. Si el acuerdo se concreta, habrá una importante y continua relación. Si bien podría pensarse que los dos individuos se sentarían en lados opuestos de la mesa de negociaciones al plantearse un contrato entre ellos, trabajarían en equipo, negociando con diferentes equipos deportivos y demás, una vez que el acuerdo se haya llevado a cabo. Establecer buenas relaciones de trabajo es de vital importancia para firmar los mejores contratos deportivos posibles, así como quizás conseguir lucrativos contratos de patrocinio. En tales circunstancias, la negociación basada en intereses sería muy recomendable.

c. Aumentar el número de posibles soluciones

Otra razón para estar a favor de la negociación basada en intereses en lugar de la negociación posicional es que, generalmente, las posiciones pueden satisfacerse de varias maneras, o quizás de una sola manera. Un ejemplo podría ilustrar esto. Imagina una ciudad situada a lo largo de un gran río y en un lugar donde las principales autopistas se encuentran. A medida que la ciudad crece y el tráfico aumenta, la gente considera la posibilidad de construir otro puente a través del río que atraviese el centro de la ciudad. Alguien que exprese su opinión sobre el puente propuesto, como posición podría decir: «Ese puente debería construirse a diez millas al este de la ciudad para que una variante pueda desviar el tráfico hacia el oeste». Otro podría responder: «Esa idea del puente debería ser desechada inmediatamente. Es un despilfarro que afectara a esta comunidad por muchos años». Al declarar sus puntos de vista en términos como esos, la gente estaría marcando sus posiciones.

Cada una de sus posiciones presentaría una posible solución al tema en cuestión por el bien público.

Un enfoque diferente sería tratar de determinar los intereses de las diversas partes involucradas, destacando las preocupaciones subyacentes en un esfuerzo por encontrar una forma de resolverlas de una manera mutuamente aceptable. En este enfoque, en lugar de centrarse en las posiciones iniciales de las partes, se trataría de explorar los motivos de aquellos que se han pronunciado sobre el proyecto del puente. ¿Por qué exactamente algunos ven un nuevo puente conveniente, y por qué podría resultar problemático?

Si la discusión se desarrolla en estos términos, se podrían examinar otras posibles soluciones que pudiesen responder a las preocupaciones expuestas. Por ejemplo, un negociador podría decir: «Nuestra primera prioridad debe ser reducir la congestión en el centro de la ciudad donde se unen estas autopistas». Otro podría sugerir: «En una época de finanzas estatales y locales limitadas, debemos evitar realizar obras públicas que impongan una carga excesiva al contribuyente». Otro podría argumentar: «Dado que los humedales a lo largo del río al este de la ciudad ayudan a sustentar la vida acuática y la fauna silvestre esencial para el ecosistema circundante, el impacto ambiental de un proyecto como el de un puente debería ser importante para todos los que viven en la ciudad o en sus alrededores».

Cada una de estas últimas afirmaciones es comprensible, no simplemente como una postura o exigencia, sino como una expresión de preocupación. Esto pone de manifiesto lo que motiva a la persona en cuanto al tema que se está discutiendo. Reducir el tráfico en el centro de la ciudad, evitar proyectos públicos costosos y minimizar amenazas contra el medio ambiente son puntos que van más allá de posturas posicionales y comienzan a dilucidar los intereses de las respectivas partes. Si los negociadores piensan en términos de intereses, pueden ampliar considerablemente la gama de posibles soluciones al problema o asunto que están tratando.

Por ejemplo, si una de las principales preocupaciones es reducir las congestiones de tráfico en el centro de la ciudad, ese problema podría, de hecho, mitigarse con un puente nuevo con una variante conectada a la autopista que se dirige al oeste. Pero esa misma preocupación podría resolverse también a través de otras opciones. Diferentes maneras de mejorar el transporte público podrían resolver el problema: autobuses más grandes o más de ellos, una nueva ruta de tren, un metro o monorriel.

Como alternativa, podrían servir para ello más vías, autopistas más grandes, o un sistema de vías diseñado de manera diferente, como un anillo periférico o con carriles para vehículos compartidos o puntos adicionales de entrada y salida. Y el negociador, cuyo principal interés es reducir el tráfico en el centro de la ciudad, podría terminar satisfecho con una gama de posibles resoluciones.

E. Seleccionar un enfoque

Algunos negociadores se inclinan por utilizar la negociación basada en intereses cuando existe la posibilidad de que las relaciones con la otra parte sean continuas y positivas, y optar por un enfoque posicional cuando existe la posibilidad de que las relaciones sean tensas. Por ejemplo, si estoy negociando algo como un acuerdo de negocio conjunto con un compañero negociador y ambos estamos entusiasmados con las perspectivas a futuro, entonces elijo un modelo basado en intereses. Pero, si estoy negociando para tratar de llegar a un acuerdo de divorcio extrajudicial o a la disolución de la sociedad, entonces opto por un enfoque posicional. La lógica es que, al confrontar las posiciones, la otra parte tendrá menos probabilidades de aprovechar la situación para llegar a un acuerdo favorable a sus intereses. De ahí que algunos negociadores opinen que cuanto más tenso, áspero o contradictorio sea el contexto, más fuerte será el argumento para adoptar un enfoque de negociación posicional.

El error de este análisis es que un negociador que opta por la negociación posicional debido a las relaciones tensas o problemáticas que surgen en la negociación, bien puede terminar sin un acuerdo, y en vez de ello en un punto muerto de posiciones encontradas. De hecho, cuanto más difíciles sean las relaciones, usted estará en mejor posición con una negociación basada en intereses. Si elige la negociación posicional, es mucho más probable que se vaya sin un acuerdo negociado, incluso cuando existen posibles acuerdos en particular que podrían ser de interés para ambos.

En cualquier caso, sea cual sea el enfoque de la negociación que se prefiera adoptar, el entender las diferencias entre los dos enfoques debería ayudar a los negociadores a elegir los elementos que se ajusten a su estrategia y así mismo a negociar eficazmente con la otra parte. Los capítulos siguientes tratan con mucho más detalle el enfoque de la negociación basada en intereses.

Capítulo 2
La prenegociación: cómo organizar y preparar una negociación

La fase de prenegociación comienza cuando una o más partes consideran la negociación como una posible opción. Termina cuando comienzan las negociaciones formales o cuando se desiste de la idea de negociar, al menos por ese momento. Aunque es un avance preliminar, la prenegociación puede ser una parte muy importante en muchas negociaciones avanzadas.

Una negociación compleja no solo requiere tiempo, esfuerzo y recursos, sino que a menudo implica también asumir ciertos riesgos. Si las partes no llegan a un acuerdo, tanto ellas como sus integrantes pueden sentirse decepcionados o frustrados. La responsabilidad podría recaer sobre ellos. Las oportunidades podrían pasar. Los conflictos y los problemas podrían empeorar. La prenegociación permite a las distintas partes identificar cualquier tipo de dudas que puedan tener sobre la negociación y evaluar las posibilidades para llegar a una solución satisfactoria. Así pueden determinar si vale la pena asumir los riesgos y seguir adelante con una negociación.

Si las partes deciden negociar, deben hacer un diagnóstico de la situación e identificar los asuntos a negociar. También deben considerar aspectos logísticos como el lugar y el momento de la negociación y, quizás, cómo deben dividirse los gastos entre las partes. Durante estas primeras interacciones, las relaciones entre los negociadores o las partes podrían iniciarse o renovarse. Se puede establecer una nueva relación o modificar una ya existente.

Algunos aspectos de la prenegociación implican que ambas partes inicien un trabajo conjunto: acordar varios asuntos preliminares. Otros implican que cada una de las partes se prepare para negociar: conocer la situación, comprender un poco a su contraparte, analizar el fondo de los problemas y las oportunidades que se presentan, fijar objetivos explícitos y realistas, elaborar una estrategia para tratar de alcanzarlos y redactar los documentos pertinentes. Todo ello puede afectar en la negociación de los asuntos de mayor importancia que surjan después.

A. Optar por negociar

Un primer paso es que las partes se enteren de su existencia o se planteen algún contacto previo que hayan tenido. A medida que las partes consideran la posibilidad de negociar, se empiezan a intercambiar ideas sobre el conjunto de circunstancias particulares a las que se enfrentan.

Aunque a una o a ambas partes quizá les preocupe elevar demasiado sus expectativas, alguna de ellas podría mencionar los posibles beneficios de una negociación. Cuando una de las partes no ve de inmediato la necesidad real de negociar, la otra puede buscar maneras de demostrar que la situación actual es poco favorable o complicada. O bien, se podrían crear incentivos que cambien la situación a favor de la negociación. De hecho, las partes ocasionalmente encuentran maneras de elevar los beneficios de mantenerse en su posición.[28]

En resumen, ya sea que la situación les parezca tanto difícil como esperanzadora, es necesario que las partes se convenzan de que las cosas pueden mejorar si negocian o empeorar si no lo hacen. Un primer paso esencial es conseguir que ambas partes dialoguen entre sí. El defensor de los derechos civiles de Estados Unidos, Bernard LaFayette, sugirió acercarse a una posible contraparte poco dispuesta y decirle: «Sé que no quieres negociar o comunicarte, pero si lo hicieras, ¿de qué querrías hablar?».[29]

El diplomático estadounidense Harold Saunders señaló una vez que la prenegociación se trata de «meter la cabeza en el problema».[30] La esencia de lo que está sucediendo en estos primeros encuentros informales, es que las partes están creando y seleccionando entre diferentes maneras de ver la situación que tienen ante sí. Una labor clave es definir el marco de la negociación, es decir, determinar qué caracteriza a esta negociación identificando quiénes son las partes y los asuntos importantes.[31] ¿Qué es exactamente lo que debe negociarse, y qué debe dejarse de lado para ser tratado más adelante, llegado el caso?

---

[28] Deborah Kolb, Strategic Moves and Turns, in *The Negotiator's Fieldbook*, ed. Andrea Kupfer Schneider and Christopher Honeyman (Washington, DC: American Bar Association, 2006), 402

[29] Amy C. Finnegan and Susan G. Hackley, Negotiation and Nonviolent Action: Interacting in the World of Conflict, Program on Negotiation, Harvard Law School, January 25, 2008, http://www.pon.harvard.edu/events/negotiation-and-nonviolent-action-interacting-in-a-world-of-conflict/.

[30] I. William Zartman, Pre-negotiation, in *Getting to the Table*, ed. Janice Gross Stein (Baltimore: Johns Hopkins University Press, 1989), 5.

[31] Marcia Caton Campbell and Jayne Seminare Docherty, What's in a Frame?, in *The Negotiator's Fieldbook*, 37.

A medida que los negociadores intercambien ideas al respecto, podrán discutir lo que debería estar en el programa de las conversaciones de fondo. Seleccionar algunos temas para que sean el punto central debido a su importancia. Otros podrían agruparse o subordinarse, y otros podrían posponerse para otro día. (El tema de la programación se profundiza en el capítulo 3.)

A medida que las partes comienzan a reunir información y a comprenderla, los negociadores a su vez obtienen información que más tarde resulta ser bastante significativa. Al interior de ambas partes, los negociadores podrían estar interactuando con clientes, miembros del equipo, integrantes y partes interesadas, obteniendo apoyo, resolviendo posibles obstáculos y desarrollando instrucciones y estrategias. Sin embargo, a pesar de toda esta labor, los costos de la prenegociación tienden a ser relativamente bajos, siendo las partes tienen libres de retirarse si el avance hacia las negociaciones formales parece poco favorable.

1. El concepto de madurez de un conflicto

Especialmente en situaciones de conflicto, los teóricos de la negociación se refieren a veces a asuntos de madurez, es decir, si ha llegado el momento en que las partes están dispuestas a tratar de negociar seriamente los problemas. La madurez implica una cierta urgencia de las partes por llegar a un acuerdo.

A menudo se escucha la analogía de la maduración de la fruta en un árbol hasta que está lista para ser cosechada. En ocasiones, hacer referencia a ello ayuda a generar un impulso hacia las negociaciones formales. Sin embargo, esta referencia a veces no es acertada, ya que una o ambas partes, o agentes externos interesados, pueden ayudar a que se genere un punto de madurez. De hecho, la relación entre las partes puede madurar tanto como las problemáticas en sí.[32]

Si las circunstancias no parecen madurar, entonces las partes pueden decidir simplemente afrontar el problema, tal vez esperando un cambio de perspectivas. Las líneas de comunicación pueden permanecer abiertas para que las partes estén preparadas a entrar en acción cuando el momento parezca más propicio.[33] O bien, alguien podría hacer un esfuerzo para lograr un punto de madurez.

---

[32] I. William Zartman and Maureen Berman, *The Practical Negotiator* (New Haven: Yale University Press, 1982), 59.

[33] Deborah Kolb and Judith Williams, *The Shadow Negotiation* (New York: Simon & Schuster, 2000), 202.

I. William Zartman definió el concepto de madurez centrándose en lo que denominó un «estancamiento perjudicial»: es decir, un conflicto en el que ninguna de las partes está en condiciones de alcanzar sus objetivos manteniendo unos niveles convenientes de costos. Tal estancamiento «puede ser una oportunidad muy fugaz, un momento que hay que aprovechar y no dejarlo pasar, o puede ser muy prolongado, a la espera de que lo detecten y se actúe sobre él...».[34] En algunos casos, una catástrofe inminente podría amenazar con imponer unos costos realmente altos, cumpliendo así con un propósito similar al de fijar un plazo.

Tenga en cuenta, sin embargo, que no todas las situaciones que han alcanzado el punto de madurez conllevan a una negociación.[35] No es raro que las personas respondan al aumento del dolor o a la amenaza manteniendo el rumbo como hasta ese momento o, tal vez, reforzando su resistencia al cambio.[36] Sin embargo, si las partes perciben nuevas oportunidades, maneras hasta ese momento inexploradas mediante las cuales se puedan satisfacer sus intereses y objetivos, o si una parte o un tercero convencen a la otra de esas cosas, ambas pueden llegar a la conclusión de que negociando se gana más de lo que se pierde.

B. Acceder a negociar

Una vez que las partes han decidido negociar, las negociaciones preliminares se centran en los aspectos logísticos que deben resolverse antes de dar inicio a las conversaciones sobre los temas de fondo. ¿De qué se tratará la negociación? ¿Cómo plantean las partes los temas? ¿Cuándo exactamente planean las partes negociar, y de qué forma —conversaciones cara a cara, o por carta, correo electrónico, teléfono, o comunicación virtual a través de Internet?

Los temas a negociar, las limitaciones de tiempo, y las personas involucradas que son factores que pueden influir en las decisiones sobre las reuniones presenciales o en otros asuntos. Las partes pueden plantear estos temas internamente y luego entre sí.

---

[34] I. William Zartman, Timing and Ripeness, in *The Negotiator's Fieldbook*, 146.
[35] Ibid., 148.
[36] Howard Raiffa, with John Richardson and David Metcalfe, *Negotiation Analysis* (Cambridge: Harvard University Press, 2002), 148.

1. ¿Dónde, cómo y cuándo?

Es natural que las partes quieran concertar la negociación con el fin de sentirse relativamente seguras mientras dialogan. Un tema crucial, ¿quién debe ser el anfitrión de las negociaciones.? Y, básicamente, pueden reunirse tanto en el lugar del uno como el del otro, o en algún otro lugar, un lugar conveniente o neutral. Muchas negociaciones complejas requerirán más de una reunión, lo que ofrece la oportunidad de alternar los lugares.

Además de ahorrar tiempo y costos al viajar a otros lugares, negociar en su propia oficina podría permitirle beneficiarse de determinados recursos como sus archivos, biblioteca o de su asistente. En ocasiones, los recursos técnicos o tecnológicos pueden ser importantes. Una sala con determinadas dimensiones podría ser conveniente, al igual que lo serían espacios privados cercanos para reuniones con los miembros de su grupo. En una negociación con grupos grandes se podría prever la necesidad de varios salones de conferencia para las sesiones de reunión de las partes.

Para maximizar las posibilidades de un resultado satisfactorio, el negociador podría considerar que un lugar determinado es conveniente o poco propicio. Para los negociadores experimentados un componente esencial es cómo conseguir la comodidad de todos los asistentes. Este esfuerzo suele estar dirigido a minimizar la tensión y la incomodidad, al tiempo que se trata bien a las personas y se trabaja de una manera excelente y clara.

Además, una fuente aconsejó: «Contrario a la opinión común, a veces es ventajoso aceptar una oferta para reunirse en el territorio opuesto. Puede hacer que se sientan cómodos, haciéndolos más abiertos a nuestras sugerencias». Los autores también señalaron otra ventaja adicional de ser los visitantes y no los anfitriones: «Si es necesario, será más fácil para ustedes retirarse».[37]

Las preguntas sobre cuándo exactamente negociar también surgen a menudo en esta etapa preliminar. ¿Cuánto tiempo les llevará a las partes prepararse? ¿Las partes prevén una sola ronda de negociaciones o varias? ¿Existen posibles conflictos relacionados con determinada fecha? Además, una de las partes podría querer iniciar el proceso de establecer relaciones de trabajo productivas antes de la fecha de la negociación

---

[37]   Roger Fisher, William Ury, and Bruce Patton, *Getting to Yes*, 2nd ed. (New York: Penguin, 1991), 135.

principal. ¿Deberían buscarse oportunidades con antelación para que las partes conversen o se conozcan?

Los organizadores de un encuentro entre funcionarios estadounidenses y soviéticos durante la Guerra Fría eligieron como prefacio de las conversaciones una cena de langosta al estilo de Nueva Inglaterra: «Supusimos que nadie que llevara un babero alrededor del cuello y tratara de partir las patas de la langosta podría mantenerse distante por mucho tiempo. Nuestra corazonada resultó ser correcta —las risas y el buen humor rompieron el hielo».[38]

2. Evitar obsesionarse con la logística

Se pueden llevar a cabo negociaciones muy exitosas cuando se realizan en lugares completamente diferentes y se organizan de maneras distintas. Por lo tanto, no hay que enredarse demasiado en estos temas. Sin duda, no se querrán hacer más difíciles de resolver los problemas de fondo por un conflicto innecesario de logística. A veces se dice que las partes que discuten excesivamente sobre asuntos preliminares están dando demasiada importancia a «la forma de la mesa».

En la mayoría de los casos, lo mejor es avanzar rápidamente hacia las conversaciones de fondo, aunque no se hayan organizado exactamente como tal vez usted quería. Sin embargo, si usted cede ante la contraparte en asuntos preliminares, podría recordarles a sus compañeros negociadores que «en aras de llegar a un acuerdo», usted ha aceptado reunirse en el lugar, la hora o de la manera que ellos han preferido.[39]

3. ¿A quién?

La naturaleza de los asuntos en cuestión es un factor importante para determinar quién debe tratar de negociarlos. ¿Quién haría la labor más efectiva en la negociación, y por qué? Esta es claramente una pregunta previa a la negociación de suma importancia para cada una de las partes, ya que normalmente es donde la decisión suele estar tomada. Sin embargo, en ocasiones puede ser posible influir en la decisión de la otra parte sobre a quién envían ellos a negociar.

---

[38]   William Ury, *The Third Side* (New York: Penguin, 1999), 163.
[39]   Patrick Cleary, *The Negotiation Handbook* (Armonk: M. E. Sharpe, 2001), 87.

Quienes hayan participado en la negociación desde el principio también deben considerar si se debería invitar a otras partes a unirse a sus conversaciones también. ¿Tendrán las partes a las personas adecuadas como representantes en la mesa? ¿Tienen algunos de ellos una influencia significativa, información clave o los conocimientos necesarios? «Cuanto mayor sea el número de partes en una negociación», se ha observado, «más difícil será llegar a cualquier acuerdo». Sin embargo, solo si las partes y los intereses relevantes están incluidos en las negociaciones, es muy probable que el acuerdo alcanzado «se mantenga».[40]

¿Incluir a más partes sería una medida favorable que aumentaría las posibilidades de que se llegara a una solución negociada que satisficiera los intereses fundamentales, o podría resultar un error, que complicara u obstaculizara el acuerdo? Dado que cada negociador adicional «implica limitaciones: la comunicación se hace más difícil, y la tarea de gestionar el proceso se hace más ardua», una autoridad sugiere la regla general: «invita a las personas que necesites y no más».[41] Obsérvese también que puede ser conveniente cambiar los miembros del grupo después de haber iniciado la negociación y ser evidente que determinadas partes están ausentes y son necesarias o están presentes y son innecesarias.[42]

C. Negociar en representación de un tercero

A veces las negociaciones se llevan a cabo entre los propios individuos cuyos intereses están en juego. Un arrendatario negocia con un inquilino, un profesor con un decano, un cónyuge con otro. En estos casos, los negociadores «hablan por sí mismos y son libres de hacer ofertas y llegar a acuerdos cuando lo consideren conveniente».[43] Sin embargo, en las negociaciones avanzadas, las cuales son nuestro enfoque principal, la situación más común es que una persona negocie en representación de otra o de una organización —por ejemplo, una empresa, un gobierno o un sindicato.

---

[40] Jeffrey Rubin, Some Wise and Mistaken Assumptions About Negotiation, *Journal of Social Issues* 45 (1989): 202.

[41] Raiffa, with Richardson and Metcalfe, 393.

[42] Ibid., 395.

[43] Jeffrey Z. Rubin, The Actors in Negotiation, in *International Negotiation*, ed. Victor A. Kremenyuk (San Francisco: Jossey-Bass, 2002), 93.

Así pues, cuando se realizan negociaciones con algún grado de complejidad, es frecuente que los representantes negocien en nombre de los mandantes. En el contexto de la negociación, un representante puede definirse como un suplente autorizado por un mandante para actuar en su nombre representando los intereses del mandante en las negociaciones con otro. El mandante en una negociación suele ser denominado como el cliente. Más concretamente, el mandante es la parte que ha dirigido y autorizado al representante a actuar sujeto a su propio criterio y dirección.

1. ¿Por qué contratar a un negociador?

Hoy en día, en muchos aspectos de la vida, la gente suele recurrir a los servicios de otros. Hacen uso de la experiencia esperando obtener un mejor resultado de manera más eficiente, reduciendo así el estrés y el tiempo que tienen que dedicar personalmente a algo. Estas mismas motivaciones ayudan a explicar por qué se contratan negociadores en situaciones complejas.

Cuando el mandante es una organización de algún tipo, los funcionarios o empleados que se ocupan del tema de la negociación deben resolver diversos asuntos en negociaciones internas antes de que el representante pueda negociar eficazmente en su nombre. ¿Cuáles son los objetivos e intereses de la organización en la negociación? Estos pueden ser vistos de manera diferente por los diferentes funcionarios, departamentos, secciones o autoridades.

Quien negocia en nombre de un tercero suele tener la ventaja de tener cierto distanciamiento o ajenidad del problema. Es posible que un cliente esté tan atrapado en los detalles del problema o en la trayectoria de las relaciones con la otra parte que le es mucho más difícil ver la situación desde la perspectiva de su contraparte, trabajar con ellos de manera productiva y llegar a compromisos sensatos.

Puedes contratar a un representante por temor a que tu propia implicación emocional lleve a que las conversaciones se vuelvan irritantes o beligerantes. O los directivos que quieren mantenerse en buenos términos entre ellos pueden dejar que sus representantes discutan sobre algo como los términos de un contrato.

Cuando se inician las negociaciones externas, el mandante busca aprovechar los conocimientos, la experiencia en materia de negociación y la reputación del representante. Las habilidades profesionales del representante pueden ayudar de diversas maneras a lograr una sólida resolución negociada. Los agentes literarios, por ejemplo, pueden recurrir a sus propios contactos entre los editores. El abogado que representa a una parte debe tener conocimientos especializados, así como fácil acceso al abogado de la contraparte.

2. Limitaciones de los representantes

Cuando un representante negocia en nombre de un mandante, se generan dos tipos de discusiones. Aparte de la negociación con la contraparte, cliente y negociador deben mantener un diálogo interno continuo sobre lo que está sucediendo y debe suceder en la negociación. Estas se denominan a veces negociaciones *back table* —o, las sombras traseras de la negociación.

a. Parámetros de negociación

Alguien que negocia en nombre y representación de otro tendrá que hacerlo dentro de parámetros particulares, es decir, límites, restricciones o direcciones específicas. Estas suelen ser establecidas por el mandante o el cliente, pero a veces están relacionadas con el contexto de la negociación, incluidas las leyes, normas y políticas en las que esta se lleva a cabo. Por ejemplo, un acuerdo de negociación colectiva dentro de una industria en particular podría establecer los parámetros que rigen una negociación laboral.

Un conjunto importante de parámetros involucra a los integrantes y partes interesadas que un negociador está tratando de complacer. Las perspectivas de esas personas deben tenerse en cuenta a medida que la negociación avanza. Imagine, por ejemplo, dos abogados negociando un conflicto laboral. Uno de ellos podría tener un grupo sindical que complacer, mientras que el otro tendría que informar a los altos ejecutivos de la empresa y a su junta directiva.

b. Instrucciones para negociar

Las «órdenes específicas» dadas a un negociador son instrucciones claras, y un conjunto de instrucciones sirve tanto para proporcionar orientación como para restringir el margen de acción. Los negociadores suelen pensar que pueden prestar un mejor servicio a su cliente si se les da un margen de maniobra considerable para llegar a un acuerdo y no se les atan las manos con instrucciones demasiado rígidas.

Las instrucciones también son consideradas a veces una prueba de la confianza del mandante, una demostración tangible de la credibilidad del mandante en el representante. Algo de gran importancia para un representante y para su contraparte es el grado de «influencia» que el negociador tiene con el cliente. Esto no significa necesariamente la autoridad para contraer compromisos obligatorios, sino «la capacidad de los negociadores para convencer a sus mandantes —sus estructuras administrativas, gobiernos u organizaciones empresariales— para que acepten los acuerdos hechos en la mesa de negociaciones».[44] Un problema recurrente es que las instrucciones tienden a centrarse únicamente en los compromisos que se pueden asumir al final de la negociación. Las instrucciones orientadas a la negociación posicional a menudo establecen cuál debería ser la exigencia inicial de un negociador, qué concesiones podrían hacerse entonces y qué tratos podría el negociador aceptar finalmente. Sin embargo, las instrucciones para quien utilice un enfoque de negociación basado en intereses deberían centrarse por el contrario en los intereses, incluyendo su prioridad y posibles concesiones mutuas, en criterios de imparcialidad, en alternativas para un acuerdo negociado y opciones creativas. Un análisis detallado sobre los compromisos que deben asumirse debería ser realmente el paso final del proceso de negociación, no el inicial.[45]

c. Autoridad para negociar

Un asunto central en la elaboración de las instrucciones de negociación es la autoridad del negociador. Un aspecto fundamental en la elaboración de las instrucciones de negociación es la autoridad del negociador, y aquí surgen a menudo tres cuestiones fundamentales.[46] En primer lugar, ¿de qué se trata la negociación? Un negociador puede estar autorizado para discutir ciertos temas y otros no. En segundo lugar, ¿con qué libertad puede el negociador abordar los diferentes aspectos de la negociación? ¿Qué asuntos están abiertos a discusión con la contraparte, y qué asuntos deben mantenerse de manera confidencial entre dicha parte y su representante? El tercer asunto de autoridad es hasta qué punto puede el negociador comprometerse en nombre del

---

[44] Jeswald W. Salacuse, Law and Power in Agency Relationships, in *Negotiating on Behalf of Others*, ed. Robert Mnookin and Lawrence Susskind (Thousand Oaks: Sage Publications, 1999), 172.

[45] Roger Fisher, Negotiating Inside Out, *Negotiation Journal* 5 (1989): 35-36.

[46] Roger Fisher, A Code of Negotiation Practices for Lawyers, *Negotiation Journal* 1 (1985): 108.

mandante. O ¿deben todas las resoluciones importantes ser llevadas al mandante para su aprobación final?

d. Restricciones frente a flexibilidad

La cuestión primordial en cuanto a instrucciones y autoridad es el grado de flexibilidad que el mandante desee conceder al negociador. ¿En qué momento es mejor restringir al representante, y cuándo es más apropiado dejar un amplio margen de acción para trabajar creativamente con la contraparte?

El tipo de problema u oportunidad que se va a negociar también debe examinarse detenidamente. Por un lado, un mandante puede conceder a su representante amplios poderes cuando una crisis hace que el tiempo apremie o cuando lo que está en juego no es excesivamente importante. Si el mandante y el representante se conocen muy bien o el representante es a la vez un negociador experto y un gran conocedor del tema, algunos mandantes se inclinarán por conceder amplios poderes.

Por el contrario, si el negociador no ha trabajado mucho con el cliente o es inexperto, bien sea un profesional principiante o alguien cuyo conocimiento de los temas concretos de la negociación es limitado, el mandante querrá restringir la autoridad del representante. El mandante también podría plantearse: ¿es probable que cualquier acuerdo que se negocie sea un asunto de una sola vez o podría establecerse una relación duradera? Además, si el representante tiene intereses diferentes a los del mandante, o si el negociador no tiene incentivos claros para garantizar que los intereses del mandante sean atendidos de forma óptima, puede que haya que otorgar menos autoridad.

Si proporcionar demasiado margen de maniobra preocupa al cliente, este podría asistir a la negociación y, por tanto, estar presente para añadir ideas en ese momento. O bien, el negociador podría simplemente recibir instrucciones de traer cualquier acuerdo potencial para consultarlo antes de finalizarlo. El negociador podría trabajar con la contraparte para elaborar una propuesta que ambos pudieran recomendar a sus clientes. Tenga en cuenta que, en las negociaciones complejas, incluso cuando un negociador tiene la autoridad para cerrar un acuerdo, lo más sensato sería no hacerlo. Algunos términos del acuerdo pueden hacer reflexionar al negociador, sobre todo cuando el acuerdo implica una posible solución innovadora o inusual en algún aspecto. Sería aconsejable que volviera a consultar al cliente para obtener su opinión final antes de tomar una decisión definitiva.

3. Asesorar cliente en materia de negociación

En ocasiones, el mandante se limita a dictar parámetros de negociación al representante. Por ejemplo, un socio mayoritario o un organismo gubernamental puede darle a un abogado o a un funcionario un conjunto de instrucciones, órdenes detalladas que establecen los objetivos y la estrategia. Sin embargo, un negociador experimentado debe tener en cuenta que las instrucciones pueden modificarse a menudo. De hecho, un embajador británico bromeó diciendo que su trabajo consistía en «ayudar a mi homólogo a recibir nuevas instrucciones».[47]

Proceso interactivo

Asesorar al cliente se entiende mejor como un proceso interactivo. Y, con frecuencia, se genera un gran intercambio de información entre el mandante y el representante sobre las instrucciones, la autoridad y los parámetros. Lo ideal es que el cliente solicite el consejo del negociador. A continuación, ambos reflexionan conjuntamente acerca de los aspectos más relevantes de la problemática de esta negociación y discuten la mejor manera de proceder. Y, si el cliente pasa por alto la ayuda del representante en este punto, el negociador debe sugerir que se lleve a cabo dicha conversación.

Sin embargo, para que las conversaciones den lugar a una buena asesoría, el negociador debe conocer y comprender bien al cliente: sus perspectivas, intereses y procesos de toma de decisiones, así como cualquier antecedente relevante relacionado con el problema u oportunidad en cuestión.[48]

Aunque el mandante debe ser quien decida en última instancia el plan de acción adecuado, esa decisión bien podría depender del análisis conjunto. El negociador debe tratar de asegurarse de que el cliente elige con conocimiento de causa y comprende los posibles riesgos, beneficios y otras consecuencias a que pueden dar lugar los distintos planteamientos de la negociación.

Sin embargo, hay que tener en cuenta que el proceso de asesoramiento puede ser diferente dependiendo de cada escenario.

---

[47] Fisher, Ury, and Patton, 77.
[48] Jeswald W. Salacuse, The Art of Advising Negotiators, *Negotiation Journal* 11 (1995): 391-401.

Un abogado experto en derecho de familia, que asesora a un cliente que se está divorciando por primera vez, tendría un reto diferente que el de un abogado laboral, tratando de aportar su propia experiencia mientras formula un acuerdo entre diferentes coaliciones dentro de un sindicato que suele actuar dentro del marco de la negociación colectiva. Sin embargo, sea cual sea el tema, antes de la negociación el cliente y el negociador deben analizar los asuntos conjuntamente.

b. ¿Cuál es el tema de fondo?

El abogado James Freund sugirió que el representante debe participar de diferentes maneras en la toma de decisiones del mandante de acuerdo con tres categorías de asuntos. En primer lugar, algunos asuntos son competencia del representante. Por ejemplo, un agente deportivo debe ser experto en la manera de estipular los bonos de incentivos por rendimiento. En este caso, debe ser asertivo a la hora de ofrecer asesoramiento. En segundo lugar, otros asuntos son competencia del mandante, por ejemplo, un criterio comercial sobre el precio que debe pagarse al adquirir una pequeña empresa. En este caso, el negociador debe remitirse al cliente o a expertos como banqueros de inversión o asesores de gestión. Por último, en muchos asuntos, tanto el mandante como el representante disponen de amplios conocimientos. Y, en este caso, el mandante, que debe tomar las decisiones finales, puede determinar en qué medida debe apoyar o solicitar el consejo del representante.[49]

c. Diferenciar entre intereses y posiciones

Al elaborar las instrucciones suele ser especialmente útil tener en cuenta la diferencia entre posiciones e intereses a la cual nos referiremos en el capítulo 4. Un mandante podría inclinarse por plantear una posición: «una instrucción de lo que el negociador exigirá o lo mínimo que está autorizado a aceptar». «Centrarse en los intereses —se ha observado— requiere discusiones más profundas entre los mandantes y los representantes de las que suelen darse...».[50]

Una pregunta como: «¿Qué es exactamente lo que considera que le conviene?» invita tanto al mandante como al representante a debatir sobre la mejor manera de entender los intereses del mandante. Así, una

---

[49]   James Freund, *Smart Negotiating* (New York: Simon & Schuster, 1992), 178-80.
[50]   Robert Mnookin and Lawrence Susskind, Introduction, in *Negotiating on Behalf of Others*, 4.

de las funciones más importantes de un agente consiste en analizar el problema con los representantes del mandante, planteando preguntas, ofreciendo opiniones y, tal vez, ayudando a los representantes a replantear su interpretación con respecto a sus intereses.

4. Informes intermedios

A veces, los mandantes están presentes mientras el representante negocia. Sin embargo, lo más frecuente es que los negociadores simplemente informen a sus clientes, para mantenerlos al tanto de lo que ha ocurrido o para tratar de obtener su aprobación de un acuerdo. Para poder tomar decisiones finales con conocimiento de causa sobre la aceptación o el rechazo de un acuerdo, los mandantes deben estar informados del progreso de las negociaciones.

Es posible que los directivos no comprendan lo importante que puede ser este informe intermedio, o puede que estén concentrados en otros asuntos. Sin embargo, los clientes experimentados exigen que sus agentes negociadores les informen con regularidad y en detalle.[51] El negociador debe revisar la información obtenida acerca de los intereses de la contraparte, así como sus alternativas de salida, y cualquier opción innovadora o posibles normas neutrales o criterios objetivos que se hayan planteado. (Estos conceptos se analizan en detalle en los capítulos 5 y 6). Si se ha elaborado un modelo de acuerdo, sin duda hay que revisarlo. Además, un informe intermedio exhaustivo que incluya las expectativas del representante en relación con el rumbo a seguir para concluir la negociación. (En la relación representante-mandante pueden surgir una serie de cuestiones éticas importantes, que se analizan detalladamente en el capítulo 9).

D. Prepararse para negociar eficazmente

En sus memorias, el célebre abogado y estadista estadounidense James Baker relató los consejos de su padre sobre lo que él llamaba «las 5 P»: (*Prior preparation prevents poor performance*[52]). La preparación previa evita malos resultados. La triste realidad es que demasiados

---

[51] Roger Fisher and Wayne Davis, Authority of an Agent, in *Negotiating on Behalf of Others*, 71.

[52] James Baker, *The Politics of Diplomacy* (New York: G. P. Putnam's Sons, 1995), 134.

negociadores están tan convencidos de sus habilidades para negociar que están dispuestos a «improvisar» en las conversaciones con la contraparte sin una preparación adecuada.

Muchas personas no dedican el tiempo ni se preocupan lo suficiente por prepararse para negociar bien. No tienen en consideración los datos clave y no piensan con claridad en sus objetivos y su estrategia. Con demasiada frecuencia, sus ideas sobre los aspectos fundamentales de una futura negociación han sido precipitadas, dispersas o totalmente ausentes.

Algunos descuidan y no modifican su preparación teniendo en cuenta las características de sus colegas negociadores o incluso las circunstancias particulares que se les presenten. Otros no tienen un método sistemático de preparación para la negociación. Puede que simplemente reflexionen sobre una situación rápidamente y se lancen a tomar un teléfono, enviar un correo electrónico o entrar en una reunión. Puede que nunca le hayan dado importancia a diferenciar entre una preparación sólida y una débil.

Los negociadores que no se preparan no logran resolver muchos asuntos que hubieran podido llegar a un resultado favorable. Cuando la preparación es deficiente «las [N]egociaciones suelen fracasar, prolongarse indefinidamente o dejarse sobre la mesa posibles beneficios sin reclamar...».[53]

Para negociar de manera eficaz, hay que prepararse cuidadosa y concienzudamente. «La preparación concienzuda» ha sido llamada «la plataforma de lanzamiento para una negociación exitosa». Una buena preparación maximiza la eficacia de la persona y minimiza las posibilidades de que le sorprendan. Pone al negociador en posición de pensar con claridad y creatividad para conseguir el acuerdo idóneo.

1. Periodo de preparación

Prepararse bien es un proceso deliberado. Sin embargo, algunos abogados muy buenos y muy bien remunerados no dedican ni siquiera una modesta fracción de las horas que dedicarían a preparar una comparecencia ante un juzgado, a la preparación para una negociación. Tras señalar que «cuando se trata de la preparación, mucha gente se lleva las manos a la cabeza y dice: "Pero no puedo darme el lujo de prepararme"», William Ury replicó: «La verdad es que no puedes darte

---

[53]   I. William Zartman, Processes and Stages, in *The Negotiator's Fieldbook*, 96.

el lujo de no prepararte. Tómese el tiempo necesario, aunque signifique quitarle tiempo a la negociación. Las negociaciones serían mucho más eficaces si la gente dedicara más tiempo a prepararse...».[54]

Una de las complejidades de estar bien informado es que, por lo general, hay que averiguar «una gran cantidad de información innecesaria sobre el tema... para reunir unos cuantos datos verdaderamente relevantes». Cuanto más se conozca la historia, la geografía, la economía o el trasfondo científico de un problema, así como sus implicaciones jurídicas, sociales o políticas, más probable será que se puedan idear soluciones creativas.[55]

Parte de la información obtenida en la preparación previa a la negociación puede ser incorrecta, y prácticamente siempre es incompleta. Por consiguiente, una parte importante de las negociaciones más complejas consistirá en que los negociadores comprueben los datos con los que llegaron a la mesa de negociación, al tiempo que intentan averiguar si hay más información pendiente.

2. Ventajas de conformar un equipo negociador

Una organización que se enfrenta a una negociación importante usualmente acostumbra a conformar un equipo de negociación para que trabaje conjuntamente en su nombre. Aunque involucrar a varias personas cuesta tiempo y dinero, se podría considerar necesario recurrir a diferentes campos de experiencia. Concretamente, contar con conocimientos técnicos que estén disponibles de inmediato puede ser muy útil. En este caso, por ejemplo, puedes decir a la contraparte: «Traeremos a uno de nuestros ingenieros». Su contraparte probablemente acepte, y ambos pueden estar en mejores condiciones para manejar ciertos asuntos.

Es probable que una negociación compleja abarque una gran cantidad de temas diferentes, y es posible que determinados miembros del equipo se sientan más cómodos o sean más eficaces negociando un determinado aspecto del problema que otro. Los compañeros pertenecientes a una misma organización pueden prestarse apoyo y análisis desde diferentes perspectivas. Por lo tanto, los compañeros de equipo seleccionados no deberían ser tan parecidos. En lugar de

---

[54] William Ury, *Getting Past No* (New York: Bantam Books, 1993), 16.
[55] Roger Fisher, Negotiating Power, *American Behavioral Scientist* 27 (1983): 154.

un equipo de clones, es preferible una diversidad de perspectivas.[56] Uno de ellos puede tener una formación especializada importante; el otro puede ser experto en trabajar con asuntos financieros. Uno de ellos puede tener un profundo conocimiento cultural; el otro puede tener las habilidades interpersonales necesarias para crear un ambiente agradable y desarrollar una sólida relación de trabajo. Asimismo, hay que evitar el estancamiento interno, cuando las diferencias entre los compañeros de equipo no pueden conciliarse. Un equipo de negociación eficaz constituye un frente unido y se comunica bien entre sí. Uno de los miembros puede apoyar al otro cuando vacila, pasa por alto algo, se equivoca en un punto o pierde el hilo de las discusiones. Mientras uno de ellos habla, otro compañero puede pensar de manera creativa, registrar lo que está ocurriendo, revisar la agenda y planificar lo que debe ocurrir a continuación, o analizar algún aspecto sobre la manera en que se ha estado desarrollando la negociación.

Tener dos o más mentes en acción para solucionar un problema de negociación puede ser aconsejable entre otras muchas razones. Por ejemplo, un grupo de negociadores podría hacer una mejor labor y generar una lluvia de ideas, opciones creativas o encontrar normas o criterios idóneos. Puede ser mucho más difícil sobrecargar a un equipo con información y estrés o intimidar a sus miembros, que en el caso donde hay un solo negociador. Además, hay compañeros de equipo con trayectorias y perspectivas distintas que tienden a enfocarse en diferentes aspectos de la negociación. La precisión con la que entienden determinados puntos puede variar, algo que puede ser determinante a la hora de formular propuestas en la fase de cierre de un acuerdo.

Por otra parte, los diferentes grupos de una organización pueden estar particularmente interesados en los resultados de la negociación. Por ello, puede ser necesario incluir a sus representantes para llegar un acuerdo. Por ejemplo, imagínese un grupo interinstitucional del Gobierno de Estados Unidos que incluya representantes de la Casa Blanca, el Departamento de Estado, el Departamento de Justicia, el Tesoro, etc. O pensemos en un sindicato que selecciona representantes de diferentes grupos para aumentar la probabilidad de que el conjunto de los miembros ratifique cualquier acuerdo que surja de las negociaciones.[57]

---

[56] Thomas R. Colosi, *On and Off the Record* (Dubuque: Kendall/Hunt Publishing, 1993), 40.
[57] David Sally and Kathleen O'Connor, Negotiating in Teams, in *The Negotiator's Fieldbook*, 548.

3. Preparación del equipo

Una buena preparación es muy importante cuando se negocia conjuntamente con los compañeros de equipo. Especialmente en una negociación compleja o trepidante, los miembros de su equipo deben esforzarse por pensar al unísono en la esencia de lo que está ocurriendo en la mesa de negociación.

Algunos miembros del equipo pueden estar preocupados por cómo frenar a una persona radical de su equipo que pueda decir cosas que arruinen la posibilidad de llegar a un acuerdo. Otros pueden estar preocupados por cómo fortalecer a alguien que podría ceder más de lo necesario en la negociación distributiva para llegar a un acuerdo. Dependiendo de la estructura del equipo y de la jerarquía de sus miembros, se puede acordar una serie de reglas internas, como «no se aceptarán ofertas en la mesa» o «cada miembro tiene poder de veto...».[58]

Preparar un equipo es una tarea que a menudo se hace a la ligera, pero no debería ser así. Se necesita tiempo para hablar conjuntamente de los aspectos claves del problema, identificar y, si es posible, resolver las diferencias de opinión, y comparar sus respectivas apreciaciones sobre los objetivos, intereses y alternativas de la contraparte. ¿Cómo ve cada persona el problema o la oportunidad y cuál es su opinión sobre la mejor estrategia a utilizar?

Ciertamente, el equipo negociador debe entrar en las conversaciones habiendo [59]estudiado conjuntamente los propósitos, los objetivos y la estrategia (véase el recuadro 2.1 acerca de las preguntas de preparación del equipo).

Recuadro 2.1 — Preguntas sobre la preparación del equipo

- ¿Cómo van a organizarse para ser lo más productivos y eficientes posible?
- ¿Hay una división lógica de las funciones?
- ¿Es alguno de los miembros negociadores experto en determinados temas, y podría ser mejor que esa persona asumiera la responsabilidad de tomar la iniciativa cuando surja ese tema?

---

[58] Ibid., 551.
[59] Ibid., 548-49.

- ¿Cómo pueden los compañeros de equipo conformar un frente unido, y qué medidas concretas podrían tomarse para apoyarse mutuamente?
- ¿Hay temas que deban evitarse o sortearse, y cuál es la mejor manera de hacerlo?
- En pocas palabras, ¿cómo puede el equipo aumentar las posibilidades de que sus miembros se complementen entre sí y no trabajen con objetivos diferentes?
- ¿Cómo pueden los miembros indicar cuándo deben reunirse y consultarse en privado?
- ¿Qué otros asuntos pueden ser importantes a la hora de coordinar sus esfuerzos y crear un equipo eficaz?

Otro punto que merece ser discutido de manera especial es el de los temas o asuntos que el equipo quizás quiera eludir. Si antes de la negociación externa no se ha pensado en ello conjuntamente, uno de los miembros del equipo podría eludir cuidadosamente un tema, mientras que el otro podría entrar en una discusión que el compañero habría evitado. Identifique los asuntos de los que su equipo preferiría no hablar, o no insistir en ellos, y busque maneras eficaces de eludirlos con la mayor discreción posible. Y si resulta que hay que tratar esos temas en cierta medida, decidan de antemano, después de analizarlo y discutirlo conjuntamente, qué negociador va a tomar la iniciativa de tratarlos diligentemente y cómo piensa hacerlo.

4. Obstáculos de las negociaciones en equipo

Aunque formar un equipo para trabajar conjuntamente en una negociación puede ser bastante beneficioso, la dinámica del equipo también plantea verdaderos retos. Las conversaciones suelen ralentizarse porque muchos de los que están en la mesa de negociación pueden sentir la necesidad de intervenir, ofrecer sus opiniones y hacer sentir que están presentes. Su participación hace que se sientan cómodos y justifica su presencia, pero puede alargar el proceso de negociación.

Es muy probable que los participantes aporten perspectivas diferentes e incluso objetivos diversos. Sus enfoques estratégicos pueden variar. Esto se debe, más que todo, a que los miembros de un equipo negociador suelen proceder de diferentes áreas de la organización, con el fin de aprovechar su experiencia específica o de obtener aportaciones de determinadas áreas. Incluso pueden estar actuando bajo una serie de instrucciones específicas por parte de sus superiores o compañeros.

Para ser eficaces frente a la contraparte, los diferentes integrantes del equipo deben coordinar sus esfuerzos y, siempre que sea posible, representar un frente unificado. Sin embargo, a veces esto puede dar lugar a la intolerancia por parte de los miembros del grupo que discrepan o que tienen perspectivas que no son compartidas por la mayoría del grupo. Todo esto indica que los equipos pueden enfrentarse a veces a verdaderos retos para sacar provecho de sus puntos fuertes y minimizar sus puntos débiles.

5. Distinguir entre negociaciones internas y externas

En muchos casos, antes de que las empresas, los gobiernos, los sindicatos u otras organizaciones emprendan negociaciones externas con sus contrapartes, primero negocian dentro de su propio equipo. Estas negociaciones internas tienen como objetivo coordinar al equipo, especialmente para resolver las diferentes percepciones de intereses, objetivos y estrategias que los distintos miembros del equipo aportan a la negociación. Comienzan antes de la negociación externa y continúan durante la misma.

Aunque a menudo son de vital importancia, estas negociaciones internas también pueden complicar las cosas. De hecho, se ha dicho que las típicas negociaciones internas «requieren tres acuerdos: uno en toda la mesa y otro a cada lado de la misma...».[60]

Las negociaciones internas y externas son ámbitos de negociación diferentes, con objetivos e intereses distintos. El reto de llevar a cabo negociaciones internas eficaces con sus compañeros difiere en aspectos importantes al de negociar externamente con sus contrapartes. Las negociaciones entre los miembros internos y externos deben estar muy ligadas, y cada una de ellas debe relacionarse con la otra. Por ejemplo, los aspectos aprendidos en la negociación externa deben incluirse en las discusiones internas para orientar a los que toman las decisiones dentro de la organización.

---

[60] Howard Raiffa, *The Art and Science of Negotiation* (Cambridge: Harvard University Press, 1982), 166.

6. Dificultades comunes en las negociaciones internas

El hecho de que los negociadores pertenezcan todos a una organización indica que pueden estar más animados por un espíritu de compromiso. Además, es posible que una jerarquía administrativa dentro de la organización sea la que resuelva las disputas entre ellos. Sin embargo, las perspectivas internas pueden diferir notablemente. Los miembros o los grupos dentro de una organización suelen tener visiones opuestas y, al tener distintas responsabilidades dentro de la organización, pueden percibir intereses muy diferentes o tener percepciones opuestas de sus puntos de vista acerca de diversos asuntos.

Además de esto, tanto individualmente como a nivel de áreas o departamentos, se puede sentir la competencia dentro de la organización e inclinarse a cuidar celosamente sus territorios. De hecho, las negociaciones internas pueden ser a veces incluso mucho más conflictivas que las externas. A veces, el consenso depende de los acuerdos internos, y es posible que haya que recurrir a sistemas incentivos de diversa índole para atraer a aquellos que, de otro modo, estarían disconformes.

Llegar a un consenso en asuntos de negociaciones complejas, que sea aceptable para las diferentes agrupaciones y útil para el negociador, rara vez ocurre sin dedicarle mucho tiempo, análisis y esfuerzo. Entre los problemas habituales, podríamos citar por ejemplo que, aunque el negociador externo de la organización debería participar en las negociaciones internas, es posible que no se le invite a hacerlo. También hay que tener en cuenta a aquellos que, dentro de una organización, están interesados en el desarrollo de sus propias carreras, y pueden estar particularmente inclinados a exagerar o tergiversar sus intereses por motivos estratégicos relacionados con las luchas de poder internas.

Otro problema es el que se plantea cuando se consulta a muchos miembros de una entidad de tamaño considerable, tal vez una rama del gobierno o una gran empresa. Cuando varios de ellos se suman a dar instrucciones a un negociador externo, sus planteamientos pueden carecer de coherencia. Las instrucciones individuales podrían ser contradictorias. El principal desafío en este caso es obtener los beneficios que podrían derivarse cuando se unen varias personas para pensar en la mejor manera de llevar a cabo una negociación, pero haciéndolo de una manera estratégicamente razonable y que no imponga rigidez ni limite excesivamente la flexibilidad del negociador.

Concretamente, no querremos que el negociador esté sujeto a tantas y tan estrictas instrucciones que le resulte difícil trabajar de forma creativa y flexible con la contraparte. Un dilema que a veces se plantea en estas negociaciones internas podría formularse de la siguiente manera:

Si un delegado no presiona para lograr un consenso interno, tendrá más flexibilidad en las negociaciones, pero más desacuerdos internos en torno a una solución propuesta. Si el delegado presiona para lograr un consenso interno sólido, tendrá menos flexibilidad en la negociación, pero un mayor consenso interno sobre una solución propuesta...[61]

Eventualmente, los negociadores de la contraparte pueden tratar de aprovechar las diferencias o las opiniones contradictorias. Un negociador puede querer dialogar con el colega negociador que parezca más comprensivo con las opiniones que se van a exponer, o simplemente dirigir sus comentarios y argumentos hacia él. Por otro lado, si las diferencias entre los miembros de un equipo de negociación nunca se resuelven en una negociación interna, cabe la posibilidad de que esa parte quede expuesta a tácticas de «divide y vencerás» durante la negociación externa.

E. Organice su preparación

Los negociadores eficaces que dedican tiempo y esfuerzo a prepararse para negociar efectivamente se diferencian por los pasos exactos que dan. Sin embargo, algunos aspectos fundamentales deberían ser parte de la preparación de todos para una negociación importante.

1. Obtener información útil

Antes de que comience una negociación importante, un negociador experimentado trata de captar todo lo que puede sobre la situación que se va a negociar. Los negociadores deben preguntarse: «¿Qué puntos clave,

---

[61] Joel Cutcher-Gershenfeld and Michael Watkins, Toward a Theory of Representation in Negotiation, in *Negotiating on Behalf of Others*, 38.

qué información falta, qué detalles concretos debo tratar de conocer, previendo que puedan ser útiles durante las futuras conversaciones?». Búsquedas en Internet, investigaciones bibliográficas, registros públicos y las conversaciones con personas experimentadas pueden revelar información valiosa sobre lo que realmente está motivando a las otras partes: lo que han hecho en el pasado, lo que esperan hacer en el futuro, lo que parece preocuparles más.

a. Características de la contraparte

Otra parte de la preparación para negociar eficazmente consiste en conocer algo de las contrapartes que se sientan en la mesa de negociaciones: sus mentalidades y personalidades, sus estrategias habituales y las influencias culturales que puedan afectar sus conductas. Un negociador podría ver si es posible encontrar a alguien que conozca a la contraparte, o incluso alguien que haya negociado con ellas en el pasado. Cuando los negociadores proceden de culturas diferentes, considerar si las susceptibilidades o influencias transculturales pueden entrar en juego, y de qué manera, puede ser una parte muy importante de la preparación previa a la negociación. De encontrar a alguien que conozca a su futura contraparte, puede plantearle algunas preguntas abiertas, como, por ejemplo: «Si tuviera que volver a negociar con esa persona, ¿qué haría de manera diferente? ¿Cuál es el mejor consejo que podría darme?».

2. Analizar el problema o la oportunidad

También debe dedicar algún tiempo a analizar los detalles del problema de la negociación que tiene ante sí. Puede empezar con un breve resumen objetivo. Si alguien que no estuviera enterado de lo que se está haciendo tuviera que ponerse al día en poco tiempo, ¿en qué puntos haría especial hincapié? De la misma manera que un abogado prepara una exposición de los hechos para un juez o un jurado, un negociador también puede recopilar los puntos clave como parte fundamental de su preparación.

Partiendo de esta base, un negociador hábil puede pasar a analizar detalladamente el problema o la oportunidad de negociación a la que se enfrentan las partes.

¿Cuál parece ser el aspecto más complejo de esta negociación?

¿Cuáles parecen ser los asuntos más difíciles de resolver?

¿Prevé usted conflictos interpersonales?

¿Y qué hay de los problemas relacionados con el proceso de negociación, como el hecho de tener que enfrentarse a numerosas partes en la mesa de negociaciones, o tener complicaciones de tipo técnico, financiero o científico?

Después, para ayudar a unificar el análisis, el negociador podría tratar de resumir en una sola frase o en un párrafo, el desafío o los desafíos principales de la negociación a los que se enfrenta en estas circunstancias concretas.

3. Planificar para hacer planteamientos eficaces

Otro aspecto importante de la preparación previa a la negociación lleva al negociador a considerar cuál es la mejor manera de potenciar los puntos más importantes que le gustaría plantear. Los temas que hay que exponer, los argumentos que hay que presentar, las iniciativas para influenciar a la contraparte e impactar positivamente en su manera de pensar, todos ellos pueden plantearse eficazmente en mayor o menor medida, y pueden tener un impacto real en la negociación.

Los materiales que se pueden llegar a necesitar o requerir durante la negociación también merecen cierta atención, y la preparación previa a la negociación es el momento de organizarse para negociar debidamente. Puede que haya papeles o documentos que deban llevarse. O, tal vez, el negociador necesite recordar elementos tan sencillos, y a la vez tan esenciales, como un reloj, una calculadora, un bloc de papel o un papelógrafo.

a. Pensar en la distribución de los temas

Los negociadores menos experimentados suelen estar poco preparados para hablar de dinero y otros temas por lo que se hace necesario dividirlos, asignarlos o distribuirlos entre las partes. Frecuentemente, los negociadores que carecen de mayor preparación prefieren trabajar en la construcción de relaciones productivas y hablar de otros asuntos que perciben como menos polémicos. Por lo tanto, posponen o esquivan los temas fundamentales relacionados con las cifras. Sin embargo, al hacerlo, a menudo están —y parecen estar ante sus compañeros de negociación— nerviosos, aprensivos y malhumorados ante un asunto central que se va a negociar. No llegaron a la mesa de negociación preparados, es decir, listos para exponer sus puntos de vista de manera convincente acerca de cómo deben asignarse las tareas entre las partes. A veces, ninguna de las partes quiere «atravesar la puerta» en este punto; cada una está, en efecto, diciendo «después de ti, después de ti». La justificación que los negociadores suelen argumentar en tales circunstancias es que realmente querían que la otra parte avanzara primero para poder contrarrestar la propuesta inicial. En definitiva, piensan, «¿y si la propuesta de la otra parte hubiera sido incluso mejor que la que yo tenía en mente?». En determinadas circunstancias, esta puede ser una táctica acertada, pero los negociadores no deben caer en ella porque realmente no están muy bien preparados. Así pues, en los preparativos previos a la negociación, si un asunto importante implica la asignación de temas entre las partes, se podría pensar en cuál sería un criterio razonable y convincente para hacer esta distribución. (En el capítulo 6 estudiaremos el uso de criterios objetivos para ayudar a los negociadores a resolver estos asuntos distributivos). ¿Qué propuestas se le ocurren que podrían apoyar ambas partes? ¿Existe alguna norma neutra que pueda reducir el campo de posibilidades y, tal vez, conducir a una solución?

b. Tener en cuenta la creación de valor

Además de centrarse en los temas de distribución, los preparativos de la prenegociación son también un momento para considerar cómo «se podría agrandar la torta». Es decir, ¿cómo podrían las partes aprovechar sus diferentes talentos y recursos para aportar algo nuevo, para crear un valor que pueda hacer que la resolución definitiva de la negociación sea mucho más beneficiosa para ellas? Este es un tema que también exploraremos en el capítulo 6. Por lo pronto, tenga en cuenta que la preparación previa a la negociación debe incluir también algo de tiempo para pensar de manera creativa en la situación y en qué opciones interesantes o innovadoras podrían idearse. Roger Fisher solía hablar de la importancia de una «opción elegante» para llevar a las partes de una negociación compleja a un acuerdo. Aunque estas ideas suelen surgir de la lluvia de ideas y otras interacciones dinámicas de los negociadores durante las conversaciones, las semillas del pensamiento creativo suelen sembrarse en el transcurso de una minuciosa preparación previa.

F. Identificar los objetivos idóneos

En la fase de prenegociación, cada una de las partes debe analizar detenidamente lo que quiere —sus objetivos principales— y por qué espera conseguirlos exactamente. Un aspecto clave al establecer objetivos es imaginar un futuro mejor. Obligarse a establecer objetivos lleva al negociador a pensar detenidamente en las posibilidades de cooperación, en lo que es y no es realista, y en cómo las partes podrían colaborar de manera innovadora o imaginativa para beneficiarse mutuamente.

1. ¿Por qué establecer objetivos específicos?

Haber establecido objetivos ambiciosos pero realistas es enormemente útil. Definir objetivos es una manera de motivar, enfocar el pensamiento y concentrar la energía. De hecho, establecer objetivos concienzudamente es el primer paso hacia la creación de una estrategia, un plan integral para intentar alcanzar esos objetivos, un plan que podría inspirarse en una variedad de ideas derivadas de los distintos capítulos de este libro.

Una vez le preguntaron al diplomático británico Lord Caradon cuál había sido la lección más valiosa que había aprendido en sus años de servicio público. Caradon contó que, al principio de su carrera, mientras trabajaba en Oriente Medio, él y su jefe tuvieron que visitar numerosas comunidades para atender una serie de peticiones y disputas. Se acostumbraron a parar su jeep a un lado de la carretera antes de entrar en cualquier aldea para poder bajarse y discutir lo que ambos querían conseguir antes de marcharse. Después, volvían a parar el jeep al borde de la carretera para reflexionar en si habían conseguido lo que se habían propuesto.[62]

Ciertamente, uno de los requisitos para actuar eficazmente en una negociación es tener en mente propósitos claros y específicos. Es importante comprender esto, ya que un error común de los negociadores es pasar por alto el objetivo exacto que pretenden alcanzar. Muy a menudo, pretenden, simplemente, dialogar sobre un tema para ver qué se puede acordar. Ahora bien, reunirse con la contraparte con la idea de lograr algún tipo de acuerdo sensato y asequible es un objetivo demasiado impreciso y poco claro como para dar dirección. Si

---

[62] Ury, 15.

no hemos definido lo que nos gustaría que la otra parte hiciera, la labor de persuasión o influencia carecerá de enfoque.

Como parte de sus conversaciones previas a la negociación sobre los objetivos, los negociadores experimentados reflexionan sobre el tipo de acuerdo que pretenden conseguir, teniendo en cuenta las circunstancias a las que se enfrentan. Por un lado, las partes pueden querer resolver todos los asuntos pendientes a los que se enfrentan en un documento legal de carácter obligatorio, como un contrato o un convenio. Por otro lado, puede que simplemente estén interesadas en escuchar lo que la otra parte tiene que decir y acordar reunirse de nuevo, si se justifica.

Entre ambas posiciones yace una variedad de posibles resultados, que se caracterizan por diferentes ámbitos y diferentes formatos. Uno de ellos podría ser un acuerdo escrito más limitado cuyos términos cubriesen únicamente asuntos concretos. O bien, las partes pueden llegar a un acuerdo verbal, redactar una carta de compromiso o un memorando de acuerdo, o elaborar una propuesta conjunta para presentarla a sus mandantes. El punto cardinal aquí es que, además de los objetivos de fondo relativos a los temas, los negociadores deben pensar también en el tipo de resultado que están buscando.

2. ¿Qué objetivos deben establecerse?

Una buena preparación previa a la negociación debe incluir preguntas desafiantes y que hagan reflexionar sobre los objetivos.

En estas circunstancias, ¿qué constituiría exactamente un resultado bueno y realista?

¿Qué es lo mejor que podría esperar conseguir con una posibilidad real de obtenerlo?

Por otro lado, ¿qué no es más que una ilusión?

Aun así, es importante apuntar alto. Es poco probable que ganes en una negociación más de lo que pretendías conseguir cuando entraste en ella. Múltiples estudios han demostrado que los negociadores que aspiran a objetivos desafiantes tienden a alcanzar mejores resultados. Su tarea como negociador es, por tanto, establecer objetivos que le hagan feliz si los cumple, pero que sean posibles de obtener. Si no puedes alcanzar o estar cerca de alcanzar tus objetivos, tu trabajo es intentar negociar un acuerdo que supere tu mejor alternativa para que tu equipo pueda al menos salir de la negociación en mejores condiciones que las que estaba.

En ocasiones, ante una situación poco favorable, los únicos objetivos realistas podrían ser los más modestos. Aunque, normalmente, un equipo que cumple sus objetivos puede sentirse bastante satisfecho. Un negociador debe aspirar a alcanzar el mejor acuerdo posible según las circunstancias. El error fundamental que hay que evitar es conformarse con un compromiso rápido sobre unos términos que ambos negociadores pueden aceptar, pero sobre los que su equipo, en todo caso, sigue estando inconforme.

3. Dificultades al establecer los objetivos

Hay varios factores que pueden complicar el esfuerzo por establecer objetivos ambiciosos pero realistas. Veamos algunos de ellos.

a. Objetivos que marcan precedentes

Al pensar en sus objetivos, los negociadores deben considerar si los resultados de la negociación pueden sentar un precedente. Si es así, ¿qué precedente quiere sentar el negociador y por qué? Por precedente me refiero a que el resultado tiene un impacto para que lo tome como un ejemplo de cómo se debe hacer algo o como una base para futuras situaciones. Por ejemplo, la manera en que un acuerdo entre un sindicato y una empresa aborda determinados asuntos puede sentar un precedente que se extienda más allá de una fábrica o planta, afectando incluso a la industria en general.

b. Objetivos coincidentes y contradictorios

También hay que tener en cuenta que los objetivos de un negociador pueden coincidir con los de su compañero, o ser contradictorios, o algunos pueden ser contradictorios y otros coincidentes. Si los objetivos comunes resultan evidentes, vale la pena insistir en ello, ya que trabajar en esos objetivos puede ayudar a las partes e impulsarlas hacia una solución beneficiosa para todos. De hecho, siempre que se sienta la necesidad de retomar el proceso de avance, puede ser útil volver a los asuntos en los que los distintos bandos coinciden. Los puntos en común pueden ser la base desde la que se parte para atravesar terrenos más conflictivos.

En ocasiones, una de las partes tiene como objetivo impedir que su contraparte consiga algo. Veamos un ejemplo sencillo. Un padre puede negociar con su hijo adolescente las próximas actividades de verano, buscando un acuerdo para que no asista a un concierto que anteriormente causo disturbios. Este tipo de objetivo se denomina a veces estrategia de interdicción, es decir, el objetivo de una parte de que su contraparte *no* haga o consiga algo.

c. Varios objetivos

En una negociación compleja, los negociadores hábiles suelen fijar varios objetivos. A este respecto, los objetivos identificados inicialmente pueden parecer simplistas o cortoplacistas cuando se analizan y discuten más a fondo. Donde una parte percibía un único objetivo, con un análisis adicional se hacen evidentes otros objetivos importantes.

Por ejemplo, por un lado, están los abogados que buscan negociar un acuerdo para obtener la mayor cantidad de dinero o perder la menor cantidad para el cliente. De la misma manera, una empresa normalmente negocia con otra para maximizar sus beneficios vendiendo caro o comprando barato. Sin embargo, a largo plazo, restablecer o establecer una relación de trabajo positiva podría ser mucho más importante que una cifra exacta de dinero acordada.

Así mismo, los compradores no deben centrarse solo en lo que gastan, sino en lo que obtienen exactamente por su inversión. El entusiasmo por haber obtenido un buen precio se perderá rápidamente si la calidad de los artículos adquiridos es deficiente. Sin embargo, la satisfacción de un precio razonable por artículos de buena calidad podría convertirse en un verdadero interés por la oferta si el acuerdo también incluía una garantía sólida o servicio de mantenimiento gratuito o con descuento durante un periodo de años.

Los vendedores no solo deben tener en cuenta la importancia de los beneficios inmediatos, sino también cómo el acuerdo les posiciona para obtener ganancias futuras. Los beneficios pueden determinarse a corto o largo plazo, y si bien ciertas operaciones pueden generar ingresos considerables de inmediato, un acuerdo diferente puede llevar a una relación que incremente sus ganancias en los años venideros. De hecho, centrarse exclusivamente en obtener el mayor número de ganancias posibles de manera inmediata podría poner en peligro las oportunidades de obtener ganancias a largo plazo. Por ello, una de las características de establecer objetivos es lograr un equilibrio razonable entre las aspiraciones actuales y las futuras.

O bien, imaginemos las conversaciones en torno a un posible contrato de servicios, por ejemplo, una empresa de consultoría, experta en gestión de crisis, negociando con una gran empresa que se enfrenta a un posible desastre de relaciones públicas. Conseguir el contrato sería un objetivo. Recibir la mayor compensación posible por el trabajo a realizar sería otro. Tener la oportunidad de hacer un buen trabajo para una gran empresa, aumentando las oportunidades de volver a hacer negocios, equivaldría a la tercera parte. Una segunda sería afianzar su reputación dentro de la comunidad empresarial. También sería muy atractivo ganar participación en el mercado en relación con los competidores.

d. Priorizar entre los objetivos y evaluarlos

Algo que complica aún más el proceso de planteamiento de los objetivos es que en una negociación de cierta complejidad no solo es probable que las partes hayan definido múltiples objetivos, sino que algunos serán más significativos que otros. La negociación podría ser un éxito si se alcanzan algunos objetivos, aunque otros no se hayan logrado alcanzar.

Algunos negociadores se preparan elaborando una lista de sus objetivos por orden de importancia. Otros asignan valores numéricos que les ayudan a medir lo que es más y menos importante. Otros agrupan sus objetivos de acuerdo a su importancia baja, media y alta. Las decisiones que eventualmente haya que tomar en cuanto a las concesiones son mucho más fáciles si han sido priorizadas cuidadosamente. A la hora de cerrar un acuerdo, el negociador valorará el haber pensado con antelación si sacrificar un objetivo prioritario por otros más modestos valdría la pena o no.

No obstante, hay que tener en cuenta que establecer qué objetivos son más y menos importantes puede depender en parte de en qué punto, dentro de una serie de posibles resultados, podría resolverse dicho asunto. Un académico ilustró este punto mediante el siguiente comentario sobre la negociación de un contrato de trabajo: «Si estamos hablando de un rango de posibles salarios muy bajo y un rango de días de vacaciones muy amplio, entonces el tema de los días de vacaciones puede ser más importante que el tema del salario...».[63] En cualquier caso, pensar en la prioridad de los objetivos propios y en cómo podrían influir unos en otros deja a los negociadores mejor situados para negociar eficazmente.

---

[63] Raiffa, with Richardson and Metcalfe, 214.

4. Errores comunes a evitar al establecer objetivos

a. Los errores de subestimar y extralimitar

En un intento por asegurarse de obtener una solución, el negociador puede establecer objetivos que no son lo suficientemente desafiantes, demasiado cautelosos y poco ambiciosos. A veces, establecemos expectativas bajas porque así serán más fáciles de alcanzar. Establecemos nuestros objetivos de forma muy modesta, para evitar posibles frustraciones y hacer que nuestra capacidad de negociación parezca maravillosa a simple vista. Pero, incluso en el caso de que los consigamos, estos objetivos no hacen realmente muy feliz a nuestro equipo.

Los negociadores cuyo objetivo es demasiado bajo pueden no llegar a comprender hasta qué punto la contraparte quiere o necesita lo que ellos están en condiciones de ofrecer. En consecuencia, se quedan cortos y se limitan a plantear un solo objetivo o una meta sencilla. A veces, en el transcurso de las conversaciones, el negociador puede llegar a ver posibles ganancias o nuevas oportunidades que se pasaron por alto durante la preparación previa a la negociación.

El error opuesto es «sobredimensionar», es decir, aspirar a objetivos que probablemente nunca se alcancen. Al examinar sus propios intereses e imaginar un escenario ideal desde su propia perspectiva, los negociadores acaban planteando objetivos que no son factibles ni realistas. En ocasiones, las proporciones de lo que podría ser una solución perfecta desplazan de nuestra mente la necesidad de encontrar algo mutuamente beneficioso con lo que ambas partes puedan estar realmente de acuerdo. No hay que ignorar las limitaciones de la vida real. «Un deseo —se ha dicho— es una fantasía, una esperanza de que algo pueda suceder; un objetivo es una meta específica, centrada y realista que uno puede planear concretamente para alcanzarla».[64]

b. El error del razonamiento limitado

La otra dificultad que surge es cuando los negociadores se aferran demasiado a los objetivos específicos establecidos en la preparación previa. Dado que el curso que tomará la negociación es a menudo imprevisible, un negociador hábil debe estar preparado para revisar y reevaluar los objetivos durante la negociación. En ocasiones, los negociadores deben reconocer a sí mismos que algunos de los objetivos establecidos previamente eran poco realistas y deben ser descartados. Además, un buen negociador está atento a las posibles soluciones que podrían servir a sus intereses, aunque no se ajusten al objetivo establecido antes de iniciar las conversaciones.

Mezclar constantemente los objetivos es probablemente contraproducente. Sin embargo, a medida que te comuniques con tu contraparte y profundices en el problema o la oportunidad que comparten, pueden surgir nuevos objetivos o modificarlos. Es importante evitar que las ideas previas a la negociación respecto a sus objetivos limiten y obstaculicen las ideas durante las conversaciones. No permita que las ideas previas acerca de los objetivos reduzcan la flexibilidad y la creatividad necesarias para llegar a un acuerdo óptimo. Por el contrario, hay que reexaminar y reformular los objetivos cuando sea necesario.

c. El error de distraerse

Aunque cada uno de estos posibles problemas en relación con los objetivos es importante, quizá el error principal que hay que evitar es distraerse tanto con otros asuntos que se pierda el enfoque por alcanzar

---

[64] Roy J. Lewicki, David Saunders, and John Minton, *Essentials of Negotiation*, 2nd ed. (Boston: Irwin/McGraw Hill, 2001), 32.

los objetivos. Muchos negociadores se desvían con demasiada facilidad de la búsqueda de sus objetivos más importantes. Es posible que su contraparte provoque molestias o frustraciones en usted. Quizá se vea envuelto en debates o discusiones. De una manera u otra, el proceso de interacción con la contraparte puede llegar a ser tan absorbente que el objetivo con el que usted entró en la negociación desaparezca de sus procesos mentales.

Un experimentado mediador federal de Estados Unidos señaló en una ocasión que su función le permitía «echar un vistazo a las cartas de ambas partes» y «ver a partir del resultado final si cada parte maximizó... su ganancia en la negociación». Argumentó:

> Algunos de los negociadores profesionales mejor pagados cometen los mismos errores día tras día: ...Una y otra vez les resultaba demasiado fácil dejarse llevar por aspectos secundarios, como el ego y guardar las apariencias. En el proceso perdieron de vista el objetivo final.[65]

Si siente que es necesario volver a centrarse en sus objetivos y en cómo alcanzarlos, tómese un breve receso para revisarlos, así como las razones que le llevaron a establecerlos y la prioridad que les asignó. Evalúe en qué punto se encuentra exactamente en cuanto a la consecución de lo que se propuso en un principio.

G. Preparativos finales

1. Elaborar un informe del proceso de preparación

Para la mayoría de los negociadores que intentan llegar a un acuerdo beneficioso para ambos en un escenario complejo, el acto de escribir las cosas les resulta inmensamente útil. Por ejemplo, cuando las personas escriben sus objetivos, tienden a comprometerse más con su consecución y a centrarse más en la búsqueda de una estrategia eficaz para lograrlo. Por lo tanto, los negociadores deben crear un informe del proceso de preparación, es decir, un breve documento que incluya los puntos e ideas que puedan ser útiles en una próxima negociación.

---

[65] Cleary, 3.

Para un negociador basado en intereses, el informe debería tener una sección extensa sobre los intereses, que es el enfoque especial del capítulo 4. ¿Cuáles son tus intereses y cuál es tu mejor percepción de los intereses de tu compañero de negociación? Intente llegar a maneras adecuadas y lógicas de organizar, priorizar y dar sentido a los intereses de cada parte.

A continuación, tenga en cuenta lo que no sabe —hechos e información que le falten— y formule una lista de preguntas que quiera plantear a la contraparte. Preguntas que le gustaría que su contraparte respondiera y que usted buscaría la oportunidad de formular. Inevitablemente, algunas preguntas preestablecidas se descartarán, ya que resultarán irrelevantes, ya han sido abordadas o, tal vez, sean contraproducentes. Sin embargo, el negociador debería intentar hacer muchas de las preguntas planteadas durante la preparación.

Otra parte del informe debe incluir los objetivos. ¿Cuáles son sus aspiraciones respecto a la negociación, y qué cree que la otra parte espera obtener al negociar con usted? ¿Busca un acuerdo puntual y concreto, o algo mucho más general, como un intercambio de opiniones? ¿Puede asumir un compromiso definitivo? ¿Quiere hacerlo, o prefiere presentar un acuerdo provisional a su cliente o jefe?

Otro asunto que hay que considerar es el de las alternativas de salida y, en particular, la Mejor Alternativa a un Acuerdo Negociado (MANN) o BATNA (*Best Alternative To a Negotiated Agreement*) en su versión en inglés. En el capítulo 5 exploraremos este concepto en detalle. Por el momento, tenga en cuenta que un informe de preparación exhaustivo debería incluir comentarios sobre las BATNA. ¿Cuál es su BATNA? ¿Cuál crees que podría ser el de ellos? Esto ayudará a determinar qué acuerdos deben aceptarse y cuáles deben rechazarse.

Su informe de preparación debe incluir también los criterios de legitimidad abordados en el capítulo 6. ¿Cuáles son los posibles criterios, precedentes o normas objetivas que podrían reducir los desacuerdos en materia de distribución? Yo también incluiría una breve sección sobre opciones. ¿Cómo podría crearse valor, con beneficios para una, otra o a ambas partes?

Y, por último, concluiría mi informe sobre la preparación con una amplia declaración estratégica. ¿Qué plan pretendo seguir para intentar alcanzar mis objetivos en esta negociación? ¿Cuál es la hoja de ruta que tengo en mente para la negociación? ¿Puedo también explicar detalladamente un planteamiento alternativo en caso de tener que abandonar la estrategia?

Intereses, información faltante, objetivos, BATNAs, normativas, opciones y estrategia, un informe que cubra estos puntos debería ayudarle a prepararse para negociar de la manera más eficiente y hábil posible.

Capítulo 3
Inicio de las conversaciones: apertura de una negociación estratégica

Dado que las impresiones iniciales pueden tener repercusiones a largo plazo, muchos negociadores se esfuerzan por iniciar una negociación de manera positiva. Sin embargo, a menudo no están seguros de cómo proceder exactamente. Incluso los negociadores más experimentados se sienten a veces incómodos, torpes o molestos al comenzar una negociación. Algunos temen parecer negativos, quizás tímidos, poco sinceros o manipuladores. De ahí que se apresuren a entrar en el fondo de la negociación, en lugar de planificar una apertura que sea parte integral de su estrategia. Este capítulo explora lo que uno puede proponerse lograr desde el inicio de una negociación. Las relaciones de trabajo constructivas que los negociadores tratan de establecer, los tonos que buscan marcar, las preguntas planteadas, los esfuerzos por escuchar de manera activa y eficaz, y el lenguaje corporal controlado, todo ello forma parte del inicio de la comunicación.

Se ha dicho que la información es «la fuerza vital de la negociación»[66], solo a través de su intercambio pueden las partes llegar a comprender sus perspectivas e intereses. Mas, sin embargo, los negociadores experimentados quieren proporcionar mucha información, pero ocultan algunos elementos que podrían deteriorar las relaciones, distorsionar el entendimiento, o socavar ventajas. Parte del arte de la negociación eficaz consiste en elegir bien qué decir a la otra parte, cuándo decirlo y qué no revelar.

Recopilar y evaluar la información no solo es una parte muy importante de la negociación, sino que suele ser extensa, ya que las partes suelen tener percepciones y perspectivas diferentes y están tratando de hacer valer sus propios intereses y objetivos. En lugar de apresurarse en la fase de apertura en una negociación, los negociadores experimentados trabajan con paciencia para promover relaciones productivas, marcar un tono congruente con su estrategia y comenzar a interactuar en profundidad con preguntas inteligentes y una sólida escucha activa.

---

[66] Roy Lewicki, David Saunders, and John Minton, *Essentials of Negotiation*, 2nd ed. (Boston: Irwin/McGraw Hill, 2001), 60.

A. Crear relaciones productivas

Al inicio de muchas negociaciones complejas, las partes tratan de fomentar un entorno en el que se pueda negociar bien. Aunque esto es especialmente cierto en el caso de los que buscan estrategias basadas en intereses, también puede aplicarse a los negociadores posicionales. Con unas relaciones de trabajo sólidas, las partes deberían progresar más rápida y eficazmente. La capacidad de aprovechar las relaciones de trabajo productivas será importante en caso de que las conversaciones se tornen difíciles. (El capítulo 6 explora cómo los negociadores pueden pensar de forma creativa para superar los impases).

Una relación de negociación sólida puede tener consecuencias duraderas. Si se llega a un acuerdo, es posible que las partes tengan que trabajar conjuntamente para aplicarlo. Consideremos, por ejemplo, un caso de divorcio en el que un hijo vive con uno de los padres, pero visita al otro ciertos fines de semana. Es casi inevitable que surjan imprevistos. Es posible que las disposiciones del acuerdo no los incluyan claramente, o que interfieran incluso con los horarios establecidos minuciosamente. Surge algo inesperado, ya sea un problema o una oportunidad, y las partes deben ajustarse.[67] En estas y otras circunstancias similares, las relaciones laborales constructivas pueden ser realmente valiosas mucho tiempo después de concluida la negociación original.

De hecho, haber cultivado una buena relación laboral resulta a veces más importante que la misma negociación, cuando la relación conduce a futuros acuerdos. Incluso si no se llega a un acuerdo en las circunstancias actuales, las contrapartes pueden encontrarse negociando otros asuntos a futuro, aprovechando las relaciones productivas que fueron establecidas anteriormente.

Por el contrario, las malas relaciones tienden a ralentizar y complicar las negociaciones. Una relación tensa suele hacer que los negociadores sean menos propensos a cooperar entre ellos, a generar opciones conjuntas o a comprometerse para cerrar un acuerdo. La tensión personal o la hostilidad pueden hacer que un conjunto de circunstancias ya de por sí desafiantes sea aún más difíciles de manejar eficazmente.

Si las relaciones de trabajo no son sólidas, aunque se alcance un acuerdo, una de las partes puede estar más propensa, eventualmente, a incumplir sus compromisos. La implementación del acuerdo puede

---

[67] John H. Wade and Christopher Honeyman, A Lasting Agreement, in *The Negotiator's Fieldbook*, Andrea Kupfer Schneider and Christopher Honeyman, eds. (Washington, DC American Bar Association, 2006), 488.

verse obstaculizada por la dilación, o alguna disposición controvertida puede ser pasada por alto, malinterpretada o «malentendida».[68] Tratar de hacer cumplir un acuerdo de este tipo en los tribunales podría ser costoso, lento y quizás infructuoso. Por ello, el tiempo y el esfuerzo dedicados a establecer una relación de trabajo sólida tienen un verdadero potencial para minimizar los problemas futuros.

Dado que existen muchas buenas razones para establecer relaciones laborales positivas, los negociadores suelen estar bastante interesados en hacerlo. Sin embargo, las circunstancias pueden ser muy importantes. En una situación marcada por una enconada enemistad histórica o por diferencias culturales importantes, es posible que se quiera desarrollar una relación de trabajo de forma diferente a como se hace en una situación en la que los negociadores comparten orígenes y perspectivas similares. Empecemos, sin embargo, con ideas que puedan aplicarse en diferentes situaciones, esperando adaptarlas a diversos escenarios.

1. La esencia de una relación de trabajo positiva

En una buena relación de trabajo, los negociadores están dispuestos a comprometerse con facilidad y prontitud para lograr avances prácticos en los problemas o asuntos que tienen ante sí. Aunque se llegue o no a un acuerdo, los negociadores que interactúan positivamente son capaces de trabajar de forma cómoda y productiva, de tener «buena química».

Las relaciones de trabajo eficaces no dependen de que un negociador acepte los argumentos del otro. Se puede esperar que haya algunas posturas estratégicas. El compañero negociador probablemente tenga intereses propios, en lugar de un interés general. Esta persona es muy posible que esté buscando exigir unas condiciones bastante favorables. Además, es posible que una de las partes no apruebe la forma en que la otra ha estado actuando. Ninguno de estos aspectos debe necesariamente fracturar las relaciones de trabajo positivas.

Más bien, la esencia de una buena relación es que los negociadores puedan comunicarse eficazmente acerca de la situación a la que se enfrentan. De hecho, las relaciones de trabajo constructivas cobran sentido cuando los negociadores tienen que enfrentarse a diferencias significativas de intereses, percepciones y principios.[69]

[68] Thomas Colosi, *On and Off the Record* (Dubuque: Kendall/Hunt Publishing, 1993), XIV.
[69] Roger Fisher and Scott Brown, *Getting Together* (New York: Penguin Books, 1988), XIII, 8, 21, 154.

La negociación a veces es una cuestión de resolver diferencias y otras de aprovechar las oportunidades compartidas. En cualquiera de los casos, los negociadores que trabajan bien juntos pueden pasar de lo que a veces se caracteriza como negociación cara a cara a la negociación hombro a hombro, cuando las circunstancias lo justifican, como cuando buscan encontrar posibles ganancias conjuntas o crear juntos opciones prometedoras.[70]

Las relaciones de trabajo constructivas también difieren de las relaciones personales de amigos íntimos o parejas. Una buena relación entre negociadores hace hincapié en los intercambios intelectuales realizados de una manera profesional. De hecho, las investigaciones sugieren que quienes tienen una relación personal tienden a sentirse incómodos negociando entre ellos. Con demasiada frecuencia, ambas personas optan por compromisos rápidos, buscando terminar la negociación en algo que cada uno pueda aceptar. Suelen dedicar un tiempo mínimo al intercambio de información y a la creación de beneficios conjuntos, en vez de centrarse en la solución más complicada de un problema para llegar a un acuerdo óptimo.[71] Aunque la intención sea simplemente desarrollar relaciones profesionales y no vínculos de amistad profunda y duradera o interés romántico, desarrollar una relación de cualquier tipo requiere tiempo y paciencia. Las buenas relaciones no se materializan de inmediato, sino que crecen y se fortalecen con el tiempo. Una prueba real de una buena relación es cuando uno espera volver a trabajar con esa persona, en caso de que surja un nuevo asunto que negociar en el futuro.

2. Desarrollar buenas relaciones de trabajo

«La forma de tratar a la gente al principio de una negociación —se ha observado—, a menudo determina lo dispuestos que estarán a trabajar con usted».[72] Aparte de evitar comportamientos descorteses y groseros, y en cambio actuar con gentileza, con las debidas cortesías iniciales, ¿cómo se puede establecer una relación de trabajo positiva desde el principio?

---

[70]   Howard Raiffa, *The Art and Science of Negotiation* (Cambridge: Harvard University Press, 1982), 132.

[71]   William Fry, Ira Firestone, and David Williams, Negotiation Process and Outcome of Stranger Dyads and Dating Couples, *Basic and Applied Social Psychology* 4 (1983): 15.

[72]   Deborah Kolb and Judith Williams, The Shadow Negotiation (New York: Simon & Schuster, 2000), 164.

Ante todo, las relaciones de trabajo deben adaptarse a las personas implicadas, ajustándose a las características de esas personas y a la situación a la que se enfrentan. Suele ser una buena idea no esperar a que la otra parte inicie el tipo de relación que usted desea, sino ser proactivo. Si es posible empezar a establecer una relación con la contraparte antes de que empiecen las negociaciones de fondo, mucho mejor. Las reuniones informales, ya sea durante una comida o en otro entorno cómodo, pueden permitir a los negociadores conocerse, relajarse y compartir algunas experiencias.

Los negociadores experimentados se relacionan con la otra parte de varias maneras. Una de las técnicas de Ben Franklin consistía en pedir prestado un libro o algún otro favor de menor importancia a su colega negociador. De este modo, se conectaba y quedaba en deuda con su contraparte, de una manera pequeña pero significativa. Esta interacción personal proporcionaba una base a partir de la cual se podían construir relaciones de trabajo positivas.[73]

No obstante, conviene tener en cuenta que una sola parte no puede desarrollar una relación de trabajo sólida. Ambos negociadores deben querer tener relaciones positivas y estar dispuestos a intentar fomentarlas. En ocasiones, uno de los negociadores se mostrará indiferente u hostil a este proceso. Tal vez no tenga interés en superar enfrentamientos del pasado. O bien, el negociador puede querer proyectar una imagen dura y controvertida o hacer énfasis en las relaciones formales o de total independencia.

En tales circunstancias, la mejor estrategia para la otra parte es seguir trabajando en el desarrollo de relaciones positivas siempre que sea posible, pero abstenerse de imponer su autoridad frente a la oposición. Es probable que tal esfuerzo sea infructuoso y contraproducente. No obstante, hay que tener en cuenta que a veces surgen relaciones de trabajo bastante sólidas tras largos periodos de incubación.

a. Basarse en el principio de similitud

Un posible paso para tratar de entablar relaciones positivas es ver si hay hilos comunes que marquen sus trasfondos. Sus vidas personales, carreras profesionales o círculos de conocidos pueden estar de algún modo entrelazados. Tal vez hayan vivido en algún momento en el mismo lugar o hayan asistido a escuelas, facultades o universidades que tienen algo en común.

---

[73]   Roger Fisher and Daniel Shapiro, *Beyond Reason* (New York: Viking, 2005), 58.

El proceso de búsqueda de dichos puntos de conexión está basado en el «principio de similitud»: «Tendemos a confiar en las personas que nos parecen más... familiares: personas que nos gustan, que comparten nuestros intereses y experiencias generales y que se identifican con los mismos grupos».[74] Incluso bajo circunstancias polémicas, hacer hincapié en las similitudes puede ayudar a disipar la tensión. Por ejemplo, los funcionarios de una empresa que negocian con activistas medioambientales pueden encontrar puntos en común centrándose en las preocupaciones que comparten. Tal vez vivan cerca el uno del otro, o sus hijos jueguen juntos en la calle, caminen en los mismos parques o pesquen en los mismos lagos.[75]

b. Demostrar respeto por la otra parte

Aunque enfatizar en las similitudes puede ayudar a que las cosas empiecen con pie derecho, solo mediante una negociación sustantiva se desarrolla realmente una relación de trabajo sólida. Cuando empieces a negociar, proyecta respeto por tus compañeros de negociación, por lo que son, por las dificultades a las que se enfrentan y por sus esfuerzos para ayudar a encontrar una solución mutuamente aceptable. Una manera sencilla pero eficaz de demostrar tu respeto es preguntar por sus ideas y perspectivas. Dar a la otra parte el tiempo y el espacio necesarios para expresar plenamente sus preocupaciones y, tal vez, desahogarse de los problemas puede ser muy útil, al igual que escuchar atentamente sus respuestas.

Para crear una buena relación, trate de no subestimar, interrumpir o avergonzar al otro negociador, y muestre sensibilidad hacia la necesidad de su contraparte de mantener su imagen en ocasiones. También es importante que, cuando pueda hacerlo sin perjudicar su estrategia, responda a las preguntas de forma directa y sincera, en lugar de evadirlas. Dado que para todo negociador es importante que sus argumentos buenos sean percibidos por la contraparte, reconocer las ideas persuasivas de la contraparte puede ser un paso muy importante para lograr relaciones positivas.[76]

Cuando la otra parte esté intentando encontrar una solución mutuamente beneficiosa, busque oportunidades para demostrar que aprecia sus esfuerzos. Y, cuando su compañero negociador le convenza de un punto, reconózcalo. Esto no solo fomenta las buenas

---

[74] Richard Shell, *Bargaining for Advantage* (New York: Penguin, 1999), 68.
[75] Patrick Cleary, *The Negotiation Handbook* (Armonk: M. E. Sharpe, 2001), 41.
[76] Roger Fisher, A Code of Negotiation Practices for Lawyers, *Negotiation Journal* 1 (1985): 110.

relaciones de trabajo, sino que puede influir en la otra parte para que le corresponda. Al decirle al negociador contrario que está convencido de algo, usted espera que «él reconozca que la regla de la razón está viva en estas negociaciones. Entonces, cuando *yo* presente un argumento persuasivo sobre un punto diferente más adelante, él debería tratarlo con el mismo respeto que yo acabo de otorgarle al suyo».[77]

En sentido amplio, la comunicación abierta y honesta, sincera y directa, tiende a fortalecer las relaciones, mientras que las mentiras, la evasión, el doble discurso y las promesas incumplidas las debilitan. Tras señalar que «un poco de deshonestidad puede crear mucha desconfianza», Roger Fisher y Scott Brown señalaron lo problemático que puede ser decir cosas inconsistentes: «Lo que digo hoy debe coincidir con lo que dije ayer y lo que diré mañana. Lo que me has oído decir a otra persona debe coincidir con lo que te he dicho a ti».[78]

c. Demostrar su fiabilidad

Llegar a una negociación bien preparado puede ser otro paso fundamental para establecer una relación de trabajo productiva. Demostrar que eres fiable en asuntos menores puede contribuir a generar la confianza de que lo mismo ocurrirá en asuntos más importantes.[79]

Cuando Robert McNamara era secretario de Defensa —recuerdan dos estudiosos— se empeñaba en llegar a tiempo a todas las reuniones. Su reputación de fiabilidad en las cosas pequeñas que la gente podía ver se extendió hasta aumentar su credibilidad con respecto a asuntos que no eran fáciles de verificar.[80]

Para demostrar que eres fiable, evita hacer promesas que quizá no puedas cumplir. Demuestra que la otra parte puede confiar en tu palabra. Cuando se crean expectativas, se hace todo lo posible por cumplirlas.[81] Si la otra parte está convencida de que usted es una contraparte fiable, habrá dado verdaderos pasos hacia la creación de una relación de trabajo sólida.

d. Evitar imponer condiciones

En ocasiones, el negociador tendrá la tentación de condicionar las relaciones positivas a la obtención de concesiones iniciales importantes. El mensaje que se envía es: una vez que hayas demostrado que estás

---

[77] James Freund, *Smart Negotiating* (New York: Simon & Schuster, 1992), 134.
[78] Fisher and Brown, 111.
[79] Colosi, 8.
[80] Fisher and Brown, 113.
[81] Roy Lewicki, Trust and Distrust, in *The Negotiator's Fieldbook*, 199.

dispuesto a hacer algo por mí, demostrando así que te tomas en serio el negociar de buena fe, entonces podremos ver cómo desarrollamos relaciones constructivas. Una táctica aún más manipuladora es desarrollar una relación de trabajo positiva, pero luego fingir que se ha ofendido por algo, para finalmente ofrecer su perdón, pero solo a cambio de concesiones.[82]

En ambos casos, imponer tales condiciones tiende a ser contraproducente. Es poco probable que se construya una relación sólida con la actitud: «Dame algo. Demuestra que vale la pena mi tiempo para trabajar contigo. Entonces, podremos tener buenas relaciones». Adoptar una postura así se percibe como arrogante y falsa.

Del mismo modo, no debe dar la impresión de que usted y su compañero de negociación deben coincidir o no podrán trabajar juntos de forma constructiva. Por el contrario, haber creado un entorno de negociación sólido es especialmente importante cuando surgen los desacuerdos. Aunque se espera que una buena relación de trabajo ayude a las partes a encontrar puntos convergentes, las relaciones constructivas deben sobrevivir a los desacuerdos en diversos puntos.[83]

B. Ganarse la confianza de su contraparte

Quizá el objetivo final de desarrollar una buena química sea que los negociadores lleguen a confiar el uno en el otro. Aunque una relación de trabajo constructiva tarda en desarrollarse, una relación de confianza requiere vínculos más profundos y, por tanto, tarda mucho más tiempo en cultivarse. A este respecto, podría ser útil concebir la confianza en términos separables y divisibles, y no como un asunto único de todo o nada. Es decir, en vez de confiar plenamente en la contraparte en una negociación, lo más sensato puede ser «confiar en alguien en algunos casos, pero no en otros, y, del mismo modo, desconfiar en algunos casos, pero no en otros».[84]

A veces, una de las partes intenta generar confianza mediante alguna táctica, como divulgar intencionadamente un hecho contrario a sus

---

[82] David Lax and James Sebenius, *The Manager as Negotiator* (London: Collier, MacMillan, 1986), 237.
[83] Fisher and Brown, 19.
[84] Lewicki, 192-93.

propios intereses.[85] Aunque es posible que esta medida ayude, una relación de confianza solo se consigue a partir de periodos considerables de interacción. Por lo tanto, aunque se pueden hacer cosas puntuales para ayudar a desarrollar una relación de confianza, puede que no sea posible cosechar sus frutos hasta pasado un buen tiempo.

1. Beneficios de la confianza

Al negociar acuerdos complejos, ganar confianza mutua es potencialmente beneficioso. Un experto afirmó: «Con la confianza, los acuerdos se logran. Sin ella, los acuerdos son más difíciles de negociar, más difíciles de ejecutar y más vulnerables a incentivos y circunstancias variables».[86] El exsecretario del Tesoro y secretario de Estado de los Estados Unidos, James Baker, también recordó que «si se desarrollara la honestidad y la confianza, incluso las negociaciones más polémicas podrían llegar a buen término».[87]

La confianza también puede hacer que las propuestas se tomen en serio. Un aspecto clave de la negociación consiste en evaluar si es probable que las promesas y los compromisos tienen, de hecho, probabilidades de cumplirse. Los negociadores deben preocuparse de si sus contrapartes cumplirán su palabra o si no lo harán. En este sentido, la credibilidad de una propuesta puede estar directamente ligada a la reputación de uno de los negociadores o una de las partes.[88]

Entonces, una vez que el acuerdo se ha cerrado y las partes pasan a cumplir sus términos, la confianza vuelve a pasar a primer plano. «La ejecución de buena fe», declaró un experto, depende de la confianza que existe entre las partes de una negociación.[89] Los negociadores que se han tomado el tiempo y el esfuerzo de desarrollar una relación de confianza estarán bien posicionados para enfrentarse eficazmente entre ellos y ayudar a las partes a resolver futuros problemas.

Se ha sugerido que es probable que una parte confíe en la otra en la medida en que crea que la otra parte se interesa realmente por sus intereses y por los propios.[90] Actuar de manera confiable —una que su

---

85   Donald C. Langevoort, Half-Truths, in *What's Fair*, ed. Carrie Menkel-Meadow and Michael Wheeler (San Francisco: Jossie-Bass, 2004), 400.
86   Shell, 59.
87   James Baker, *The Politics of Diplomacy* (New York: G. P. Putnam's Sons, 1995), 134-35.
88   Roger Fisher, *International Conflict for Beginners* (New York: Harper & Row, 1969), 122.
89   Colosi, 59.
90   Dean Pruitt and Sung Hee Kim, *Social Conflict* (Boston: McGraw-Hill, 2004), 25.

colega negociador considere justa, honesta, sincera y fehaciente— puede ciertamente aumentar su influencia de manera sustancial.[91]

Aunque la naturaleza de la negociación hace que la franqueza total sea poco frecuente, los negociadores que confían entre sí estarán más propensos a confiar en el otro en determinados asuntos. Se puede compartir más información sin temor a que se haga un mal uso de ella. En consecuencia, a menudo pueden resolverse los problemas y superarse los obstáculos. En efecto, una de las partes puede poner de manifiesto de manera intencionada problemas de confianza, a la vez que comprueba si esa desconfianza es injustificada, diseñando «pequeñas situaciones en las que está a merced de la otra parte».[92]

2. Causas y señales de desconfianza

Pasemos ahora a la desconfianza. Las sospechas infundadas pueden contaminar el ambiente. Los prejuicios y estereotipos pueden llevar a uno a calumniar a otro injustamente. Si no se confía en alguien, uno se cuida de lo que le dice, restringiendo la comunicación. Se es aún más cauteloso en lo que se va a comprometer y en los riesgos que va a asumir.

La confianza puede evaporarse casi instantáneamente. Por supuesto es posible recuperar la confianza perdida. Uno puede disculparse, ofrecer reparaciones y dar rápidamente una explicación sincera de lo ocurrido. Sin embargo, llevará mucho tiempo reparar una relación muy deteriorada. Por lo tanto, no hay que apresurarse a considerar que una contraparte no es digna de confianza sin tener suficientes pruebas.

Entre las cosas que más suelen causar desconfianza en la negociación se encuentran la deshonestidad, la traición, la falta de fiabilidad, el comportamiento errático o imprevisible, y la falta de precaución a la hora de asumir compromisos a la ligera. Si se pierde la fe en la contraparte, se puede optar por retirarse de un acuerdo que podría haber sido beneficioso, argumentando que «resolver mis problemas por mi cuenta es más seguro que llegar a un acuerdo con usted».[93] O, como recordó el secretario Baker: «[S]i la relación... se infectaba de desconfianza y discordia, poco importaba que tan distantes estuvieran realmente las partes. La percepción de desconfianza superaba cualquier realidad objetiva».[94]

---

[91] Roger Fisher, Beyond YES, *Negotiation Journal* 1 (1985): 68.
[92] Fisher and Brown, 35.
[93] Fisher and Brown, 107.
[94] Baker, 135.

Una contraparte solapada o sin escrúpulos puede aprovecharse fácilmente de un negociador que sea demasiado confiado. Por poner uno de muchos ejemplos posibles, un negociador puede tratar de generar confianza en una contraparte con la esperanza de plantear reclamaciones de último minuto que podrían concederse debido al vínculo desarrollado entre ambas partes. Por lo tanto, los negociadores deben estar abiertos a construir relaciones de confianza, pero deben ser prudentes a la hora de asumir riesgos hasta que estén seguros de que su confianza no será defraudada.

Un negociador puede desconfiar de otro, por un buen motivo, debido a su reputación o a sus experiencias personales pasadas. Y, dado que nadie quiere pasar por ingenuo ni dejarse explotar, esté atento a las siguientes señales de advertencia que indican que un negociador puede estar buscando manipular, o sacar provecho de los sentimientos de confianza.

*Peticiones diseñadas para hacerle sentir culpable si las rechaza.

*Solicitudes para obtener información que normalmente se consideraría confidencial.

*Peticiones de que el dinero u otros objetos de valor cambien de dueño antes de que se concrete el acuerdo.

*Pedirle que se ponga en una posición bastante arriesgada para usted, pero no para los demás.[95]

Cuando surja algún tipo de desconfianza importante, no es necesario que rompa las negociaciones, pero debe mantener en mente los problemas de confianza, evitar revelar asuntos que puedan dejarle en una situación precaria y buscar garantías para proteger a su parte siempre que sea posible.

3. Proceder independientemente de la confianza

Poner límites a la confianza en el otro puede reducir la vulnerabilidad de la persona y protegerla contra la explotación. Dado que en ocasiones incluso un negociador despierto, realista y escéptico puede caer en la cuenta de que ha confiado imprudentemente, resulta una práctica recomendable intentar redactar un acuerdo de manera que el cumplimiento de sus

---

[95]   Fisher and Brown, 72.

términos no dependa de la confianza de una de las partes en la buena fe y la honestidad de la otra. Esto es lo que Roger Fisher tenía en mente cuando argumentaba: «Cuanto menos dependa un acuerdo de la confianza, hay más probabilidades de que se cumpla».[96] Más tarde, él y Scott Brown ampliaron este argumento, señalando que esta es la razón por la que los arrendadores piden a los inquilinos depósitos de garantía y los bancos no prestan sumas significativas, incluso a propietarios de viviendas con capacidad crediticia, sin obtener una hipoteca sobre la propiedad. «Estos acuerdos de garantía —concluyen— limitan el perjuicio en caso de incumplirse una promesa. Y lo que es más importante, reducen la probabilidad de que se incumpla».[97]

Para solucionar los posibles problemas de confianza, hay que especificar lo que cada parte se compromete a hacer y buscar oportunidades para incluir en el acuerdo consecuencias que hagan que se pierda algo importante si una parte no cumple lo acordado.[98] Algunos acuerdos pueden estructurarse de manera que ambas partes deban cumplir sus compromisos simultáneamente. También puede haber formas de supervisar su cumplimiento, creando oportunidades para inspeccionar y verificar el cumplimiento de los términos del acuerdo.

C. Marcar un tono

Una negociación puede ponerse en marcha en varias direcciones, y parte de la preparación de una estrategia eficaz implica considerar cuestiones relativas a su tenor, comportamiento o el ambiente. La trayectoria de una negociación puede verse influida positiva o negativamente por el tono que establezcan los negociadores. De hecho, cuando se les pide que analicen lo sucedido después de una negociación, la gente suele dar mucha importancia al tono que se estableció al principio del proceso. Esto pone de manifiesto otra cuestión importante a la hora de lanzar una negociación de manera productiva: dada la estrategia de cada uno, ¿cuál es el mejor tono que hay que tratar de establecer en la fase de apertura?

El tono que un negociador quiere establecer puede ser correspondido por el otro, o los tonos de cada negociador pueden

---

[96] Fisher, Beyond, 68.
[97] Fisher and Brown, 120.
[98] Shell, 240.

divergir, contrastar o chocar. Un tono puede imponerse y afectar radicalmente una negociación, o puede resultar difícil o imposible de mantenerse. El punto más destacado aquí es que un negociador cauteloso debe considerar qué tono le gustaría promover y ese tono debe adaptarse a la estrategia que se persigue. Debe ser congruente con los demás elementos de la estrategia general de la negociación.

1. La variedad de posibles tonos

En la mayoría de negociaciones complejas, una de las partes querrá actuar como un profesional tranquilo y seguro de sí mismo. Esto implica ofrecer las cortesías básicas a los compañeros de negociación y, tras una apertura cordial, pasar rápidamente a los asuntos que se están tratando. Una conducta poco profesional sería actuar de forma grosera o vulgar. Sin embargo, más allá de estos puntos tan obvios, ¿qué otros aspectos del tono podrían tenerse en cuenta? Aunque muchas de las habilidades avanzadas en la negociación requieren una práctica considerable, los negociadores a menudo encuentran que proyectar un tono determinado les resulta natural. A lo largo de gran parte de nuestra vida oímos diferentes tonos y, en ocasiones, lo ponemos en práctica. Por ejemplo, considere la pregunta: «¿Es esto lo que realmente quiere?». Piense en cómo se podría formular esa pregunta con entonaciones y énfasis muy diferentes. Si las palabras se dicen de forma «brusca y áspera», se crearía un ambiente que diferiría notablemente de la impresión que dejaría si se dijera en voz baja y con interés. [99]

Al igual que un padre puede adoptar uno de una gran variedad de tonos con un niño, dependiendo de la ocasión, un negociador puede tratar de adoptar diferentes tonos dependiendo de las circunstancias, las personalidades y las estrategias. El tono puede ser serio o alegre; formal y adecuado, digno y cortés, o simpático, relajado y coloquial. Un tono armonioso, conciliador o cooperativo contrasta con uno conflictivo o agresivo. Si las acciones durante una negociación prolongada son una parte importante de su estrategia, es importante que el tono empleado sea congruente con las acciones adoptadas.

Un tono apropiado en un contexto puede estar fuera de lugar en otro. Un negociador que intente atraer a un músico de renombre para que firme un contrato con una orquesta sinfónica adoptará un tono muy diferente al de uno que busque llegar a un acuerdo con un capo de

---

[99] Jim Camp, *Start with No* (New York: Crown Business, 2002), 117.

las drogas encarcelado para que proporcione información a la policía. Dos abogados experimentados que están negociando los términos de una fusión de empresas o de un acuerdo de compraventa tengan un tono diferente al de los miembros de una familia numerosa que tratan de llegar a un acuerdo para el mantenimiento de una casa de verano que tienen conjuntamente. En el transcurso de una larga negociación suelen aparecer múltiples tonos. De hecho, los tonos pueden cambiar repentinamente cuando cambian los estados de ánimo de los participantes o cuando la estrategia de negociación de alguien exige un cambio, quizás para enfatizar un punto concreto. De ahí que un negociador experto tenga presente la pregunta: «¿Qué revela el tono que mi contraparte está tratando de establecer sobre su estrategia?».

2. Marcar un tono constructivo

Las personas que lidian con un problema complejo a través de una negociación basada en intereses tratarán normalmente de establecer un tono que sea, entre otras cosas, ampliamente cooperativo. Según este planteamiento de la negociación, aunque cada parte busca, ante todo, servir a sus propios intereses, cada una espera hacerlo trabajando con la otra para construir un acuerdo mutuamente beneficioso. Los negociadores tranquilos y seguros, que se sienten cómodos cooperando entre sí, tienen más probabilidades de resolver problemas conjuntamente de manera creativa y eficaz que los que se sienten tensos y nerviosos.

Una manera de fomentar un tono productivo de este tipo es seleccionar un lenguaje que sugiera que los negociadores están trabajando hombro a hombro en los asuntos que tienen ante sí. Un negociador podría hablar de los problemas u oportunidades a los que se enfrentan las partes como si ambas fueran colegas que intentan unir sus fuerzas para encontrar una solución que sirva a los intereses de ambas.

Un negociador puede hablar con su contraparte sobre lo que «vamos a hacer» o los retos a los que «nos enfrentamos»: «estamos juntos en esto», «tendremos que resolverlo». Un mediador manifestó que algunos de los mejores negociadores con los que había trabajado utilizaban constantemente el «nosotros»: «tenemos un problema», «tenemos algunos asuntos difíciles que resolver», etc. Escribió: «Esta táctica... es muy útil, relajante y sincera. En muchas... negociaciones, uno está unido a su contraparte en algún nivel y ustedes —colectivamente— tienen un problema que resolver».[100]

Dado que las personas tienden a sentirse más cómodas cuando los demás actúan de la misma manera que ellas, un negociador puede buscar formas de hacer un paralelismo con el comportamiento de su contraparte. ¿Cómo se puede hacer esto? «Puedo adoptar una manera que sea acorde con la suya —se ha sugerido— en términos de ritmo, volumen y tono de voz, formalidad o informalidad, grado de relajación, etc.».[101]

Establecer un tono productivo desde el principio puede ser importante para ayudar a las partes a superar las dificultades que surjan. En medio del toma y daca de muchas negociaciones, es posible que algunas ideas no se expresen con tacto y que algunas afirmaciones se tomen como algo personal o se reciban de forma negativa. Pero, una vez que se ha creado un depósito de sentimientos positivos, estos comentarios suelen pasarse por alto con facilidad, ya que cada una de las partes opta por no ofenderse por afirmaciones erróneas o por una mala expresión.

3. Cambiar el tono negativo

Si un negociador siente que las relaciones se han deteriorado o que las conversaciones han empezado a tomar una dirección equivocada, puede ser el momento de intentar cambiar el tono. Quizás uno o varios negociadores se muestren pesimistas o complacientes. Es posible que hayan surgido tensiones o frustraciones. El reto psicológico, cuando los participantes empiezan a sentirse desesperados, desanimados o contrariados, es encontrar la manera de cambiar su estado de ánimo.

Patrick Cleary contó un ejemplo del poder de cambiar un tono negativo que se produjo en una disputa entre el propietario de un concesionario de coches y una joven que había comprado allí un coche que resultó «defectuoso». Después de haber hecho cada uno su propio planteamiento —la mujer argumentando que el concesionario debía recomprar su coche y el concesionario afirmando que había cumplido completamente sus obligaciones con ella—, la mujer se dirigió al vendedor y lo miró directamente a los ojos.

> Quiero hacerle algunas preguntas, pero antes —dijo— solo quiero elogiarle por su honestidad —continuó, hablando con sinceridad—.

---

[100] Cleary, 38.
[101] Fisher and Brown, 96-97.

Tanto usted como yo tenemos diferentes puntos de vista sobre cuáles son sus obligaciones para conmigo, lo sé, pero usted podría haber expuesto los hechos de otra manera, podría haber tratado de hacerlos más a su favor, pero no lo hizo... Eres un hombre honesto —concluyó—, y te lo agradezco.

El conflicto pronto se convirtió en una negociación exitosa, ya que el concesionario le ofreció cambiarle el coche por otro modelo.[102]

Los negociadores hábiles están atentos a las oportunidades que se presenten para cambiar un tono inadecuado. Además, puede ser muy útil que durante la preparación se piense previamente en cómo se puede cambiar un tono negativo. Las circunstancias suelen sugerir la mejor manera de cambiar un determinado tono. Tenga en cuenta que hacer un receso o un caucus ofrece la oportunidad de regresar tras la pausa con una actitud nueva. Un cambio notable en el lenguaje corporal también puede servir para cambiar el tono negativo: levantarse, moverse, modificar la distribución de las sillas. También se puede echar un vistazo al orden del día y optar por retomar un tema concreto o introducir uno nuevo. Los negociadores hábiles utilizan estos recursos para intentar recuperar una dinámica positiva.

a. Hacer uso del humor

Una manera de establecer un tono positivo, o de recuperarlo, es utilizar el humor. En las negociaciones, el mejor humor tiende a ser espontáneo y alegre, a diferencia de un chiste planeado o del humor irónico, mordaz o sarcástico. En un momento oportuno, algo sutil, un punto inteligente manejado con un toque ligero, podría muy bien ser una variedad de humor segura y eficaz.

Cuando se usa adecuadamente, el humor puede desarmar, aliviar la tensión o suavizar un momento que de otro modo sería incómodo. El humor autocrítico puede hacer que un negociador parezca humano a los ojos de su contraparte. Cuando los negociadores establecen relaciones de trabajo, pueden utilizar el humor para conectar con los demás, desarrollar la camaradería o suavizar una atmósfera de frialdad, formalidad o tensión. Además, cuando los negociadores se sientan cansados, el humor puede ayudarles a recuperar la perspectiva cambiando de tema por un momento y a aliviar los ánimos. Dado

---

[102] Cleary, 40.

que las personas que disfrutan de algo tienden a rendir más en ello, el humor puede fomentar la solución conjunta de problemas.[103]

Sin embargo, tratar de inyectar humor en una negociación también puede ser arriesgado. Lo que una persona encuentra divertido puede no ser bien recibido por otra. Burlarse del nombre, la cultura, la etnia o la personalidad de un compañero de negociación es contraproducente. El humor que a otro le parece como si se tomara a la ligera asuntos serios es problemático. En una negociación de grupo, una broma interna que le guste a un negociador puede hacer que otro se sienta excluido o menospreciado.

Los negociadores deben ser muy sensibles al momento y a los diferentes tipos de humor a los que pueden recurrir. Deben buscar un momento apropiado y un tipo de humor que pueda obtener una respuesta positiva. Por ejemplo, cuando alguien acaba de hacer una propuesta seria, responder con una broma puede estar fuera de lugar. Un comentario espontáneo que la contraparte considere tendencioso, de mal gusto, o que avergüence a otra persona, podría causar una verdadera ofensa con graves repercusiones en el esfuerzo de trabajar juntos.

«Siempre es una buena idea —aconsejó una autoridad— tratar de imaginar cómo nos vemos ante los ojos de nuestras contrapartes».[104] Este consejo aplica perfectamente a los esfuerzos por inyectar humor en una negociación. La sensibilidad hacia la manera en que uno puede verse ante los demás ayuda a los negociadores a determinar qué sería un uso prudente del humor y cuándo sería mejor abstenerse de utilizarlo.

Cuando surgen intentos de humor incómodo u ofensivo, el reto para las otras partes puede ser superar algo que ahora se ha convertido en un obstáculo para trabajar juntos en armonía. Se puede pensar en maneras de expresar el descontento, pero sin causar un impacto negativo en el curso de las negociaciones. Por ejemplo, un abogado comentó: «Un mediador experimentado que conozco es conocido por gritar "¡Falta!" en tono jocoso cuando el humor se ha salido de las manos».[105]

D. Establecer una agenda

Otro de los primeros pasos de una negociación consiste en establecer una agenda, es decir, una visión general de las próximas conversaciones. Ciertamente, es posible que las partes negocien

---

[103] Karen King, But I'm Not a Funny Person..., *Negotiation Journal* 4 (1988): 119-23.
[104] Alexander Nikolaev, *International Negotiation*, (Lanham: Lexington Books, 2007), 280.
[105] King, 122.

sin tomarse el tiempo de crear una agenda. Cada una puede tener simplemente en mente su propia lista de aquello que hay que discutir. Puede que se prefiera un debate fluido a uno estrictamente organizado. También pude ser que los temas estén muy claros y no sea necesario identificarlos específicamente. A veces, el negociador considera que el intento por negociar la agenda es una dificultad adicional que puede evitarse. Sin embargo, en muchas negociaciones, el establecer una agenda es muy recomendable.

1. ¿Por qué conviene tener una agenda?

Normalmente, el orden del día señala los asuntos que se van a negociar, enumerando los puntos que se discutirán en el orden en que las partes piensan plantearlos. No solo los asuntos que se negocian pueden describirse de diferentes maneras, sino los términos exactos utilizados pueden tener repercusiones importantes. Por lo tanto, los negociadores deben pensar detenidamente en cómo definir exactamente sus temas.

En ciertas ocasiones, una agenda también puede establecer las diferentes etapas que las partes han previsto. Por ejemplo, los negociadores podrían acordar:

> Primero vamos a revisar nuestra comprensión de las circunstancias, luego seguiremos con una fase en la que exploraremos los intereses, pasaremos a una fase destinada a generar una lluvia de ideas y opciones, y concluiremos pensando en los compromisos que podemos asumir.

Una de las razones para establecer una agenda es la posibilidad de que los negociadores pierdan el enfoque, sobre todo cuando los múltiples asuntos y lo mucho que está en juego nublan su pensamiento. Pueden pasar por alto asuntos o dedicar demasiado tiempo a tratar de resolver el problema equivocado. En una negociación de cierta complejidad, el establecer una agenda puede proporcionar una estructura, al tiempo que permite a los negociadores observar el orden y el flujo de las conversaciones. Dado que los puntos de la agenda son, en cierto modo, postes indicadores en el camino hacia una resolución, pueden ayudar a mantener a los negociadores encaminados, a la vez que transmiten una sensación de progreso a medida que se discuten los diferentes puntos y empieza a tomar forma un posible acuerdo.

Cuando el tiempo de una reunión de negociación es limitado, los negociadores suelen incluir en la agenda un cálculo del tiempo que debe asignarse al menos a la discusión inicial de cada tema. Y, evidentemente, no todos los temas deben ser examinados con la misma profundidad. Aunque no se incluyan estas pautas, la propia existencia de una agenda puede servir para recordar a los negociadores cuánto terreno hay que cubrir. También puede ayudar a las partes a no dedicar demasiado tiempo a un solo punto de la agenda.

2. Negociar la agenda

Como es probable que las partes tengan objetivos, intereses y estrategias diferentes, sus agendas particulares pueden entrar en conflicto. En ocasiones, al negociador le preocupan tanto los temas que se mantienen fuera de la agenda como los que están incluidos en ella, y los puntos de vista pueden diferir en cuanto a lo que las partes deberían excluir. Todo esto sugiere que las partes deben negociar su agenda antes de pasar a los puntos de fondo. Algunas partes examinan los temas de la agenda en las negociaciones preliminares; otras utilizan la fase de apertura de la negociación principal para elaborar el marco de las conversaciones.

a. Impacto estratégico de las agendas

En una negociación de por muy compleja que sea, prácticamente cualquier agenda tiene implicaciones estratégicas. El orden en el que las partes abordan cada uno de los temas puede facilitar o dificultar la ejecución de la estrategia del negociador. Por lo tanto, el negociador debe pensar detenidamente en la mejor manera de plantear los temas y en el orden que prefiere al abordarlos.

Para ilustrarlo, consideremos la hipótesis de que en una negociación «las maniobras para reclamar valor... a menudo eliminan las maniobras para crear más valor...».[106] En consecuencia, el negociador puede optar por ordenar los puntos de la agenda de manera que las labores de creación de valor se antepongan a las labores distributivas.

O consideremos una situación en la que las partes deben cooperar para lograr resultados y, sin embargo, su relación se ha deteriorado. En el transcurso de una larga y compleja historia han surgido diferencias significativas, agudizadas quizás por malos entendidos y desinformación. Aunque la gente suele dar por hecho que una relación deteriorada nunca mejorará, puede que este no sea el caso. Tal vez los

---

[106] Lax and Sebenius, 246.

problemas de la relación deban afrontarse antes de que las dos partes intenten negociar algo como, por ejemplo, un contrato.

Aunque no hay que minimizar las dificultades inherentes que conlleva mejorar una relación deteriorada, tampoco se quiere trabajar para «suturar una herida dejando una fuerte infección en su interior». Si las partes se lanzan a negociar disposiciones sustantivas, podrían empezar la negociación irritadas y continuar molestas durante todo el proceso. Si nunca se abordan los problemas significativos de su relación, la operación podría rápidamente tornarse conflictiva a pesar de los acuerdos sensatos y creativos sobre los asuntos de fondo. Sin embargo, si se demuestra que es posible manejar eficazmente los problemas interpersonales básicos, las partes estarán mucho mejor posicionadas para centrarse productivamente en los detalles de quién se comprometerá a hacer qué, en qué circunstancias y con qué compensación.

Ciertamente, cuando el estado de las relaciones entre las partes es un punto clave de la agenda, un aspecto estratégico importante es si se debe hablar de esos temas y cuándo. Si es posible explicar determinados malentendidos del pasado, expresar el deseo de mejorar las relaciones futuras o incluso disculparse por el papel que se haya jugado en los problemas anteriores, esto puede permitir a las partes avanzar conjuntamente con mayor rapidez y eficacia.

b. Modificar las agendas

Aunque el contenido de una agenda tiene una importancia estratégica concreta, la mayoría de las partes se mostrarán renuentes a presionar excesivamente a sus contrapartes respecto a la agenda. Ya que por lo general ambas partes tienen la intención de establecer relaciones de trabajo positivas y productivas, los negociadores tienden a estar dispuestos a ceder y a pasar por alto discusiones sobre el contenido de la agenda.

Además, en una negociación la agenda no tiene por qué considerarse «inamovible». En una legislatura que se rige por normas parlamentarias, el control sobre la agenda puede determinar los temas que se discuten. Por el contrario, la agenda de una negociación funciona simplemente como una hoja de ruta; «rara vez se trata de un acuerdo definitivo que excluye adiciones y modificaciones posteriores...».[107]

---

[107] Philip Gulliver, *Disputes and Negotiations* (New York: Academic Press, 1979), 127.

A medida que las partes van viendo con mayor claridad las características de los problemas u oportunidades a los que se enfrentan, puede ser necesario añadir puntos a la agenda. Y, sobre todo, cuando una negociación se extiende durante mucho tiempo, pueden surgir circunstancias que hagan que los negociadores quieran ajustar su agenda, añadiendo o quitando puntos. Si un tema se ha dejado fuera de la lista por descuido, rara vez las partes se opondrán a añadirlo posteriormente. Del mismo modo, si una de las partes expone una buena razón para reordenar los temas de una agenda ya existente, los demás negociadores suelen aceptar.

Por último, hay que tener en cuenta que, en ocasiones, por motivos estratégicos, el negociador puede que no quiera indicar de forma directa todos los puntos que se van a tratar en una negociación. A veces se habla de agendas ocultas, es decir, de asuntos importantes que se mantienen a propósito fuera de la lista secuencial de puntos que las partes han acordado, pero que el negociador espera introducir en algún momento que considere especialmente propicio.

3. Resolver o posponer los puntos de la agenda

Otra implicación de las agendas amerita una nota de advertencia. La propia existencia de una agenda puede llevar a los negociadores a hablar sobre sus intereses con respecto a un asunto concreto y pasar directamente a las posibles resoluciones de dicho asunto. Sin embargo, cambiar el orden implicaría, en primer lugar, aclarar los intereses en relación con los diferentes temas, posponiendo cada punto de la agenda después de esa conversación inicial. (Al posponer un tema, el negociador se refiere a dejarlo de lado con la intención de volver a tratarlo en un momento más propicio).

Entonces, una vez que las preocupaciones subyacentes de las partes hayan sido discutidas en su totalidad con respecto a todos los puntos de la agenda, la idea sería pasar a la creación de opciones y, finalmente, a la elaboración de diferentes resoluciones. La fórmula de discutir, comprender, posponer, avanzar y luego retornar tiene la ventaja de que permite al negociador vincular los temas y crear un conjunto de soluciones. (La diferencia entre una «lista de verificación» y una «negociación de paquetes» se aborda con más detalle en el capítulo 9 referente a la estrategia).

E. La importancia de plantear preguntas

La negociación ha sido denominada «un proceso de descubrimiento» en el que las partes aprenden sobre «las posibilidades e imposibilidades de su situación conjunta» intercambiando perspectivas e información sobre la misma. Los negociadores suelen tener visiones y perspectivas diferentes. Suelen ocultar algunos hechos y puntos de vista a sus compañeros de negociación.

En una negociación avanzada, la información que cada parte conoce suele estar fragmentada. Es decir, es probable que todos los hechos relevantes que conoce una de las partes no los conozca la otra. Un negociador puede desconocer por completo ciertos puntos, puede tener información incompleta sobre otros y no tener conocimiento directo, sino solo rumores, especulaciones o suposiciones vagas, sobre otros asuntos.

En palabras de I. William Zartman y Maureen Berman, «todas las percepciones son selectivas». Y continuaron: «Nadie percibe todo lo que hay sobre una situación o una relación. Incluso aquellos elementos que cada parte puede describir como "hechos" pueden percibirse de maneras muy diferentes; la importancia o el significado de los hechos puede ser diferente para cada una de las partes»...[108] Deborah Kolb y Judith Williams también observaron:

> La manera cómo las personas ven un problema depende de su experiencia. Una bailarina ve su mundo de manera diferente a la de un físico investigador. El punto de vista de un especialista en marketing sobre una nueva iniciativa [de investigación y desarrollo]... puede ser muy diferente al de un ingeniero de proyectos. Estas diferencias de percepción son importantes a la hora de negociar.[109]

Mucha gente tiene la imagen de un negociador experto como un individuo que habla rápido, experto en crear y promover ofertas, exigencias, advertencias y amenazas. La gente puede imaginar que la negociación de un problema complejo se convierte rápidamente en un encuentro seductor, en el que cada negociador trata de atraer al otro para que llegue a un acuerdo, o en un combate de lucha sin cuartel, en

---

[108] . I. William Zartman and Maureen Berman, *The Practical Negotiator* (New Haven: Yale University Press, 1982), 95.
[109] Kolb and Williams, 161.

el que las dos partes tratan de manipularse, amenazarse y coaccionarse mutuamente. Estas imágenes, sin embargo, no reflejan la esencia de una negociación eficaz. De hecho, una negociación eficaz de problemas complicados debe implicar primero una comunicación inteligente sobre la situación a la que se enfrentan las partes. Los negociadores experimentados que enfrentan una situación difícil plantean muchas preguntas a sus contrapartes esperando completar parte de esta información faltante.

¿Cuáles son las dimensiones exactas del problema u oportunidad?

¿Qué es lo que más preocupa a cada parte, cómo ve cada una la situación y qué quiere exactamente cada una?

¿Qué beneficios puede aportar un acuerdo?

¿Qué figura podría adoptar finalmente un acuerdo?

1. Utilizar las preguntas para mejorar la comprensión

Desde el inicio de una negociación, se formulan preguntas para descubrir asuntos, para averiguar y comprobar lo que ha estado ocurriendo, para agudizar la comprensión de una situación y para aclarar y verificar suposiciones y apreciaciones hechas con anterioridad. Se plantean preguntas para comprender mejor las circunstancias: los hechos de fondo, los intereses, los objetivos y las visiones de la otra parte, las necesidades y las actitudes de las personas con las que se está negociando, así como las limitaciones bajo las que pueden estar actuando.

El objetivo principal de las preguntas es obtener información potencialmente útil para llegar a un acuerdo. Sin embargo, otro objetivo importante es demostrar a la otra parte que uno quiere realmente entender sus perspectivas sobre los asuntos para trabajar conjuntamente de manera eficaz y crear un resultado mutuamente beneficioso. Por lo tanto, iniciar con preguntas la parte más importante de una negociación puede ser congruente con los demás aspectos de una fase de apertura sólida, incluyendo el marcar un tono positivo y propiciar una relación de trabajo constructiva. (Otra razón importante para hacer preguntas es evitar el engaño, un tema que se explora en el capítulo 9 que trata sobre la negociación ética).

El punto fundamental aquí es que el toma y daca de preguntas y respuestas forma parte inherente de una negociación manejada con destreza en circunstancias complejas. El empresario estadounidense Henry Ford dijo en una ocasión: «Si hay un secreto del éxito, es la capacidad de captar el punto de vista de la otra persona y ver las cosas desde el punto de vista de esa persona, así como desde el propio».[110] El diplomático estadounidense Averell Harriman también sugirió que es de trascendental importancia en una negociación «mirar el punto de vista del otro». Debemos reconocer lo que es útil de aquello que dice y trabajar a partir de ahí. Del mismo modo, James Baker, reflexionando sobre las negociaciones en sus consultas privadas, observó:

> Aprendí que, si podía ponerme en la posición del otro abogado y de su cliente, entender cómo veían los problemas y apreciar las limitaciones a las que se enfrentaban, entonces tenía más posibilidades de resolver los problemas y llegar a un acuerdo.[111]

La planificación y proyección de la preparación previa a la negociación pueden ser bastante útiles, pero suelen perder importancia a medida que las partes interactúan durante la negociación, conociendo mejor los hechos y las percepciones, y examinando, sondeando y dando respuesta a los diferentes asuntos. Todo ello es lo que realmente ayuda a los negociadores a elaborar una solución mutuamente aceptable para una situación compleja.

2. Tipos de preguntas que se deben formular

Las preguntas relativas a una negociación en particular pueden ser amplias y abiertas o muy específicas. Pueden ser abstractas, hipotéticas o concretas y tangibles.

a. Preguntas generales

Algunas preguntas son genéricas, ya que aplican en muchas negociaciones. Si estás planteando una negociación como un esfuerzo conjunto de resolución de conflictos, podrías empezar con una pregunta abierta como: «¿Cuáles son tus ideas iniciales sobre cómo podríamos responder a la situación a la que nos enfrentamos?». Por un lado, quizá tus ideas y las de tu contraparte sean paralelas en algunos

---

[110] Dale Carnegie, *How to Win Friends and Influence People*, 2nd ed. (New York: Simon & Schuster, 1981), 37.
[111] Baker, 134.

aspectos importantes. Es posible que puedas aprovechar los puntos en común de sus ideas y empezar a trabajar conjuntamente en ciertos asuntos. Por otro lado, si la otra parte tiene un enfoque completamente diferente, puedes escucharla y responder con tus propias ideas.

Un tema general, de interés para muchos contextos, es qué autoridad tiene el negociador contrario. ¿Hasta qué punto puede asumir compromisos o hacer propuestas? ¿Se van a plantear asuntos concretos de manera «provisional» (es decir, por ejemplo, «...siempre y cuando nuestra Junta Directiva esté de acuerdo...»). Y lo que es más importante, ¿puede su contraparte llegar a algún acuerdo definitivo? ¿Debe llevar un posible acuerdo al cliente para que lo apruebe o lo rechace? O bien, ¿hay asuntos concretos sobre los que se ha concedido al negociador plena autoridad y otros aspectos en los que esta se ha limitado? Se pueden plantear preguntas para determinar la autoridad del otro.

En algunas situaciones, también puede ser interesante determinar lo que la otra parte espera que genere esta sesión de negociación. Por ejemplo, si una de las partes espera que la reunión arroje una comprensión general de un acuerdo básico y la otra busca un contrato jurídicamente vinculante con una serie completa de disposiciones cuidadosamente redactadas, estas expectativas divergentes deberían resolverse al principio de las conversaciones.

b. Preguntas específicas

A medida que se profundiza en la negociación, las preguntas genéricas darán lugar a otras más específicas y centradas, que suelen ser las más útiles para avanzar hacia un acuerdo.[112] La gran mayoría de las preguntas que se plantean en una negociación dependerán de las circunstancias particulares que se estén enfrentando. En este caso, los negociadores deben considerar cuidadosamente «las incógnitas». Se trata de asuntos de los cuales ellos carecen de información, pero que muy bien podrían convertirlos en negociadores mejor informados, más conocedores o tal vez más creativos si los supieran.

Por ejemplo, quien está negociando un contrato de trabajo puede querer estar lo más seguro posible de que el candidato a empleado tiene las habilidades o conocimientos específicos necesarios para desempeñar con éxito un determinado trabajo. En este sentido, ¿qué nivel de experiencia tiene la persona en informática? O, ¿qué cursos

---

[112] Kolb and Williams, 220.

ha impartido el candidato a profesor? O, ¿cómo ha respondido al tratamiento la rodilla lesionada del jugador de rugby?

Para crear una empresa conjunta mutuamente rentable, el negociador debe conocer a fondo la historia, las finanzas y la cultura corporativa de una determinada empresa. Más concretamente, podría querer entender los riesgos más probables de una operación prevista. ¿Qué tendencias está marcando el ambiente comercial en los últimos tiempos? ¿Qué datos podrían ayudar a aclarar futuras oportunidades o problemas?

c. Preguntas hipotéticas

Otra categoría podría ser la de las preguntas «qué pasaría si...». En este caso, el objetivo es obtener información útil planteando diferentes posibilidades a su contraparte. Un experto ofreció el siguiente ejemplo:

> Si alguien le presenta un presupuesto para hacer una reforma en su casa, pero le dice que no puede empezar hasta dentro de seis meses, pregúntele «¿y si» pagara una cantidad del 30 por ciento o del 50 por ciento, podría empezar antes? Si te dice que no, es que realmente está limitado por el tiempo... Si dice que sí, entonces es una cuestión de dinero y prioridades.[113]

3. Técnicas para formular preguntas

a. Formulación de preguntas

Desde la preparación previa a la negociación y en adelante, los negociadores formulan preguntas para planteárselas a la otra parte. Antes de iniciar la negociación, se debe considerar cuidadosamente lo siguiente:

¿Qué información importante me falta?

¿Podríamos ponernos de acuerdo sobre ciertos datos, marcando así un terreno común?

¿Qué datos que desconozco me harían un negociador más hábil si los conociera, es decir, más capacitado para llegar a una resolución que me guste y que la otra parte también acepte?

---

[113] Cleary, 40.

¿Qué preguntas podrían ser las más adecuadas para obtener esa información?

Los buenos negociadores se plantean muchas preguntas y empiezan a hacerlas al inicio de la negociación. No solo hay mucho que tratar de entender con mayor claridad, sino que es poco probable que el compañero negociador responda a todas las preguntas y, seguramente, no responda a cada una de ellas de la manera más completa y clara posible. Afortunadamente, una respuesta completamente satisfactoria a una sola pregunta rara vez tiene una importancia decisiva. Más bien, la información y las percepciones que se desprenden de las respuestas a una serie de preguntas son importantes. Por ello, se debe preguntar sobre una gran variedad de cosas y seguir trabajando sobre la base de las respuestas que parezcan notablemente reveladoras o valiosas.

En este proceso, el negociador trata de ser paciente y respetuoso, pero persistente, a la vez que se involucra bien con la otra parte. En este caso, su actitud al formular una pregunta puede ser de gran importancia. En lugar de interrogar a la contraparte, el negociador hábil conversa con ella, haciendo uso de sus habilidades interpersonales siempre que sea posible. A menudo, el buen humor que se inyecta en el diálogo y la ligereza con la que se intenta extraer información determinan la calidad y la utilidad de las respuestas que se obtienen.

b. Descarte preguntas contraproducentes

Tenga en cuenta que puede ser más sabio no hacer ciertas preguntas. Nadie quiere perder el tiempo respondiendo a preguntas que son superfluas a la luz de las conversaciones previas. Además, una pregunta que probablemente se responda de manera automática no suele hacer avanzar mucho la conversación. Si cree que la otra parte va a dar una respuesta totalmente predecible o de cajón, puede optar por preguntar sobre otros asuntos. Tenga en cuenta también que una serie de preguntas minuciosas respecto a la posición de la otra parte puede hacer que la negociación se oriente hacia la negociación posicional y anime a su contraparte a adoptar una actitud abierta.

Todo esto pone de manifiesto que, al intentar obtener respuestas útiles, vale la pena considerar cuidadosamente qué preguntar, qué no preguntar y cuál es la mejor manera de plantear lo que se quiere preguntar. Plantear las preguntas como lo haría un fiscal resulta intimidante en una negociación. Indagar demasiado o de manera muy directa puede poner a la contraparte a la defensiva.[114] Parte del arte de la negociación consiste en incorporar hábilmente las preguntas claves a las que espera obtener respuesta dentro de la conversación en torno a la situación que está teniendo con la otra parte.

c. El momento de las preguntas

Tan importante como la formulación de preguntas acertadas es el momento y el orden en que las planteas a tu compañero negociador. Una buena pregunta formulada en el momento adecuado puede obtener una respuesta muy útil, pero puede ser ignorada, o incluso llevar la negociación en direcciones desfavorables, si se formula en el momento equivocado. Determinar cuándo es el momento más oportuno para plantear una pregunta concreta es otro aspecto de la negociación relacionado con la estrategia, basada en el sentido del tacto y la psicología del negociador. Sin embargo, hay que tener en cuenta que, para obtener información, a menudo debemos divulgarla también. Por lo tanto, uno puede hacer una pregunta particularmente importante después de haber respondido a una planteada por la otra parte.

F. La importancia de escuchar

Los siguientes puntos son sencillos, pero de vital importancia. No basta con hacer preguntas. Un negociador hábil también debe absorber totalmente las respuestas. Esto significa que hay que dar a la contraparte el tiempo, el espacio y la atención necesarios para responder a las preguntas completamente. Si la otra parte elude una pregunta o le cuesta formular una respuesta, no se apresure a llenar el silencio para hacer avanzar la conversación. Más bien, espera atentamente su respuesta.

Los buenos negociadores piensan rápido, es decir, han perfeccionado la capacidad de responder, de manera flexible y creativa, a la nueva información. Para ello, hay que escuchar y comprender realmente a la otra parte. La frustración aparece rápidamente cuando la persona con la que estamos conversando parece escuchar nuestras palabras, pero no entiende realmente lo que estamos diciendo.

«Todo negociador —se ha dicho— se enfrenta a dos realidades sobre lo que escucha: la gente no siempre quiere decir lo que dice;

---

[114] Kolb and Williams, 162.

la gente no siempre dice lo que quiere decir».[115] Una comunicación excelente depende con frecuencia de que los negociadores se estimulen mutuamente a pensar con claridad y precisión. Cada parte debe concentrarse para transferir pensamientos exactos de una mente a otra sin que intervengan ambigüedades o malentendidos. Dado que este tipo de comunicación suele ser esencial para resolver problemas desafiantes, hay que esforzarse por expresar los puntos de manera precisa y detallada, y a menudo hay que procurar que la contraparte hable con claridad.

Una parte fundamental de la escucha efectiva consiste en que el negociador proyecte un interés genuino y se involucre realmente en lo que dice la otra parte. «El esfuerzo —aconsejan dos estudiosos— comienza con una mente abierta —pensar en la persona con la que se está negociando no como un oponente o como un medio para servir a sus propios fines, sino como alguien que puede aclarar la situación y tiene puntos de vista que pueden diferir radicalmente de los suyos».[116]

Hacer hincapié en que te interesa mucho su punto de vista no solo hace que tus contrapartes se sientan apreciadas, contribuyendo así a mantener unas relaciones de trabajo positivas, sino que puede hacer que piensen con más claridad y expresen sus ideas más detenidamente de lo que lo harían en otras circunstancias.

Es necesario esforzarse por concentrarse cuando se escucha, para tratar de comprender completamente lo que el otro negociador piensa realmente. Un negociador hábil no se limita a prestar atención a las palabras, sino que su objetivo es «percibir las emociones que las rodean, escuchar el sentimiento, el carácter, la atmósfera y el tono emocional que ponen las palabras en su contexto».[117] Un negociador experimentado también se fija en lo que la otra parte no habla: ¿qué temas se evitan, consciente o inconscientemente?

Cuando se combina con el conocimiento de las buenas preguntas, el desarrollo de una excelente capacidad de escucha puede arrojar beneficios reales. Un negociador hábil puede aprender mucho sobre intereses, perspectivas y objetivos, a la vez que llena de conocimiento los vacíos y corrige conceptos erróneos existentes. Con frecuencia, esto no solo puede ayudar a eliminar algunas conjeturas, sino que también puede revelar caminos hacia resoluciones creativas negociadas.

---

[115] Howard Gadlin, Andrea Kupfer Schneider, and Christopher Honeyman, The Road to Hell is Paved with Metaphors, in *The Negotiator's Handbook*, 30.
[116] Kolb and Williams, 140.
[117] Fisher and Shapiro, 28.

1. El concepto de la escucha activa

Un negociador que practica la escucha activa realiza con frecuencia planteamientos abiertos y hace preguntas aclaratorias y de seguimiento. Periódicamente, muestra a la otra parte que sus planteamientos están siendo registrados, al parafrasear lo que se acaba de decir. Es decir, el oyente activo repite lo que se acaba de decir, pero lo expresa con otras palabras y busca una reacción: «¿Estoy en lo cierto?». «¿Es esa la esencia de tu planteamiento?».

Cuando el negociador reformula algo que le parece significativo, complejo o sorprendente, y la contraparte modifica o corrige la paráfrasis, tanto mejor. Si es necesario, puede exponer su nueva interpretación del punto para asegurarse de que ahora comprende plenamente lo que ha dicho su compañero negociador. Las modificaciones deben ser bienvenidas, sin resentirlas, ya que son una parte fundamental del proceso de intercambios claros y precisos.

Hace siglos, los teólogos de la Universidad de París establecieron la siguiente regla: «solo se puede hablar *después* de haber repetido lo que la otra parte ha dicho a su entera satisfacción».[118] Aunque las ventajas de la escucha activa se han exaltado en campos como el de la asesoría y la psicoterapia al menos desde principios de los años 60, los teóricos de la negociación han llegado a comprender su valor hace poco. La escucha activa puede garantizar que la otra parte sepa que se está atendiendo a su perspectiva y que se ha recopilado plenamente lo que se acaba de decir.

El aspecto más complicado de la escucha activa es transmitir el mensaje de que estás escuchando los planteamientos clave de tu compañero negociador sin que también dé la impresión de que estás necesariamente de acuerdo con ellos. Puede que estés totalmente de acuerdo; puede que estés parcialmente de acuerdo; puede que estés total o parcialmente en desacuerdo. Frases como las siguientes permiten al negociador evitar malentendidos.

«Tendremos que pensar hasta qué punto estamos de acuerdo contigo, pero definitivamente entendemos lo que dices».

«Por supuesto, nuestra perspectiva sobre lo que está diciendo puede diferir un poco de la suya, pero sí creo que ahora entiendo su preocupación principal en este caso».

---

[118] William Ury, *The Third Side* (New York: Penguin, 1999), 148.

«Denos un poco de tiempo para considerar estos puntos que ha planteado, pero ciertamente podemos ver ahora cómo se ven las cosas desde su posición».

Por varias razones, la escucha activa es especialmente importante en la negociación basada en intereses. En primer lugar, fomenta la resolución conjunta de problemas. El negociador está haciendo un esfuerzo evidente por tratar de entender los objetivos, los problemas o la forma de pensar del otro respecto a la situación a la que se enfrentan. Además, si sus contrapartes no están convencidas de que usted las está escuchando y entendiendo, es muy poco probable que se concentren en entender sus argumentos. Para que lo que usted diga tenga eco en ellos, a menudo necesitarán tener la certeza clara e inequívoca de que las ideas que han planteado le han llegado a usted.

Una contraparte que no esté segura de que sus planteamientos han sido realmente asimilados suele redoblar esfuerzos para que le escuches. De ahí que la gente repita lo mismo. Cuando la otra parte vuelve a exponer los mismos planteamientos, la tendencia natural es enfadarse o frustrarse y responder repitiendo nuestros propios planteamientos. Entonces la negociación se estanca. El oyente activo, en cambio, parafrasea lo que su compañero de negociación acaba de decir o hace una pregunta aclaratoria. Esto indica que, aunque puede estar o no de acuerdo con lo que ha dicho la otra parte, definitivamente ha escuchado y entendido el punto que ellos acaban de exponer. En consecuencia, la negociación puede avanzar.

Esta habilidad de escucha activa pueden tener un impacto aún mayor si, más adelante en la negociación, puedes recordar los planteamientos que la otra parte hizo anteriormente e incorporarlos a la discusión. Demuestre a su compañero negociador que lo que ha dicho ha pasado de su memoria a corto plazo a su memoria a largo plazo, que sus planteamientos han tenido un impacto, y que usted se compromete a ver si es posible trabajar con ellos, atendiendo a sus perspectivas e intereses, así como a los suyos propios.

Aunque tomar demasiados apuntes puede interrumpir el fluir de una negociación, anotar algunas ideas claves puede ayudarte a recordarlas y ponerlas en práctica incluso después de que haya pasado mucho tiempo. Además, el tratar de comprender los puntos de vista de los demás, ayuda a algunas personas a hacer pausas periódicas. Formular preguntas, escuchar las respuestas, parafrasear y hacer preguntas de seguimiento es una carga mental. Parar para tomar un refrigerio o simplemente salir un momento puede ayudar a los negociadores a memorizar los puntos.

G. Usar y leer el lenguaje corporal

Parte del arte de la negociación eficaz consiste en leer a las personas. Siempre que un negociador se reúna con otro personalmente, en lugar de hablar por teléfono o enviar un correo electrónico, debe tener en cuenta que los mensajes suelen transmitirse mediante el lenguaje corporal, es decir, comunicaciones transmitidas a través de la postura, los gestos o las expresiones faciales.

Esos mensajes no verbales pueden ser conscientes o inconscientes, positivos o negativos, señales claras o simplemente indicaciones imprecisas. Entender cómo utilizar y leer el lenguaje corporal es un aspecto de la negociación que no debe pasarse por alto. El objetivo principal es sacar algunas conclusiones, aunque sean tentativas o especulativas, de las actitudes y reacciones de la contraparte.

1. Comunicarse a través de expresiones y acciones

Prestar atención al lenguaje corporal de un compañero negociador puede revelar algo de sus pensamientos más íntimos. Durante cientos de miles de años, los seres humanos han interpretado el lenguaje corporal para ayudarse a entender a los demás. Como veremos en el capítulo 9, los mensajes del lenguaje corporal pueden variar de una cultura a otra, a veces dramáticamente. Pero, al igual que la gente sabe intuitivamente algo de negociaciones, por haberlo hecho desde una edad temprana, algunas ideas básicas del lenguaje corporal deberían ser bastante familiares.

Un ceño fruncido suele expresar desconcierto; un hombre que se frota la barba puede indicar que está evaluando una situación; una mujer que toma las dos manos de otra puede estar expresando simpatía. Estar sentado con los puños cerrados y los tobillos entrelazados suele indicar tensión. A medida que nos relacionamos con los demás en diferentes circunstancias, captamos muchas de estas señales.

Sin duda, la gente se comunica a diario mediante expresiones faciales. Hablamos de «caras de póquer» y «miradas seductoras». Demostramos a alguien que estamos prestando atención mirándole a los ojos. Alentamos a un compañero negociador a seguir hablando asintiendo con la cabeza, mientras que un gesto, un ceño fruncido, una cara tensa o una frente arrugada indican una reacción negativa. Las mismas palabras proyectan mensajes muy diferentes si se dicen con una sonrisa mientras se mira directamente a alguien o en un solo tono mientras se mira hacia otro lado.

También hay que tener en cuenta que las emociones afectan claramente nuestro cuerpo. Nos sonrojamos y sentimos calor en los oídos o en las mejillas; la sudoración nos recorre los costados; tenemos la sensación de mariposas bailando en el estómago. Algunas reacciones fisiológicas ante diferentes emociones pueden ocultarse o incluso reprimirse; otras no son tan fáciles de controlar.

William Ury señaló: «Mientras que los mentirosos pueden manipular las palabras, no pueden controlar fácilmente el nerviosismo que hace elevar su tono de voz. Tampoco pueden controlar la simetría de sus expresiones faciales; la sonrisa de un mentiroso, por ejemplo, suele ser torcida».[119] Una fuente señaló: «Un mentiroso puede tener dificultades para coordinar su comportamiento: decir no mientras asiente con la cabeza, por ejemplo. Los mentirosos también se olvidan a veces de incorporar gestos como las variaciones de tono, las cejas levantadas y ojos muy abiertos que de forma natural hacemos cuando decimos la verdad».[120] Si se presta atención a estos detalles y se presiona a la otra persona con preguntas de seguimiento cuando surgen sospechas, se puede tener una mejor percepción de cuándo la contraparte está siendo deshonesta y cuándo los temas se están evadiendo o se están desviando de una manera dudosa.

La postura de un individuo, ya sea sentado o de pie, también puede ser reveladora. Las personas que se encorvan en sus asientos proyectan menos interés que las que se sientan frontalmente, quienes parecen estar atentas a lo que sucede. Los movimientos rápidos o lentos alrededor de la sala de negociaciones pueden estar transmitiendo un mensaje. El constante movimiento de una rodilla puede ser señal de impaciencia. Dar palmaditas a su contraparte, agarrarla del brazo o abrazarla son señales de pensamientos subyacentes. Se puede sacar una conclusión incluso por la respiración de un individuo. Una respiración

---

[119] William Ury, *Getting Past No*, 2nd ed. (New York: Bantam Books, 1993), 42.
[120] Body Language in Negotiation Process and Beyond, Program on Negotiation, Harvard Law School, April 14, 2016, http://www.pon.harvard.edu/daily/negotiation-skills-daily/negotiation-techniques-and-body-language-body-language-negotiation-examples-in-real-life.

rápida y superficial puede sugerir que alguien está nervioso o inseguro de sí mismo.

Las miradas que se dirigen las personas, la forma en que se tocan, la distancia que adoptan al hablar, todo ello puede contener perfectamente señales de lo que están pensando. Una cabeza ligeramente inclinada hacia un lado puede indicar un verdadero interés por lo que se está diciendo. También puede serlo el hecho de sentarse e inclinarse ligeramente hacia delante para mirar más directamente a un compañero negociador. Una mano que cubra la boca puede indicar inseguridad en lo que se está comunicando, y los brazos cruzados sobre el pecho pueden indicar una actitud defensiva o la desaprobación del negociador de lo que se está diciendo.

2. Estar atento al lenguaje corporal

Dado que el lenguaje corporal tiene muchas lecturas, los negociadores deben ser conscientes de los mensajes que podrían enviar.

A menudo no somos conscientes de nuestros sentimientos —sugieren dos autoridades—. La inseguridad, la frustración, el miedo o la ira pueden apoderarse de nosotros y empezar a afectar nuestras acciones sin que nos demos cuenta de lo que ocurre. Alguien más puede notar que los músculos de mi cuello se han tensado, que mi cara ha comenzado a sonrojarse o que un tono hostil ha aparecido en mi voz mucho antes de que yo mismo reconozca la ira.[121]

Sin embargo, no hay que confiarse demasiado en la capacidad de leer el lenguaje corporal: muchas de estas señales son ambiguas y se pueden malinterpretar fácilmente. Además, la contraparte puede estar empleando el lenguaje corporal de una manera táctica, en un intento por despistar. Recordemos la frase de Shakespeare en *Hamlet*: «Uno puede sonreír, y sonreír, y ser un villano». Algunos movimientos no verbales pueden no significar nada: la mirada baja puede reflejar simplemente una actitud tímida; un hombro caído puede ser solo un manierismo idiosincrásico. Sin duda, un negociador hábil no actuaría prematuramente basándose en percepciones a medias sobre algo tan inherentemente ambiguo como el lenguaje corporal. Sin embargo, aunque no sería prudente leer demasiado una sola expresión, gesto o

---

[121] Fisher and Brown, 48.

postura, una serie de diferentes señales en el lenguaje corporal podría muy bien revelar algo digno de atención.

Vale la pena prestar atención a los conjuntos de gestos, es decir, grupos de movimientos corporales no verbales que unidos pueden comunicar alguna actitud. Una serie de acciones puede estar sugiriendo algo. Por ejemplo, un negociador que baja la mirada en la mesa, se pellizca el entrecejo, frunce el ceño y mueve la cabeza lentamente de un lado a otro, está haciendo múltiples gestos de desaprobación de lo que está ocurriendo.

Dado que los negociadores a veces deben hacer conjeturas sobre lo que sus contrapartes están pensando realmente, el lenguaje corporal es una parte fascinante del arte de la negociación. Dos autoridades escribieron: «Podemos saber si lo que decimos se está recibiendo de forma positiva o negativa, si el auditorio está receptivo o a la defensiva, sereno o aburrido... La retroalimentación no verbal puede advertirle a usted que debe hacer un cambio, retirarse o hacer algo diferente para obtener el resultado que desea».[122]

Los negociadores también deben estar atentos a su propia comunicación no verbal. Deben cuidarse de enviar señales erróneas o negativas, como transmitir aburrimiento, desesperación o falta de interés. Los negociadores expertos que deseen obtener cooperación deben ajustar su voz, su postura, sus gestos y su lenguaje corporal a los de sus compañeros negociadores. Una fuente señaló: «La mímica parece hacernos sentir cómodos con los demás y nos anima a confiar en ellos».[123]

Cuando se reunía con gente en su despacho como secretario de Estado de EE.UU., Dean Acheson se levantaba de su escritorio y ocupaba una silla junto a su invitado.[124] De la misma manera, para estimular la resolución conjunta de problemas, el negociador puede ponerse de pie, caminar, sentarse al lado de su contraparte en vez de al otro lado de la mesa. Puede escribir en un papelógrafo o pizarrón mientras se gira para recibir sugerencias de los demás, todo ello para recalcar el mensaje de que realmente tienen que trabajar juntos en el problema.

Evidentemente, la comunicación no verbal es un aspecto muy relevante en este capítulo. En la fase inicial, tenga en cuenta los mensajes que se envían las contrapartes por su forma de saludarse, su

---

[122] Nierenberg and Calero, 14.
[123] Body Language.
[124] Fisher and Shapiro, 61.

contacto visual y su actitud, e incluso la fuerza del apretón de manos. El negociador puede intentar marcar un tono positivo que favorezca la resolución conjunta de problemas mediante el uso de ciertas expresiones faciales. Las sillas en la mesa de negociaciones deben estar distribuidas de una determinada manera. Un oyente activo y astuto se esforzará por mantener un buen contacto visual y una postura que sugiera un interés real.

Una característica clave de las negociaciones complejas es que conllevan una gran cantidad de información que hay que transmitir. Aunque algunos puntos se exponen de manera bastante explícita, muchos no lo son. Algunas cosas pueden ser insinuadas o mencionadas indirectamente. Otros asuntos no se expresan con la suficiente claridad para que otro negociador capte el significado exacto. Los negociadores intentan ocultar o evitar otros asuntos, algo que deja a sus contrapartes evaluando la verdad del asunto.

Desde el momento en que se inicia una negociación, el negociador hábil debe estar alerta, intentando atentamente dar sentido a las expresiones, los gestos, los silencios y las omisiones de la otra parte, con lo cual se pretende buscar oportunidades para utilizar tácticamente su propio lenguaje corporal como parte de sus estrategias conjuntas. Todo esto es parte integral de la apertura de una negociación estratégica.

Capítulo 4
Entrando en materia:
negociación basada en intereses

El capítulo 1 explico la diferencia entre negociar por posiciones y negociar alineando los intereses de las partes. A continuación, exploraremos más a fondo el concepto de intereses y el proceso de trabajar con ellos para llegar a un acuerdo.

A. Pasar de las posiciones a los intereses

Los mejores negociadores tienen «una curiosidad incansable sobre lo que realmente motiva a la otra parte».[125] El enfoque basado en intereses parte de la premisa de que los temas de negociación se tratarán con más habilidad si las discusiones pueden ir más allá que las posiciones que una o ambas partes han tomado. Las posiciones son las propuestas iniciales de lo que las partes quisieran tener o, más concretamente, de lo que se necesita para llegar a un acuerdo. El análisis de los intereses pretende desplazar la atención hacia las motivaciones subyacentes que realmente impulsan a cada parte.

Por intereses, entonces, se entienden las verdaderas preocupaciones de quienes están negociando: lo que necesitan, lo que quieren que ocurra, lo que les dará seguridad, lo que temen o les preocupa. Cuando se enfrentan a un problema complejo, los negociadores pueden trabajar con los distintos intereses de las partes —algunos de ellos posiblemente compartidos, coincidentes o convergentes, otros podrían ser divergentes, contrastantes o conflictivos— para llegar a una solución aceptable de los asuntos que se están negociando.

Algunas personas asumen que los intereses necesariamente son valores individualistas, y quizás egoístas o egocéntricos. Algunas personas asumen que los intereses necesariamente reflejan valores que son individualistas, y quizás egoístas o egocéntricos. Esto es un error. Si las motivaciones subyacentes implican intereses altruistas, asuntos comunitarios o relaciones dentro de una sociedad, también pueden

---

[125] Richard Shell, *Bargaining for Advantage* (New York: Penguin, 1999), 87.

considerarse intereses. Los intereses son «cualquier cosa que le importe a cada parte y que pueda verse afectada por una negociación». Estos van desde las necesidades humanas básicas, la reputación, pasando por la imagen de sí mismo, las relaciones, la legitimidad hasta las condiciones financieras del contrato.[126]

1. Diferentes usos del término intereses

a. Intereses frente a preferencias

Cuando los negociadores se refieren a intereses, suelen tener en mente dos usos particulares del término. A veces se refieren a algo en lo que una parte tiene interés, es decir, algo que lógicamente le afecta. Por ejemplo, un alcalde que negocia con los miembros del consejo municipal puede declarar: «Nuestra comunidad tiene interés en minimizar la conducción en estado de embriaguez». Dado que los conductores ebrios generan una serie de costes para el municipio, la ciudad tiene un interés lógico —sin tener en cuenta los sentimientos o puntos de vista personales de los funcionarios— en minimizar la conducción bajo los efectos del alcohol en la medida de lo posible. En este sentido, dicho interés está objetivamente presente.

En otras ocasiones, los negociadores utilizan el término interés para referirse a algo que puede o no ser importante para una parte. Por ejemplo, un asesor de paisajismo podría preguntar a un propietario de una casa: «¿Tienen sus vecinos algún interés en que la hilera de árboles que bordea el límite de su propiedad sea podada y reducida?». En este caso, a algunos vecinos les daría igual, mientras que otros podrían estar bastante preocupados, ya que la decisión podría afectarles el paisaje o afectarles de otro modo.

b. Intereses objetivos frente a intereses subjetivos

Analicemos a continuación la diferencia entre intereses objetivos y subjetivos. Un interés objetivo es el que realmente favorece el bienestar de esa parte de la negociación. Imaginemos la venta de una máquina costosa. A cualquier comprador le preocuparía que, una vez comprada

---

[126] James Sebenius, What Roger Fisher Got Profoundly Right, *Negotiation Journal* 29 (2013): 162 (italics in original).

e instalada, la máquina funcione correctamente. Un acuerdo de mantenimiento exhaustivo podría responder a ese interés objetivo.

En este caso, las circunstancias del momento determinan los intereses. En relaciones exteriores, esto era lo que Lord Palmerston tenía en mente cuando declaró sobre Gran Bretaña: «No tenemos aliados eternos, ni enemigos perpetuos. Nuestros intereses son eternos y perpetuos, y es nuestro deber seguir esos intereses».[127]

Por el contrario, un interés subjetivo puede considerarse una preferencia personal o una preocupación individual. Podría examinarse si el cumplimiento de ese interés, de hecho, sirve para el bienestar de una de las partes. Un interés subjetivo puede ser una cuestión de gusto, juicio o emoción. Puede centrarse en consideraciones a corto plazo o largo plazo. Puede ser algo idiosincrásico o algo que a muchas personas en esa situación les preocuparía. En cualquier caso, la parte interesada lo identifica como importante para ellos.

En las negociaciones avanzadas suelen intervenir tanto los intereses objetivos como los subjetivos. Imagine, por ejemplo, una negociación salarial para un nuevo empleo. Prácticamente cualquier futuro empleado tendría un interés objetivo en maximizar el término salarial, mientras que cualquier empleador preferiría pagar un salario relativamente más bajo. En este caso, los intereses económicos de las partes determinan sus respectivos intereses objetivos. Sin embargo, al futuro empleado también le pueden preocupar o no otros asuntos: su cargo, tal vez; la cantidad de viajes que tendría que realizar; o si podría añadir sus «días libres» a sus vacaciones anuales. Cada uno de esos intereses puede ser subjetivo: importante para algunos candidatos al puesto, pero no para otros.

Esta definición objetivo-subjetivo merece ser tenida en cuenta en diferentes momentos del proceso de negociación. Uno de ellos sería cuando el negociador se reúne con el cliente para discutir aspectos importantes de una próxima negociación, y ambos coinciden en sus intereses. Tal vez el negociador considere que el planteamiento que el cliente hace de sus intereses es erróneo o incorrecto. Frecuentemente, al argumentarlo entre ellos, generan un entendimiento mutuo de sus intereses.

Consideremos, por ejemplo, en el caso de un abogado y un cliente que se reúnen para discutir sobre la negociación de un caso de divorcio. El abogado podría centrar «la atención de su cliente en las

---

[127] Lord Palmerston, Speech in the House of Commons (Aug. 7, 1844).

consecuencias de una larga batalla sobre el bienestar de los hijos». Si el cliente ya había decidido previamente que el caso se trataba de un caso de justicia, esto supondría una importante reestructuración de la percepción que el cliente tiene de sus intereses.[128]

También es necesario tener en cuenta que los empleados de una organización pueden ver los intereses de manera diferente. De hecho, los departamentos dentro de una empresa o dentro de un gobierno burocrático pueden tener puntos de vista distintos. Incluso en una organización sin ánimo de lucro o en una pequeña empresa familiar, los intereses que están en juego en una próxima negociación podrían concebirse de forma muy diferente.

Esto ilustra el concepto de intereses subjetivos. Las percepciones de dichos intereses se crean durante la preparación previa a la negociación o durante la propia negociación, a medida que cada parte reflexiona detenidamente sobre los temas. Los sociólogos podrían denominar esto como una perspectiva constructivista de intereses. La gente construye sus intereses discutiendo y reflexionando sobre diferentes factores relevantes.

Desde la fase de planificación, aquellos que buscan un enfoque basado en intereses deben pensar en lo que está en juego y en las inquietudes que se plantean en la negociación. Deben estar atentos a todos los intereses de las partes, objetivos y subjetivos, tanto los suyos como los de sus contrapartes.

B. Priorizar, analizar y trabajar con los intereses

Adoptar un enfoque basado en intereses en una negociación compleja exige que los negociadores vayan más allá del simple hecho de hacer una lista de los intereses de las partes y piensen realmente en sus prioridades. Los negociadores orientados hacia los intereses tratan de conocer de cerca lo que es más importante para cada parte, lo que es moderadamente importante y lo que son intereses, pero de menor importancia. Los negociadores hábiles se esfuerzan por tener una visión cuidadosa y lógica de cuáles son los intereses de su parte y en

---

[128] Joel Cutcher-Gershenfeld and Michael Watkins, Toward a Theory of Representation in Negotiation, in *Negotiating on Behalf of Others*, ed. Robert Mnookin and Lawrence Susskind (Thousand Oaks: Sage Publications, 1999), 31.

qué orden, a la vez que adquieren una comprensión de cuáles son los intereses de la otra parte y cuáles parecen ser sus prioridades.

Las personas suelen diferir en cuanto a la prioridad de los intereses, basándose en sus propios valores, actitudes y culturas a la hora de evaluar lo que es más y menos importante. Eso puede traducirse en objetivos y estrategias diferentes. Las opciones propuestas y las resoluciones finales pueden tener su origen en valoraciones divergentes de los intereses.

Priorizar los intereses puede ayudar a los negociadores a visualizar un posible acuerdo. Quiero saber qué es importante para ti, y viceversa, para que podamos crear un acuerdo que nos sirva a ambos. Un acuerdo negociado debe cubrir al menos algunos de los intereses primarios de ambas partes o es probable que una u otra parte lo rechace. También se debe tener en cuenta que en una negociación avanzada las partes no siempre consiguen todo lo que quieren. Por lo tanto, entender la prioridad de sus intereses ayuda a los negociadores a ver qué compensaciones pueden hacerse para llegar a un acuerdo mutuo.

1. Priorizar los intereses

Para priorizar los intereses, los negociadores deben analizarlos. Un primer paso muy útil es clasificarlos. Algunos intereses pueden tener un enfoque a corto plazo; otros, a largo plazo. ¿Qué es más importante? ¿Una de las partes necesita algún tipo de ganancia temprana, o las partes pueden pensar principalmente en términos de beneficios a largo plazo?

Algunos intereses son comunes en muchas negociaciones, como el deseo de sentar un precedente positivo o evitar uno conflictivo. Otros intereses son absolutamente hechos concretos. Son una preocupación en cierto contexto, pero pueden no serlo en otro. Algunos intereses se refieren a asuntos que definitivamente van a suceder; otros se refieren a aspiraciones —esperanzas, planes, visiones o sueños de las partes—. ¿Cuáles son los más importantes? Al clasificar los intereses, se puede empezar a evaluar lo que es más y menos importante para las partes.

2. Evaluar la gama de intereses

Una gran variedad de intereses podría afectar notablemente en una negociación compleja. Para poner un ejemplo, una pareja de negociadores puede elaborar un contrato con disposiciones financieras que ambas partes consideren bastante satisfactorias; sin embargo, si las discusiones pasan por alto otro interés importante, como el de establecer y mantener un ambiente de trabajo positivo todo el tiempo, el acuerdo podría fracasar. Si una o ambas partes están descontentas —quizás se sientan menospreciadas, tratadas irrespetuosamente o se les pida que hagan más de lo que les corresponde en determinadas circunstancias—, toda la negociación podría desintegrarse a pesar de las ventajosas condiciones financieras.

Consideremos, pues, la gama de intereses que los negociadores podrían encontrar útiles.

a. Intereses individuales

En este caso, una de las partes tiene un interés o motivación subyacente que no afecta en modo alguno a su contraparte. Por ejemplo, una pareja joven compra tierras de cultivo con la intención de cultivar productos ecológicos. Una de las primeras preocupaciones es la erosión del suelo, ya que gran parte de la superficie que quieren plantar nunca ha sido debidamente labrada. El acceso a uno de los lotes es demasiado estrecho para que pueda entrar una excavadora sin tener que dinamitar grandes rocas, lo que resulta muy costoso. La propiedad vecina pertenece a hacendados absentistas ricos e independientes que planean dar en partes iguales la propiedad de la tierra a sus hijos. Cuando los agricultores les pregunten a los propietarios ausentes si pueden obtener permiso para pasar una excavadora por su propiedad, sus principales intereses podrían ser totalmente independientes. Las preocupaciones principales de uno no pueden tener injerencia en las del otro. Esto puede abrir la puerta a un acuerdo negociado.

b. Intereses compartidos

En cambio, con los intereses compartidos, ambas partes en una negociación tienen una motivación o preocupación subyacente común. El identificar lo que podría denominarse una «coincidencia de intereses» suele dar impulso a una negociación. Los hermanos, por ejemplo, pueden compartir el interés por llegar a un procedimiento equitativo para dividir los objetos personales de un padre fallecido. Dos gobiernos pueden compartir un interés en bloquear los planes de otro que ambos ven como un rival ideológico.

Incluso en los conflictos más acérrimos, pueden resultar evidentes ciertos intereses compartidos. Pensemos, por ejemplo, en las diferencias entre trabajadores y empresarios. Una empresa y un sindicato pueden estar muy en desacuerdo en muchos puntos y tener que lidiar con muchos intereses en conflicto. Sin embargo, ambos comparten un interés primordial en que la empresa siga siendo un negocio viable, sirviendo a clientes satisfechos y ganando participación en el mercado con el tiempo. Ese interés compartido puede ayudar a los negociadores a superar determinadas diferencias.

O consideremos un ejemplo de política internacional. Cuando el grupo terrorista M-19 se tomó la embajada de la República Dominicana en Bogotá (Colombia) en 1980, reteniendo a decenas de diplomáticos como rehenes, ni los negociadores del gobierno colombiano ni los secuestradores querían desencadenar una crisis política que pudiera llevar al ejército colombiano a derrocar al gobierno democrático del país. Aunque sus ideas sobre el régimen político adecuado para su país entraban directamente en conflicto, los dos bandos compartían el interés de querer evitar un golpe militar.

Partiendo de este punto en común, los negociadores lograron una resolución que liberaba a los rehenes respetando ciertos principios fundamentales del gobierno. Y, tras la resolución de la crisis de los rehenes de la embajada dominicana, el M-19 optó por entrar en el proceso democrático formal de Colombia como partido político independiente.[129]

Los intereses paralelos pueden encontrarse incluso con más frecuencia en contextos más amistosos. Una empresa que negocia un contrato de trabajo con un ejecutivo comercial comparte el interés de que ambos deseen que el valor de las acciones de la empresa aumente con el tiempo. Los agentes deportivos o literarios que negocian un contrato para representar a un posible cliente comparten el deseo de maximizar el retorno económico en el contrato del cliente con un equipo o editorial. O imaginemos que un equipo emergente de una nueva liga deportiva quiere contratar a un locutor reconocido pero retirado para promover el interés de los aficionados a través de las emisiones locales. Ambas partes comparten el interés de que el equipo y la liga tengan éxito.

Cuando los intereses son compartidos, los negociadores pueden trabajar entre ellos para ver qué podría hacer cada uno, por separado o conjuntamente, para satisfacer esos intereses coincidentes. Podrían encontrar opciones creativas que hicieran atractivo el acuerdo, ya que

---

[129] Michael R. Fowler, The Relevance of Principled Negotiation to Hostage Crises, *Harvard Negotiation Law Review* 12 (2007), 287-89.

este responde a sus intereses comunes. En consecuencia, los intereses compartidos, al igual que los intereses individuales, pueden ayudar a lograr una resolución negociada.

c. Intereses comunes

Otros intereses se pueden caracterizar como intereses comunes. En este caso, los intereses de un negociador difieren a los del otro, pero ambos encajan perfectamente. La misma resolución satisface los distintos intereses de ambas partes. Imaginemos, por ejemplo, un divorcio en el que uno de los cónyuges quiere la custodia de los hijos y el otro no.

Un ejemplo que se cita a menudo es el de dos niños que quieren una naranja, pero uno quiere exprimir el zumo para un ponche de frutas mientras que el otro quiere utilizar la cáscara para hacer un dulce. Ambos niños se benefician si dividen las partes de la naranja de manera inteligente. Cuando los negociadores descubren estos intereses comunes, estos pueden constituir la base de un acuerdo. Además, identificar justo dónde encajan los intereses puede hacer que las opiniones divergentes, los objetivos o aspiraciones parezcan factibles y mejoren las perspectivas de una solución negociada.

Supongamos que hay tres empresas vecinas en un complejo industrial en el cual, la que está ubicada en el medio ha puesto a la venta una extensión considerable de su terreno. La empresa de camiones ubicada en la parte norte podría utilizar una parte de la propiedad para expandirse y, si la adquiriera, pavimentaría una hectárea para un parqueadero. El vecino situado en la parte sur, una empresa de autobuses, podría instalar tanques de almacenamiento subterráneos en el terreno, una forma cómoda y rentable de abastecer de combustible a su flota de autobuses.

Bien sea que los dos posibles compradores terminen comprando el terreno juntos y subdividiéndolo, como si uno de ellos compra la propiedad y arrienda una parte al otro, sacan provecho de los intereses comunes.

d. Intereses tangibles e intangibles

La mayoría de los acuerdos complejos incluyen algunos bienes divisibles, como dinero, algunos rubros o acciones y bonos, y estos suelen constituir el núcleo del acuerdo. Sin embargo, los asuntos intangibles también pueden ser importantes. Mejorar la reputación sería un ejemplo, al igual que guardar las apariencias en una situación difícil (un tema que se aborda con mayor profundidad en el capítulo 9 sobre cultura). A una parte puede importarle temas de posición, influencia o imagen. Otra puede tener motivaciones caritativas o benéficas, mientras que una tercera se preocupa por el prestigio, la buena voluntad o la autoestima. Otra puede sentirse influenciada por el efecto que un acuerdo pueda tener sobre el reconocimiento, la credibilidad o el honor. Todos son intereses intangibles.

Dado que la naturaleza humana es compleja, el hecho de que se resuelva una disputa o se aproveche una oportunidad no siempre depende de la cantidad de dinero que pase de una parte a otra. En lugar de centrarse únicamente en los intereses financieros, los negociadores deben tener en cuenta también los psicológicos.

Una estrella del deporte podría querer seguir jugando junto a sus actuales compañeros de equipo. Un supervisor puede querer ser considerado justo por los empleados de la empresa. Al resolver los problemas de la sucesión, un negociador puede querer asegurarse de que todos los hermanos se sientan razonablemente satisfechos con su herencia. Una persona calumniada o difamada puede estar más preocupada por reparar su reputación o por recibir una disculpa sincera que por contar cuántos dólares puede recibir por concepto de indemnización.

Los intereses intangibles podrían incluir el bienestar emocional: sentirse comprendido, apreciado, respetado, tratado justamente o abandonado. Las personas pueden estar motivadas por el orgullo. Pueden buscar el reconocimiento de sus esfuerzos por parte de los demás. Pueden querer sentirse estables, seguros o cómodos.

> [Una] pareja que se divorcia con resentimiento —se ha observado— puede en realidad preferir un acuerdo financiero que no requiera absolutamente ningún contacto futuro entre ellos a otro que resulte más favorable para ambos en términos fiscales, por ejemplo, pero que requiera que se relacionen entre sí en el futuro.[130]

Tanto si el contexto es la venta de una propiedad, la disolución de una sociedad o la distribución de los bienes de una herencia, es posible que una parte se haya encariñado con algo —ya sea una casa o un caballo, un coche o un violín, una reliquia— y quiera poseerlo por razones emocionales o encontrar un comprador que lo cuide bien.

---

[130] David Lax and James Sebenius, *The Manager as Negotiator* (London: Collier, MacMillan, 1986), 73.

En resumen, los aspectos financieros, aunque a menudo son la parte central de una negociación avanzada, rara vez son el único aspecto a tener en cuenta, incluso en escenarios bastante complejos. Supongamos, por ejemplo, que una universidad contrata a un científico de gran prestigio para poner en marcha un programa de investigación de vanguardia en su facultad de medicina. El salario es sin duda importante, pero el nuevo profesor también puede estar interesado en evaluar las instalaciones del laboratorio, los asistentes de investigación, el tiempo de vacaciones, el espacio de su oficina, las obligaciones docentes y las relaciones con la dirección central de la universidad.

Los negociadores deben tener en cuenta las motivaciones intangibles y buscar maneras de hablar al respecto y satisfacerlas, si pueden. Sin embargo, evaluar la importancia de un interés intangible puede ser un reto. ¿Cómo se prioriza, o se le asigna un valor, a un interés como el de evitar el estrés de ir a juicio? En este caso, el pensamiento analítico y minucioso puede ayudar a una de las partes a llegar a conclusiones beneficiosas. David Lax y James Sebenius sugieren que alguien que esté tratando de calcular el valor de evitar la ansiedad suponga que un farmaceuta tuviera un producto que eliminara por completo esas sensaciones durante un juicio. ¿Cuánto estaría la persona dispuesta a pagar? «Para evaluar las ventajas y desventajas entre intereses intangibles, a veces resulta útil imaginar lo que uno podría pagar ... para satisfacer los mismos intereses».

e. Intereses en conflicto e incompatibles

Algunos intereses chocan. Cuando hay intereses en conflicto, es porque una de mis preocupaciones o motivaciones subyacentes está en desacuerdo con una de las suyas. Una junta de vecinos está interesada en la paz y la tranquilidad de su comunidad y en la seguridad de sus hijos. El principal interés de una constructora es beneficiarse de la construcción de un centro comercial junto a este barrio. Pero la construcción de locales comerciales y su funcionamiento pueden generar un tráfico que entre en conflicto con la imagen actual del barrio como santuario seguro y tranquilo. Los vecinos pueden intentar primero detener el proyecto de desarrollo por completo por la vía jurídica, pero si ese esfuerzo fracasa, el reto consiste en resolver los problemas presentes y futuros. Los negociadores deben ver si son capaces de encontrar formas prácticas, innovadoras y justas de solucionar los principales problemas que generan estos intereses contrapuestos.

Con intereses incompatibles, perseguir o cumplir un interés puede hacer que conseguir otro sea más difícil de lograr, incluso quizás imposible. Como dijo una fuente: «Usted quiere que el alquiler sea más bajo; el propietario quiere que sea más alto. Usted quiere que la mercancía se entregue mañana; el proveedor prefiere entregarla la semana que viene. Usted prefiere la oficina grande con buena vista; su socio también».[131] La negociación sobre estos asuntos puede parecer un juego de suma cero, en el que cada uno intenta obtener más y ceder menos que la cantidad establecida. En este caso, es posible que haya que tomar decisiones difíciles, hacer sacrificios y llegar a compromisos, esto es también propio de las negociaciones complejas.

Cuando los intereses chocan, los negociadores se enfrentan al problema de si pueden conciliarlos para lograr un resultado justo. ¿Existe una forma creativa de conciliar estos intereses en conflicto de manera que cada parte pueda seguir estando motivada para llegar a una solución negociada? Tal vez haya que compensar. ¿Podría compensarse lo que supone un alquiler más elevado con hacer unas mejoras en el apartamento? ¿Podría el socio que se queda con la oficina más pequeña ser compensado de otra manera?

Obsérvese también que, en ocasiones, es posible llegar a un acuerdo incluso cuando los intereses de las distintas partes entran en conflicto. Una organización toma rehenes para obtener notoriedad y conseguir fondos y nuevos integrantes; un gobierno quiere liberar a los rehenes, pero también quiere evitar el apoyo a los extremistas. Los terroristas creen que el hecho de que el gobierno permita la emisión de un mensaje por televisión nacional resultará en publicidad favorable y promoverá su causa. Los funcionarios del gobierno podrían considerar el mismo mensaje como algo que el público encontrará repugnante o incomprensible. De esta manera, el gobierno de Alemania Occidental resolvió una de estas crisis liberando a los rehenes por la difusión al aire de lo que consideraban las «demandas histéricas e incoherentes de la pandilla Baader-Meinhof».[132] A pesar de que los intereses no pudieron haber chocado de una manera más directa, aun así, se demostró que era posible una resolución negociada.

Otra situación mucho más habitual es la de una posible operación bursátil en una pequeña empresa en la que los principales accionistas tienen opiniones diametralmente opuestas sobre los beneficios futuros.

---

[131]   Fisher, Ury, and Patton, 81.
[132]   James Bennett and Thomas Saaty, Terrorism, Patterns for Negotiation, in *Terrorism*, ed. Robert Kupperman and Darrell Trent (Stanford: Hoover Institution Press, 1979), 281.

Uno de ellos quiere ampliar la empresa, tal vez recurriendo a una oferta pública de venta de acciones para financiar la expansión de la empresa a nivel nacional. Un accionista minoritario importante está en total desacuerdo con esa posible actuación, pues considera que diversos factores económicos la hacen demasiado arriesgada. Él preferiría vender si se produce la expansión, liquidando su participación financiera en la empresa, ya que cree que su valor puede caer precipitadamente.

El posible comprador analiza la situación de forma completamente diferente. Cree que el negocio está en la cúspide del verdadero éxito, sobre todo si el modelo de negocio se lleva a nivel nacional. Quiere aumentar su participación para aprovechar aquello que considera una oportunidad de negocio emocionante. El acuerdo para la venta de las acciones se hace posible precisamente por los puntos de vista divergentes.

f. Necesidades y valores

Algunas personas conciben las necesidades de una parte o sus valores como si fueran una variedad de intereses, sobre todo los intereses fundamentales o de fondo.[133] Otros los consideran algo totalmente diferente. Después de identificar los intereses como objetos que una parte desea y que suelen adoptar la forma de dinero que un negociador puede intercambiar con otro, Deborah Kolb y Judith Williams escribieron:

Los valores, por otra parte, no pueden intercambiarse ni comprometerse, y sin embargo suelen definir lo que un negociador considera más importante. Cuando descubrimos algo sobre el sistema de valores de otra persona, tenemos una perspectiva sobre lo que le impulsa para tomar sus decisiones.

Concluyeron: «Las diferencias de intereses podemos negociarlas; las diferencias de valores requieren otro orden de comprensión antes de que podamos trabajar con ellas».[134]

Rob Ricigliano señaló que los negociadores suelen concebir los intereses como asuntos que un acuerdo puede «satisfacer» y, por tanto, que pueden resolverse en determinado momento. Las necesidades y los valores difieren en que suelen ser retos constantes. Ricigliano comentó que «mi necesidad de sentirme seguro no

---

[133] Dean Pruitt and Sung Hee Kim, Social Conflict, 3rd ed. (Boston: McGraw-Hill, 2004), 15.
[134] Deborah Kolb and Judith Williams, The Shadow Negotiator (New York: Simon & Schuster, 2000), 194.

desaparece si estoy seguro hoy», y «satisfacer el sentido de justicia en un caso no significa que la justicia deje de ser una preocupación importante».[135] Con respecto a las necesidades y los valores, es probable que las partes tengan que adoptar una perspectiva a largo plazo. Tal vez se diseñe un acuerdo en el que se satisfaga la necesidad o se respete el valor durante un periodo prolongado.

C. Discutir los intereses de manera productiva

Al entrar a trabajar sobre el fondo de cualquier problema u oportunidad compleja, los negociadores basados en intereses deben tratar de entender lo que realmente motiva a las partes. Esto incluye intereses individuales, compartidos, comunes, tangibles o intangibles, en conflicto o incompatibles, así como las necesidades y valores. El compromiso con los intereses subyacentes es sumamente importante, ya que los intereses pueden ser los elementos básicos que los negociadores utilizan para elaborar una resolución que ambos respalden.

Parte del arte de la negociación consiste en tener sus antenas desplegadas para captar señales importantes sobre la perspectiva de la otra parte. Los negociadores experimentados que se basan en los intereses se preguntan constantemente:

«¿He evaluado correctamente las verdaderas motivaciones de mi contraparte?».

«¿Qué inquietudes no entendí muy bien cuando estaba preparando la negociación?».

«¿Qué intereses estoy escuchando por primera vez hoy?».

¿Qué puntos deben tener en cuenta las contrapartes que están negociando cuando pasan a discutir los intereses? En primer lugar, no todos los negociadores se sentirán igual de cómodos discutiendo abiertamente sus intereses. Algunos adoptarán un enfoque posicional. Otros pueden pensar que se está indagando en los intereses para ganar ventaja sobre ellos. Y otros pueden dudar de que los negociadores puedan cooperar muy fácilmente cuando los intereses en conflicto y las diferencias de objetivos son evidentes.

---

[135] Rob Ricigliano, A Three-Dimensional Analysis of Negotiation, in The Negotiator's Fieldbook, ed. Andrea Kupfer Schneider and Christopher Honeyman (Washington, DC: American Bar Association, 2006), 58.

A veces, la actitud del negociador puede ayudar a superar la renuencia a discutir los intereses. Establecer un tono constructivo, fomentar un clima de resolución de problemas y establecer relaciones de trabajo sólidas puede propiciar un debate productivo en torno a los intereses. Sin embargo, como escribieron dos estudiosos:

> Incluso cuando estamos realmente interesados en el pensamiento y los sentimientos de la otra persona, esta puede cuestionar nuestra sinceridad. Los negociadores no asumen automáticamente que [una] inquietud expresada... sea real. Hace falta algo de convicción, alguna demostración concreta que vaya más allá de lo superficial o lo conveniente, para disipar esas dudas.[136]

Veamos a continuación cómo puede hacerse.

1. Proponerse comprender a fondo los intereses

Cuando los negociadores inexpertos empiezan a hablar de intereses, a veces se limitan a repetir una o dos ideas sobre los intereses de la otra parte. Hay que ir mucho más allá de eso. Los negociadores experimentados suelen hablar de «ponerse en los zapatos» de su contraparte o «ver el problema a través de sus ojos». El objetivo no es necesariamente *simpatizar* con el punto de vista de la otra parte, es decir, sentir verdadera compasión por las circunstancias de la otra persona. Sin embargo, a menudo ayuda poder *empatizar* con la perspectiva de la otra parte. Esto implica tratar de captar la situación —los hechos, los objetivos, las opciones, las posibilidades— de la manera en que lo hace el otro negociador.[137]

Lo más importante es que no se trata de descubrir intereses independientes en un ejercicio intelectual sin sentido, sino que se trata de comprender realmente qué es lo que impulsa a la otra parte. ¿Qué necesita tu colega negociador de esta negociación y por qué? ¿Qué tipo de resolución preferiría? ¿Cómo coinciden los intereses de tu contraparte con los tuyos, y qué puede significar eso para la elaboración de la resolución final negociada? Una conversación en la que te comprometas realmente con sus intereses suele contribuir a persuadir a tu contraparte de que podrá trabajar, analizar e idear junto contigo a medida que avanza la negociación.

---

[136] Kolb and Williams, 156.
[137] Robert Mnookin, Scott Peppet, and Andrew Tulumello, The Tension Between Empathy and Assertiveness, *Negotiation Journal* 12 (1996): 217.

2. Indagar para comprender mejor sus intereses

Una manera sencilla pero útil de sondear los objetivos principales acerca de los intereses es preguntar «¿Por qué?», «¿Con qué propósito?» o «¿Qué quiere decir exactamente con eso?». Al hacer estas preguntas, los negociadores se acercan a descubrir motivaciones más profundas y no se limitan a confiar en las declaraciones superficiales, las posturas iniciales, de las partes. Incluso cuando la respuesta esperada pueda parecer obvia, un negociador puede aprender frecuentemente bastante si presta atención a la forma en que la otra parte responde a estas preguntas básicas.

Por ejemplo, una empleada potencial asume que la empresa con la que está negociando quiere que empiece a trabajar el primero de enero, la fecha fijada en el borrador del contrato. En realidad, ella preferiría tomarse primero unas vacaciones y empezar su nuevo trabajo un mes después. Ella indaga sobre el interés que tienen: «¿Por qué el primero de enero? ¿Y si empezara a trabajar el primero de febrero?» —y se entera de que a su nuevo empleador en realidad le interesa «esperar a que se abra una sucursal o quiere mantener su nómina baja por el próximo trimestre» y no está tan en contra de que la empleada empiece más tarde.[138]

Preguntar «qué pasaría si» y «por qué no» también puede ser muy útil para determinar las motivaciones y prioridades de la contraparte. Por ejemplo, en una negociación de un contrato se puede preguntar: «¿Y si bajamos el salario base, pero aumentamos los incentivos? ¿Le parecería bien o no?». En las negociaciones de una transacción inmobiliaria uno podría preguntar: «¿Por qué no dividir la propiedad en lotes? Podrías vender la casa y la zona verde que la rodea a un tercero, pero a mí me vendes el resto del terreno de manera que yo obtenga el espacio que necesito para que pasten mis llamas. Puede que ambos salgamos ganando». Incluso si las sugerencias hipotéticas demuestran no tener salida, al plantear las preguntas y escuchar las respuestas estás animando a tus contrapartes a definir sus intereses con mayor claridad.

Con el objetivo de comprender el punto de vista de su contraparte, el negociador también puede considerar detenidamente a quiénes está representando. ¿Cuáles son los intereses de la organización o del cliente que el negociador representa y de cualquier otra parte

---

[138] Shell, 84.

interesada a la que deba complacer o satisfacer? Piense también cuidadosamente en las personas ajenas a la empresa que tienen interés en el asunto, ya que un acuerdo podría ayudarles o perjudicarles. Si también están satisfechos con los términos del acuerdo, esto puede ayudar a garantizar que las condiciones se cumplan sin interferencias, evitando así costes adicionales e incertidumbres. Por último, tenga en cuenta que el representante de un tercero puede seguir teniendo sus propios intereses. El negociador puede querer ser contratado de nuevo o avanzar rápidamente hacia una resolución. Puede sentir la necesidad de parecer competente o creativo, duro o práctico, ante los demás en la mesa de negociaciones o fuera de ella.

En una negociación de cierta complejidad, los intereses de cada una de las partes rara vez son completamente evidentes. Discernir cuáles son requiere una interacción reflexiva, buen juicio y persistencia y perspicacia a la hora de plantear preguntas. Una negociación compleja basada en intereses suele estar marcada por revelaciones, una nueva comprensión de algún aspecto de la situación que hace que los asuntos se vean bajo una nueva perspectiva.

Por lo tanto, hay que estar atento a la nueva información, y luego ser flexible para convertir lo que se descubre en un acuerdo innovador que ambas partes encuentren atractivo. En este proceso, es de vital importancia comprender *cómo se ven los asuntos en cuestión desde la perspectiva de la contraparte.* Cuanto más se comprendan sus intereses, más clara será la visión de lo que se puede ofrecer para satisfacerlos y lo que usted puede obtener de un acuerdo que ellos acepten.

3. El ejemplo del taxista

Veamos a continuación un ejemplo de cómo se puede aprovechar los intereses de forma creativa. Al enseñar a negociar a los estudiantes que viajan a varios destinos en el programa Semestre en el Mar, he visto que, al principio, tienen dificultades para negociar con los taxistas en países extranjeros. Su inclinación inicial es considerar que el taxista controla en gran medida la negociación. El conductor conoce la distancia a los destinos más populares y cómo funcionan las tarifas de los taxis. Los taxis pueden escasear en las grandes ciudades, y los puertos pueden estar situados en zonas inseguras. Al principio, los estudiantes ven la negociación con un taxista en los términos distributivos clásicos. Cada moneda que va para el conductor sale del bolsillo del estudiante. Consideran la comunicación con los conductores como una negociación de una sola vez, y su objetivo es sencillamente no dejarse engañar.

Sin embargo, con la experiencia, los estudiantes llegan a ver que los conductores tienen en realidad múltiples intereses que podrían favorecerse de una solución negociada de forma justa. Para el taxista, obtener un beneficio a corto plazo en un solo viaje suele ser un interés importante, pero conseguir un cliente satisfecho que pueda solicitar un viaje de ida y vuelta también podría ser un factor a tener en cuenta.

Los beneficios a un plazo algo más largo, digamos durante todo el tiempo que el barco esté en el puerto, también podrían motivar al taxista. La recomendación de los estudiantes satisfechos a sus amigos, que podrían llamar a la misma compañía de taxis y solicitar ese conductor en concreto, podría ser importante. Llevar a un grupo de estudiantes en un viaje de todo un día o de toda una noche podría superar con creces los beneficios que el taxista podría esperar por recorrer la ciudad, compitiendo con decenas de otros taxis para hacer viajes cortos. Por ello, un conductor podría estar motivado por conocer a algunos de los estudiantes, desarrollar relaciones de trabajo positivas y ofrecer un precio justo y un servicio rápido con un conductor seguro.

Además, los estudiantes pueden tener en sus bolsillos monedas fuertes —euros, dólares estadounidenses, yenes japoneses— que un taxista puede preferir a la moneda local como pago. Además, los artículos que los estudiantes han llevado consigo —sombreros, ropa, relojes, aparatos de alta tecnología, etc.— pueden no conseguirse o ser mucho más caros en ese país. El conductor podría querer esos artículos o conocer a alguien a quien se los podría vender con una buena ganancia. Además, quienes viajan por varios países entran y salen de muchos centros comerciales y pueden tener acceso frecuente a tiendas libres de impuestos en puertos y aeropuertos, donde se venden diversos artículos a precios reducidos a los extranjeros. Por lo tanto, es posible que los estudiantes ya hayan comprado algunos artículos en sus viajes que estarían dispuestos a desprenderse de ellos a cambio de una buena propuesta. Estas transacciones de trueque, en las que se intercambian artículos en lugar de dinero, podrían permitir a los estudiantes ahorrar dinero en efectivo, mientras que el conductor se siente satisfecho, bien compensado y gustoso de complacerlos.

Cuando dos docenas de estudiantes se pusieron a pensar de manera creativa entre varios taxistas en diferentes países extranjeros, el número de acuerdos innovadores a los que llegaron fue asombroso. Sin embargo, para aprovechar estas posibilidades, hay que entrar en esas negociaciones con una mente abierta y creativa, dispuesta a comprometerse con el otro como si fuera un negociador que también tiene una serie de intereses que intenta satisfacer. Debes estar dispuesto a comunicarte de manera inteligente con esa persona, ponerte en los zapatos de tu contraparte e iniciar una charla inteligente con ella sobre cómo cada uno podría ayudar al otro a alcanzar sus objetivos.

La enseñanza que se extrae de todo esto es que, como negociador, es aconsejable trabajar con tus contrapartes, tratar de ver la vida desde sus perspectivas e indagar detenidamente en sus intereses y objetivos. A menudo, los beneficios pueden preverse a corto, mediano o largo plazo, con diferentes implicaciones en los acuerdos. Con frecuencia, los vendedores se preocupan principalmente por el precio, sin embargo, también podrían estar más interesados en retener a los buenos clientes y aumentar su participación en el mercado. El comprador podría compensar al vendedor con dinero en efectivo o con otra compensación. En resumen, los acuerdos creativos son el fruto de una conversación productiva de intereses.

4. Hablar de sus propios intereses

Para llegar a un acuerdo que satisfaga la mayoría de sus intereses de la forma más completa posible, usted deberá asegurarse de que la otra parte entiende sus preocupaciones principales. El arte de la negociación basada en intereses implica hacer que la otra parte se comprometa a ayudarle a satisfacer sus intereses. Pero, para que la otra parte lo haga, usted tendrá que entender y cooperar con los intereses de ellos también.

También es importante tener en cuenta que, cuando se está comprometido a colaborar en la resolución de problemas para encontrar un resultado mutuamente beneficioso, no hay que enfrascarse tanto en la identificación de los intereses de la otra parte que se termine dejando a un lado la discusión de sus propios intereses. ¿En qué intereses concretos desea que se centren sus compañeros de negociación, mientras trabajan juntos para crear un resultado que ambos apoyen?

En una negociación compleja también puede haber ciertos intereses que uno prefiera mantener en privado, al menos por el momento y quizá a lo largo de la negociación. Por ejemplo, cabe temer que la urgencia de la propia necesidad de algo pueda servir de apoyo a la otra parte. O puede que uno no quiera resaltar un interés particular por temor a que provoque una fuerte reacción adversa de la contraparte. En tales situaciones, el negociador experto podría tratar esos intereses más delicados de forma más sutil, quizás esperando un momento oportuno para sugerir una compensación.

Otro enfoque consistiría en no revelar algunos intereses durante un tiempo para fomentar un proceso en el que ambas partes vayan revelando información progresivamente. Esta táctica responde a la preocupación de que una de las partes proporcione mucha más información sobre sus intereses que la otra. Por ello, Howard Raiffa propuso lo que llamo un «enfoque gradual»: «Algunos de los intereses de A pueden ser compartidos abiertamente con B; algunos A pueden decidir no divulgarlos; y otros podrían ser revelados de manera gradual dependiendo de lo comunicativo que sea el otro...».[139]

Cuando eliges exponer tus intereses importantes, el reto consiste en hacerlo de una manera que realmente capte la atención de tu contraparte, y quizás incluso le resulte atractiva. Haz que tu propia perspectiva sobre lo que realmente te impulsa cobre vida para la otra parte. Por ello, el negociador hábil dedica algún tiempo de preparación previa a la negociación a determinar la manera más eficaz y atractiva de explicar sus intereses a la otra parte.

La explicación de los intereses también es importante. La discusión clara y abierta de los intereses puede servir para fomentar la resolución conjunta de los problemas. Pero exponer las cosas de forma sencilla, directa y vívida suele requerir una verdadera concentración y, a veces, precaución. En una negociación de cualquier complejidad, es demasiado fácil que los puntos se enreden y se pierdan en largas y confusas frases y párrafos.

También hay que tener en cuenta que un buen sentido de la oportunidad es importante, ya que los puntos pueden pasarse por alto u olvidarse si se presentan un montón de intereses uno tras otro de manera desorganizada. En cambio, un negociador hábil presenta los intereses de manera pausada, dando a sus interlocutores tiempo suficiente para que puedan asimilar los puntos clave y hacer preguntas aclaratorias, si es necesario.

---

[139] Howard Raiffa, with John Richardson and David Metcalfe, *Negotiation Analysis* (Cambridge: Harvard University Press, 2002), 199.

D. Compartir información: pros y contras

El esfuerzo por conocer los intereses y sus prioridades plantea el eterno problema de cuánta y qué información revelar. Si el proceso de colaboración mutua ha de producir una resolución beneficiosa para ambas partes, estas deben compartir bastante información. Sin embargo, también es probable que cada una considere ciertos asuntos como confidenciales. Los negociadores acostumbran a ver los pros y los contras de estas revelaciones a las contrapartes. Analicemos algunos de ellos.

1. Por qué revelar información

Al abrir un espacio a la otra parte para que conozca lo que te interesa, le das la oportunidad de ayudarte a encontrar una posible solución favorable para ambos. El intercambio recíproco de información puede generar un impulso hacia un acuerdo, mientras que ocultar perspectivas, hechos y objetivos puede obstaculizar el proceso de resolución de problemas. Si los negociadores intentan resolver una dificultad o aprovechar una oportunidad juntos, necesitan comprender en buena medida los puntos de vista, los intereses y las perspectivas de cada uno. Si se oculta a la contraparte sus verdaderas motivaciones y objetivos, se puede limitar drásticamente la capacidad de trabajar juntos de manera constructiva.

Pero si usted descubre qué es lo que realmente motiva a la otra parte, cuáles son sus verdaderas necesidades y preocupaciones, y si usted les revela algo de sus principales intereses, entonces estará en condiciones de trabajar conjuntamente con sus compañeros de negociación para idear maneras de alcanzar sus respectivos objetivos a través de un acuerdo. Por eso, en lugar de basarnos en lo que la otra parte piensa que queremos —que puede ser total o parcialmente erróneo o bastante incompleto— les describimos lo que realmente nos interesa.

En el mejor de los casos, las personas que se encuentran en una negociación compleja suelen estar confundidas o dudosas. Ocultar bastante información puede agudizar la falta de comprensión. También puede llevar a la contraparte a hacer falsas suposiciones. Estas pueden resultar mucho más perjudiciales que haber revelado esa información. Si los negociadores no entienden realmente los intereses de cada uno, pueden tener dificultades para saber qué debe contener una propuesta para generar un acuerdo.

Proporcionar información a la otra parte también puede contribuir a aumentar la confianza del otro negociador. Ser franco y directo con ellos demuestra que estás intentando de verdad trabajar junto con ellos para llegar a un acuerdo que ambos puedan aceptar. Un negociador puede estar obligado legalmente a revelar cierta información, como, por ejemplo, los defectos existentes en una propiedad para la venta o puede considerar que la honestidad o un comportamiento ético correcto exigen la revelación de algún hecho. Incluso es posible que la contraparte ya tenga conocimiento de esta información negativa o que la descubra en su momento. Revelar esa información puede ser una decisión estratégicamente acertada.

Cuando una parte comparte sus objetivos, tiende a fomentar una dinámica en la que la otra parte también lo hace. Una parte importante de la naturaleza humana implica el intercambio recíproco de información. En diferentes circunstancias, tendemos a estar mucho más dispuestos a contar algo a alguien si nos han contado algo más a nosotros. Tú revelas algún hecho que desconozco; yo respondo compartiendo algo similar. Cuando queremos establecer una relación o mantenerla, hacemos que alguien nos tenga confianza, y luego esperamos que haga lo mismo.

Aunque algunos podrían considerar que se trata de un comportamiento ingenuo, en realidad, como señaló Howard Raiffa, «las negociaciones caracterizadas por el intercambio veraz de información e intereses son sorprendentemente habituales».[140] El hecho es que haberse revelado información mutuamente puede ser extremadamente útil cuando los negociadores se vuelcan a generar opciones creativas, superar impasses y, finalmente, cerrar un acuerdo. Por lo tanto, un negociador basado en intereses, que intenta trabajar en colaboración con la otra parte, proyecta ser un compañero de negociación honorable y genuino, diplomático, discreto y directo.

2. Por qué ocultar alguna información

Ahora bien, este es un tema que también tiene otra dimensión que no debe pasarse por alto. Revelar ciertos asuntos podría perjudicar la posición negociadora del negociador al divulgar debilidades de uno u otro tipo. «Con demasiada frecuencia», se ha observado, que «el

---

[140] Raiffa, with Richardson and Metcalfe, 83.

engaño, las amenazas, las artimañas, la exageración, el encubrimiento, las medias verdades y las mentiras descaradas nos vienen a la mente cuando pensamos en las negociaciones». En este sentido, Raiffa señaló: «Es posible que el dialogo no sea reciproco ni en igualdad de condiciones. Las partes que no tienen escrúpulos pueden explotar información estratégicamente sensible para aumentar su propio beneficio. Los negociadores pueden tergiversar estratégicamente sus propios intereses con la esperanza de engañar a la otra parte para que haga concesiones».[141]

Además, los negociadores, especialmente los que están mal preparados, a veces proporcionan información a la otra parte de la que luego se arrepienten. Compartir una cantidad inusual de información puede llevar a tu contraparte a suponer que estás desesperado por llegar a un acuerdo.[142] Si eres totalmente franco con la contraparte, podrías demostrar la urgencia de tus necesidades. Revelar demasiado tus intereses podría indicar en qué punto quedarías conforme, revelando así lo mínimo que la contraparte tiene que hacer para garantizarse tu aprobación.

Un negociador experimentado se preguntará: «¿Podría este hecho en particular o este planteamiento, una vez compartido con la otra parte, ponerme después en una posición incómoda o ser utilizado de alguna manera en contra de los intereses de mi parte?». Por estas razones, aunque un negociador pudiese estar dispuesto a compartir información considerable sobre sus intereses, podría ocultar toda la información por la importancia de los mismos.[143]

El negociador también puede optar por no compartir sus ideas internas sobre qué compensaciones serían aceptables e inaceptables. Además, podría resistirse a revelar de manera demasiado explícita la prioridad de los intereses. En este caso, el temor sería que la contraparte perdiera la motivación por esforzarse para satisfacer intereses que ya han sido identificados como menos importantes. Una vez que el interés es considerado como muy abajo en la lista de prioridades, la otra parte podría inclinarse a ignorarlo.

---

[141] Ibid.

[142] *An Example of the Anchoring Effect -- What to Share in Negotiation*, Program on Negotiation, Harvard Law School, March 22, 2016, http://www.pon.harvard.edu/daily/negotiation-skills-daily/what-to-share-in-negotiation/?m.

[143] Roger Fisher and Wayne Davis, Authority of an Agent, in *Negotiating on Behalf of Others*, 75-76.

Los negociadores experimentados reconocen que cierta información es privada. Las personas éticas no hablan de los asuntos que se les dicen de manera confidencial. La información financiera puede considerarse legítimamente privada. Los procesos patentados y otros como los secretos de fabricación o industriales suelen ser secretos. El negociador también puede optar por mantener la confidencialidad de sus expectativas, el grado de relación que mantiene con otras personas o de otros asuntos delicados.

En ocasiones, el negociador puede recibir instrucciones de mantener en secreto la identidad de su representado. Si se conociera, la otra parte podría intentar aprovecharse. Por ejemplo, una persona o entidad adinerada podría temer que el vendedor exigiera un precio más alto pensando que el comprador podría pagarlo. Un constructor tratando de hacer una parcela compuesta por lotes colindantes puede temer que las tácticas dilatorias aumenten los costes y tener que pagar más que el valor de mercado si los vecinos se dan cuenta de quién está detrás de la oferta. Otros puntos pueden compartirse o no dependiendo del tipo de relación, por ejemplo, el grado de confianza que se haya desarrollado entre los negociadores.

A la hora de determinar lo que se debe revelar y lo que se debe ocultar, los negociadores menos experimentados deben tener en cuenta que no es necesario compartir todas sus ideas con sus compañeros de negociación para poder infundir un tono positivo y cooperativo o para tener relaciones de trabajo productivas y respetuosas. Los negociadores experimentados entienden que ciertos asuntos pueden compartirse libremente; otros son innatamente confidenciales. Una parte del arte de la negociación y un aspecto importante de la estrategia de negociación consiste en determinar en qué categoría se debe incluir determinada información.

3. Los peligros de adornar las cosas

Otro aspecto del intercambio de información es la exactitud de lo que se dice. En este caso, puede ser muy importante no adornar las cosas. Con mucha frecuencia, los negociadores inexpertos están tan empeñados en alimentar su relación positiva con sus compañeros de negociación que expresan señales falsas o engañosas, o eluden o dan vueltas a lo que realmente piensan. Hacen girar los puntos hacia lo que a la otra parte le gustaría escuchar en ese momento.

Adornar las cosas crea falsas expectativas. Puede suscitar esperanzas que nunca se cumplirán. A menudo, esto conduce a la frustración. Además, adornar las cosas puede alargar mucho el proceso de negociación y opacar la posibilidad de llegar a una solución negociada. Por el contrario, ser directo —enfrentarse directamente a las dificultades y ser sincero respecto a las diferencias con la otra parte— puede facilitar notablemente la comunicación.

Si tienes problemas serios por algo que se ha dicho, te corresponde a ti, como hábil negociador, expresarlos. Podrías, por ejemplo, cambiar tu estilo o el tono de la negociación temporalmente: bajar la voz, hablar más seria y deliberadamente, y transmitir el mensaje. Es más probable que este enfoque ayude a impulsar los asuntos hacia una conclusión constructiva que adornarlos. Al respecto, cabe recordar la declaración de Mahatma Ghandi: «Un "no" pronunciado desde la más profunda convicción es mejor y más grande que un "sí" pronunciado simplemente para complacer, o lo que es peor, para evitar problemas».[144]

4. Planificar el intercambio de información

Debe ser capaz de defender, con un argumento lógico, sensato y razonable, por qué decidió revelar, o no, determinados asuntos. Los negociadores hábiles piensan con antelación qué asuntos quieren compartir con la otra parte, y por qué, y cuáles preferirían no revelar, o no revelar de inmediato, y a qué se debe esta decisión.

El factor más importante en este caso suele ser el momento: ¿cuándo revelar exactamente la información? ¿Existe un momento óptimo para divulgar ciertos asuntos a la otra parte? Y, ¿cómo planea exactamente eludir las preguntas sobre asuntos que es mejor mantener en privado, al menos por el momento?

Los negociadores competentes y eficaces pueden diferir considerablemente en cuanto a la cantidad de información que deben transmitir a la otra parte en diferentes circunstancias. Los negociadores principiantes suelen actuar con cautela y a la defensiva y se inclinan por no compartir mucha información. Esta inclinación suele estar relacionada con el deseo del negociador de minimizar los posibles perjuicios. Temo que mi contraparte pueda encontrar la manera de utilizar cierta información en mi contra, y por eso trato de guardarla para mí.

---

[144] William Ury, *The Power of a Positive No* (New York: Bantam Books, 2007), 7.

Los negociadores más experimentados se dan cuenta de que la tendencia a ocultar demasiada información puede frenar en gran medida un acuerdo que se está gestando: su alcance, su creatividad, su capacidad para satisfacer los intereses fundamentales de manera óptima. Como concluyó Howard Raiffa:

> La revelación abierta de información estratégicamente sensible puede ser una poderosa influencia en una negociación. Mientras más prudentemente muestre su mano una de las partes, más revelará la otra. Cuanto mejor sea la relación, más confianza tendrán las dos partes, más abiertas se podrán permitir ser y más valioso será el acuerdo que alcancen.[145]

5. Saber lo que motiva a la otra parte

En una negociación avanzada, cada parte suele tener una lista de opciones sobre lo que debe revelar y lo que debe mantener en secreto. Considere las siguientes situaciones en las que le gustaría saber más acerca de las motivaciones de la otra parte. ¿Qué debe tener en cuenta un negociador en este caso?

a. Revelar plena y sinceramente las motivaciones

A veces, el negociador se muestra directamente y revela sus intereses. Alguien que desea cooperar no quiere ocultar sus intereses a la otra parte. Al contrario, los negociadores suelen querer que sus intereses cobren vida ante sus contrapartes, así que sus principales motivaciones ocupan un lugar prioritario en la lista de asuntos que hay que tratar.

Por ejemplo, imagine que estoy negociando con un granjero. Él cortará y empacará el heno de mi finca y se lo llevará para alimentar a su ganado a cambio de un pago anual que me hará. Supongamos que una de mis motivaciones subyacentes es recibir el pago por el heno a tiempo para pagar los impuestos de mi propiedad. Al negociar, es muy posible que yo desee que el granjero comprenda y se centre en ese interés, en lugar de ocultarlo.

Esta dinámica aplica a muchos intereses en diversas circunstancias. Si la otra parte no sabe lo que realmente me interesa, ¿cómo va a

---

[145] Raiffa, with Richardson and Metcalfe, 199.

trabajar conmigo para elaborar un acuerdo con condiciones que ambos aceptemos? Es cierto que un negociador cuidadoso y prudente no querrá divulgar algunos asuntos al negociador contrario. Pero mantener a la otra parte sin saber lo que le interesa puede no ser en absoluto parte de la estrategia de un negociador.

b. Tergiversar estratégicamente las motivaciones

Sin embargo, en algunos contextos el negociador podría tratar de eludir cualquier discusión detallada sobre intereses particulares. Con respecto a mi deseo de recibir a tiempo el pago de mi heno para pagar mis impuestos, podría temer que el granjero reaccionara diciendo: «Claro. Satisfaré tu interés en eso, pero date cuenta de que en ese caso no puedo pagarte tanto». De hecho, el negociador puede despistar a la otra parte sobre sus intereses principales como parte de una tergiversación estratégica de diversos asuntos: sus prioridades u objetivos, por ejemplo. El director general de un equipo deportivo, que mantiene conversaciones comerciales con otro, puede no revelar inmediatamente el interés del equipo por un jugador en concreto, del mismo modo que un turista puede pasear por un bazar de Oriente Medio y fingir indiferencia por algo que desea mucho. De hecho, en diversas circunstancias el negociador puede ver una ventaja estratégica en restar importancia o parecer neutral sobre algo que realmente desea obtener, mientras finge estar apegado a algo a lo que en realidad está muy dispuesto a renunciar.

O bien, el negociador podría exagerar a propósito el interés en algo con la idea de conceder ese punto más tarde a cambio de otra cosa. Revelar con franqueza los propios intereses, o incluso revelarlos con más detalle que la otra parte, podría muy bien eliminar la posibilidad de utilizar tales tácticas. Esto podría tener consecuencias importantes en una negociación compleja.

Además, en ocasiones, una de las partes puede tener lo que a veces se denomina un interés creado, es decir, un interés personal o un apego especial de algún tipo por una disposición institucional existente. Y esto puede considerarse embarazoso de revelar. Ya sea que haya que satisfacer a un tercero, pagar una deuda política, o respetar las limitaciones presupuestarias, los intereses significativos, al inicio de una negociación, pueden quedar ocultos.[146]

---

[146] Glen Fisher, *Mindsets*, 2nd ed. (Yarmouth: Intercultural Press, 1998), 82.

c. Intentar determinar las motivaciones ocultas

Teniendo en cuenta estas diferentes razones para no revelar todos los intereses propios, el negociador podría sospechar, a medida que avanzan las conversaciones, que aún no ha entendido plenamente los intereses de la otra parte, o tal vez, ha malinterpretado completamente algunos de ellos. Dado que algunos negociadores no son propensos a hablar de sus intereses libremente, a veces el proceso de descubrir y analizar los intereses es más sutil que simplemente evaluar los intereses con precisión previamente o preguntar directamente a la otra parte y descubrir o confirmar lo que le motiva. Solamente manteniendo una conversación inteligente, haciendo preguntas, escuchando atentamente y, tal vez, evaluando juiciosamente las motivaciones, las partes pueden obtener una visión real de los aspectos fundamentales que están impulsando esa negociación.

Es posible obtener información valiosa sobre los intereses ocultos de las partes, o sus prioridades, observando los temas de los que quieren hablar y los que prefieren evitar. Las pistas podrían estar en su lenguaje corporal o en su tono de voz a medida que se plantean diferentes asuntos. Otro enfoque sería el de presentar posibles resoluciones con diferentes características —paquete A, paquete B y paquete C— y analizar cuidadosamente cómo responde la otra parte a las diferencias planteadas en cada propuesta.[147]

En última instancia, es posible que tenga que hacer conjeturas sobre lo que la otra parte piensa realmente. Y, en tales circunstancias, incluso los negociadores más experimentados a veces malinterpretan lo que realmente piensa su contraparte.

d. Analizar conjuntamente algunas motivaciones

A veces, el problema no es tanto descubrir asuntos que la otra parte ha ocultado. Más bien, es posible que tu contraparte no haya estudiado sus intereses de forma clara y exhaustiva. Quizá el negociador de la otra parte esté mal preparado. O las circunstancias pueden ser difíciles de entender. O la falta de información puede confundir la percepción de sus intereses. En una negociación compleja no es raro tener que estudiar detenidamente con los demás negociadores cuáles son sus intereses:

---

[147] Lee Ross, Reactive Devaluation in Negotiation and Conflict Resolution, in *Barriers to Conflict Resolution*, ed. Kenneth Arrow (New York: W. W. Norton, 1995), 39.

«Para muchos, solo hablando acerca de sus necesidades e intereses en un contexto de apoyo mutuo llegan a saber cuáles son realmente esos intereses».[148]

Sin embargo, hay que tener cuidado en este punto. Evidentemente, sería contraproducente aleccionar a la contraparte sobre cómo debe ver sus propios intereses. Un negociador que, de manera condescendiente o paternalista, dice a la otra parte lo que realmente debería pensar y lo que debería querer es un compañero frustrante e ineficaz.[149] Ciertamente, los negociadores deben abstenerse de intentar resolver los problemas de la otra parte, ignorando así la percepción del problema que tiene su contraparte y quizás actuando en contra de su voluntad.

No obstante, un negociador hábil analizará minuciosamente la situación a la que se enfrentan ambas partes, intentando atraer a la otra parte a la conversación. En esta discusión inteligente del problema u oportunidad que comparten, cada negociador ayuda al otro a enfocar y considerar los puntos importantes bajo una nueva óptica, algo que podría hacerles reorganizar o reorientar su planteamiento.

E. Crear una resolución basada en intereses

Entonces, ¿por qué es tan importante trabajar con los intereses de forma exhaustiva en una negociación? El objetivo es llegar a un acuerdo que satisfaga perfectamente sus intereses, pero también satisfacer los intereses de la otra parte lo suficiente de manera que su contraparte se sume voluntariamente al acuerdo.

Yo sirvo a sus intereses, usted sirve a los míos: ésa es la esencia que caracteriza a la negociación basada en intereses. Un pensamiento de este tipo llevó a Adam Smith a escribir: «No es de la bondad del carnicero, el cervecero o el panadero de quien esperamos nuestra cena, sino de lo que ellos consideran sus propios intereses».[150] Además, un negociador con visión de futuro podría esperar satisfacer los intereses de su contraparte hasta el punto de motivarles a volver a negociar más adelante.

---

[148]   Kolb and Williams, 224.
[149]   Roger Fisher and Scott Brown, *Getting Together* (New York: Penguin Books, 1988), 140.
[150]   Adam Smith, *An Inquiry into the Nature and Cause of the Wealth of Nations* (Indianapolis: Hackett Publishing, 1993), 22.

Por tanto, concretamente, su trabajo como negociador no consiste simplemente en atender a sus propios intereses, aunque ese objetivo es, obviamente, muy importante. Se trata más bien de satisfacer también los intereses de los demás negociadores, siempre que pueda o deba hacerlo. El objetivo es satisfacer los intereses de ellos lo suficiente como para que también se sientan motivados a aceptar el acuerdo, y luego a aplicarlo de buena fe. Una autoridad en materia de negociación lo expresó así: «No necesito que me gustes o confiar en ti para negociar sabiamente contigo... Lo único que hace falta es que yo encuentre la manera de conseguir lo que quiero... dejando la puerta abierta para que tú también lo logres».[151]

De acuerdo con la teoría de la negociación, la razón principal por la que se buscan maneras de servir a los intereses de la otra parte no es para caerle bien. No es para demostrar que tienes una mente abierta y eres flexible. Puede que quieras ayudarles a resolver sus problemas o puede que no te importe mucho. En cualquier caso, esta no es tu principal preocupación. El propósito fundamental de buscar servir a los intereses de la otra parte tampoco es fomentar el hecho de ser una buena persona que responde a las necesidades de los demás. La razón principal es dar a la contraparte razones sólidas y sensatas para que, a su vez, sirva a tus intereses.

Para ello, una búsqueda minuciosa de los intereses de la otra parte suele contribuir a que la negociación se convierta en un ejercicio conjunto de resolución de problemas, en lugar de una disputa competitiva. Trabajar con los intereses de ambas partes lleva tiempo. Sin embargo, convertir una negociación compleja en una disputa posicional probablemente requiera mucho tiempo también, tal vez más del que llevaría buscar una resolución basada en intereses.

A menudo se supone que las negociaciones rápidas son eficaces. Ciertamente, una negociación que se ve estancada o que se hace demasiado repetitiva se vuelve frustrante, un estado de ánimo que no beneficia a nadie. Sin embargo, un negociador hábil no se limita a encontrar una solución rápida con la que ambas partes puedan conformarse. Para negociar bien, no basta con conseguir un acuerdo, cualquier acuerdo, que le ofrezca algunos beneficios y al que su contraparte también acceda. En lugar de ello, usted querrá presionar para obtener el mejor resultado que pueda lograrse en las circunstancias existentes.

---

[151] Jeffrey Rubin, Some Wise and Mistaken Assumptions About Negotiation, *Journal of Social Issues* 45 (1989), 198.

En resumen, un negociador experto tiene como objetivo satisfacer sus propios intereses de la manera más completa posible. Este consejo puede parecer evidente. Sin embargo, muchos negociadores encuentran algún interés común con su contraparte y se conforman demasiado rápido con un acuerdo que ambos puedan aceptar. Por el contrario, los negociadores más eficaces no resolverán finalmente un problema bajo una determinada serie de condiciones hasta que se hayan convencido de que no existe una solución mejor.

En este caso, no basta con discutir los intereses de manera rápida o superficial. Si se avanza con demasiada rapidez, se está pasando por alto el proceso de deliberación necesario para llegar a una solución negociada óptima. Un negociador impaciente que se empeña en crear opciones y cerrar un acuerdo poco después de haber realizado un análisis superficial de los intereses obstaculiza el proceso de trabajar juntos de forma eficaz y exhaustiva para crear el mejor acuerdo posible.

Profundizar realmente en los intereses, exponer las propias motivaciones e indagar en las de la otra parte con preguntas acertadas y haciendo seguimientos, demuestra a tus compañeros de negociación que comprendes sus perspectivas y que buscas satisfacer sus intereses, en la medida de lo posible. Ese diálogo basado en intereses puede convencer a la contraparte de que pueden trabajar de forma conjunta, lo que podría llevar a un resultado muy satisfactorio para todos.

A medida que los negociadores cooperan de esta manera, adquieren el interés de intentar crear una resolución negociada que convenga a cada una de las partes. Con el tiempo, el debate pasa de identificar los intereses a trabajar con ellos para diseñar una posible resolución. En este caso, un negociador basado en intereses puede beneficiarse al tener en cuenta las preguntas planteadas en el recuadro 4.1.

Recuadro 4.1 – Preparación para una resolución basada en intereses

- ¿Cuáles han sido los puntos en común en los que parece que pensamos igual?
- ¿Cuáles podrían ser algunas piezas fundamentales de un acuerdo mutuamente beneficioso?
- ¿Qué podría hacer la otra parte que sirviera a mis intereses?
- ¿Qué podría hacer yo para satisfacer algunos de los intereses de la otra parte?

- ¿Qué intereses compartidos podríamos aprovechar para elaborar un acuerdo atractivo para ambas partes?
- ¿Qué hay de los intereses que son individuales y distintos, pero que no entran en conflicto? ¿Cómo se podrían satisfacer esos intereses como parte de la resolución negociada?

Y luego, por supuesto, habría que reflexionar y debatir realmente sobre los intereses en conflicto.
- ¿Dónde entran en conflicto nuestros intereses?
- ¿Cómo podríamos superar nuestras diferencias?
- ¿Existen formas de sortear los intereses en conflicto o de resolverlos de manera que ambas partes los respalden?
- Si no es así, ¿cómo podrían manejarse de una manera equitativa que ambas partes consideren legítima y justa? ¿Son posibles las concesiones mutuas?

La pregunta general podría plantearse de la siguiente manera.
- ¿Pueden satisfacerse los intereses de cada una de las partes de manera suficiente y justa para que ambas se interesen por un acuerdo mutuo o, al menos, consideren preferible una resolución negociada a no llegar a ningún acuerdo?

1. Dejar atrás la discusión de intereses

A veces, las partes en una negociación inician con entusiasmo intercambiando ideas sobre sus intereses, pero finalmente la discusión se estanca. Los negociadores parecen estar repitiendo lo mismo, y aparece la frustración o el cansancio. Para evitar o superar esta situación, los negociadores deben saber cuándo dar por terminada la discusión de intereses y empezar a crear opciones, resolver problemas y, en última instancia, llegar a un posible acuerdo. El objetivo general de quien negocia aplicando el método basado en intereses es debatir los intereses hasta que se sienta bastante seguro de haber explicado sus intereses de la manera más completa posible y de haber comprendido gran parte de lo que constituye el centro de las motivaciones de su contraparte. Cuando las partes están seguras de que entienden los asuntos que realmente están en juego, y no solo las posiciones iniciales, están preparadas para pasar de hablar de intereses a crear opciones.

Recuerde también que siempre se puede retroceder, aclarar o profundizar en los intereses en medio de las siguientes fases de la negociación. Por tanto, hay que procurar que la discusión de intereses sea clara y exhaustiva. Para mantener el impulso, evita la redundancia y prepárate para avanzar antes de que la comunicación se vuelva demasiado repetitiva.

Una vez que los negociadores consideren que han comprendido bien los intereses de las partes, ha llegado el momento de reconsiderar los temas de la negociación, quizás volviendo a plantear los problemas u oportunidades a los que se enfrentan. Seguidamente, los negociadores basados en intereses tratan de apoyarse en el criterio de los demás en un esfuerzo por resolver todos los asuntos que deben tratarse para llegar a una resolución negociada. Los próximos capítulos exploran diferentes ideas sobre cómo hacer esto de la manera más eficiente y eficaz posible.

Capítulo 5
Análisis de alternativas de salida (walk-away), apalancamiento y fuerza

A medida que los negociadores se comprometen entre sí, explorando los intereses de cada uno y comenzando a elaborar propuestas, a menudo se ven influenciados por alternativas de salida (*walk-away*), apalancamiento y poder. Este capítulo explora cómo pensar en alternativas a un acuerdo negociado y cómo, si son atractivas, aprovecharlas en su negociación. También consideraremos cómo hacer frente al apalancamiento que pueda tener su contraparte, y examinaremos los factores que puedan dar una sensación de fuerza a una de las partes. Todos estos puntos, aplicados a las circunstancias específicas de una negociación compleja, podrían contribuir a la estrategia global de un negociador.

A. Evaluar las alternativas de salida (walk-away)

Al pensar detenidamente en la negociación, hay que distinguir entre alternativas y opciones.[152] Las alternativas son las cosas que la parte puede hacer en caso de que no se llegue a una resolución negociada, es decir, las diferentes rutas que podrían seguirse si la negociación no arroja un acuerdo. Las opciones son cosas que las partes podrían acordar hacer, individualmente o en conjunto, como parte de una resolución negociada. Pasemos ahora a evaluar las alternativas de salida (*walk-away*).

1. Técnica MAAN (Mejor Alternativa a un Acuerdo Negociado)

Desde la preparación de la prenegociación en adelante, los negociadores deben centrar su atención en el MAAN de cada parte, un acrónimo que significa mejor alternativa a un acuerdo negociado.[153]

---

[152] Amy C. Finnegan and Susan G. Hackley, *Negotiation and Nonviolent Action: Interacting in the World of Conflict*, Program on Negotiation, Harvard Law School, Jan. 25, 2008, http://www.pon.harvard.edu/events/negotiation-and-nonviolent-action-interacting-in-a-world-of-conflict/.

[153] Roger Fisher, William Ury, and Bruce Patton, *Getting to Yes*, 2nd ed. (New York: Penguin Books, 1991), 97-106.

El concepto MAAN se ha convertido en una parte integral de la teoría de la negociación, utilizada habitualmente por los negociadores que persiguen diferentes estrategias.

En pocas palabras, el MAAN de las partes es su alternativa de salida preferida. Es el curso de acción más prometedor para un negociador, si no se puede llegar a un acuerdo con la otra parte. En caso de que se pierda la oportunidad de llegar a un acuerdo negociado, el MAAN de una parte es la opción que tiene más probabilidades de satisfacer al menos algunos de sus intereses. Si no tiene alternativas prometedoras, el MAAN de las partes podría ser el resultado por defecto que se producirá si no se llega a un acuerdo con la otra parte.

Un negociador debe tener siempre presente qué hará exactamente si no se llega a un acuerdo con la otra parte o partes de la negociación. Pregúntese: ¿cuál es su mejor alternativa para llegar a un acuerdo con su contraparte? ¿Qué puedes hacer sin la aprobación de la otra parte? A continuación, pregúntese también: ¿cuál es la mejor alternativa que la otra parte puede adoptar sin usted? Cada parte tiene su propia mejor alternativa a un acuerdo negociado: debe conocer su propio MAAN y tratar de averiguar, o al menos calcular, el MAAN de la otra parte.

La vida, a veces, nos impone opciones. Un conductor debe tomar una ruta y no otra. Un excursionista no puede subir y bajar una ladera simultáneamente. Lo mismo ocurre con los MAAN. Un negociador solo puede elegir una única alternativa, no un montón de ellas. Como observan los autores de *Obtenga el sí*:

> Puede que te digas a ti mismo que si no llegas a un acuerdo salarial en este trabajo podrías irte a California, o al sur, o volver a estudiar, o escribir, o trabajar en una finca, o vivir en París, o hacer cualquier otra cosa. Es probable que la suma de estas alternativas te resulte más atractiva que trabajar por un salario específico en determinado empleo.[154]

Pero, desafortunadamente, usted no puede elegir todas las alternativas a la vez. En su lugar, tiene que seleccionar la que le parezca más atractiva.

Por una serie de razones, se puede considerar que una alternativa concreta es la mejor. Puede ser la más rentable o la más económica. Puede ser la más eficiente o tener la mayor probabilidad de éxito. Puede sentar el mejor precedente o proporcionar los mayores beneficios secundarios.[155]

---

[154] Ibid., 101.
[155] David Lax and James Sebenius, *The Manager as Negotiator* (London: Collier, MacMillan, 1986), 244.

Su Mejor Alternativa a un Acuerdo Negociado con la parte contraria bien podría ser un acuerdo con alguien más. Si este cliente no está dispuesto a pagar su precio, puede esperar al siguiente. Si esta empresa se niega a firmar un contrato con las garantías necesarias para la parte que usted representa, busque otro socio más flexible. O bien, un MAAN puede implicar dar un paso por su cuenta, iniciando una acción unilateral en lugar de intentar concertar con el otro. Por ejemplo, si no puedo negociar un acuerdo razonable con un consultor de sistemas informáticos para reconfigurar la red de mi empresa y sus filiales, reuniremos a nuestros propios expertos en tecnología de la información y haremos el trabajo internamente.

Otra posibilidad es que la mejor alternativa al acuerdo negociado que se está ofreciendo o formulando sea seguir intentando solucionar las cosas con la contraparte. Un enfoque podría ser sugerir la mediación o el arbitraje. O bien, se podría preferir seguir negociando.

En algunas circunstancias, su MAAN puede ser no hacer nada y esperar a ver qué pasa. Por ejemplo, el MAAN de un atleta profesional que se encuentra en una negociación salarial podría ser optar por no jugar al comenzar la temporada, renunciando a recibir el pago, pero también haciendo que el equipo pierda sus servicios como jugador.[156] Allí, la esperanza sería que el equipo lo reconsiderara y volviera a presentar una mejor oferta.

En resumen, dependiendo de las circunstancias, un MAAN podría ser cualquiera de una amplia gama de posibilidades: «Acudir a los tribunales, hacer una huelga, comprar otra cosa o prescindir de ella, fabricar el artículo internamente, encontrar otro proveedor o comprador, elaborar una alianza alternativa o incluso organizar una invasión».[157]

2. Precio o valor de reserva

Otro concepto, a menudo asociado con el MAAN en los debates de los negociadores experimentados, se denomina precio de reserva o valor de reserva. Se trata de la propuesta menos atractiva por la que un negociador

---

[156] Michael Wheeler, First, Let's Kill All the Agents!, in *Negotiating on Behalf of Others*, ed. Robert Mnookin and Lawrence Susskind (Thousand Oaks: Sage Publications, 1999), 238, 240.

[157] James Sebenius, What Roger Fisher Got Profoundly Right, *Negotiation Journal* 29 (2013), 163.

aún decidiría llegar a un acuerdo, un punto justo después del cual al negociador le da igual aceptar el acuerdo ofrecido u optar por un MAAN[158]

Un valor de reserva no es necesariamente idéntico a un MAAN, ya que un negociador que sopesa si debe aceptar una propuesta puede tener en cuenta una serie de otros factores. Optar por la búsqueda de su MAAN puede acarrear importantes costes de transacción, a diferencia de aceptar un determinado acuerdo. Aceptar el acuerdo tal y como se ofrece puede ser muy conveniente, y esto puede llevar a una parte a aceptarlo, incluso si el MAAN fuese más atractivo. Un negociador experimentado incorporaría estas consideraciones en su precio de reserva.

En las negociaciones legales, la frase análoga precio de cierre se emplea a veces para indicar el punto en el que una parte decide llegar a un acuerdo en una reclamación legal, en lugar de llevar el caso a los tribunales. Al analizar el interés del MAAN de resolver la disputa, una parte debe considerar cuidadosamente los costes del tribunal y del litigio, la magnitud por la que probablemente se conceda la indemnización por daños y perjuicios, y las posibilidades de que el tribunal decida finalmente a favor de la otra parte.

El punto fundamental aquí es que, aunque un MAAN podría ser realmente prometedor para obtener un buen resultado, rara vez es seguro que se produzca realmente el resultado esperado. Además, los sesgos pueden distorsionar los cálculos de que los beneficios del MAAN realmente se produzcan. Un estudio, por ejemplo, reveló que «cada parte tendía a ver sus propias posibilidades en el tribunal como mejores que las de la otra».[159] Un negociador inteligente tendría que incluir en la ecuación la posibilidad de que el MAAN no logre finalmente los beneficios previstos. Por esta razón, las partes que tienen reticencias a los riesgos pueden querer aceptar un acuerdo ofrecido, incluso si la alternativa de retirarse promete un resultado algo más atractivo en otros aspectos.

En circunstancias normales, los negociadores no revelan sus ideas sobre los valores de reserva por temor a que sus contrapartes se acerquen al valor de reserva con una oferta o propuesta.[160] Esto se denomina a veces una oferta mínima, que apenas es suficiente para llegar a un acuerdo. En consecuencia, los negociadores contrarios pueden limitarse

---

[158] Howard Raiffa, *The Art and Science of Negotiation* (Cambridge: Harvard University Press, 1982), 126.

[159] Ibid., 75.

[160] Robert Mnookin, Scott Peppet, and Andrew Tulumello, *Beyond Winning* (Cambridge: Harvard University Press, 2000), 22.

a estimar el valor de reserva de su contraparte. Una manera de hacerlo es prestar atención al patrón de ofertas y contraofertas que se hacen en la negociación. Viendo cómo responden las personas a las contraofertas, aconseja una autoridad, «se puede hacer un juicio razonable sobre cuál es realmente su precio de reserva».[161]

3. Propósitos del análisis MAAN

a. Aceptar o rechazar ofertas

La primera razón para analizar detenidamente su mejor alternativa a un acuerdo negociado y su valor de reserva es para ayudarle a determinar cuándo aceptar y cuándo rechazar una propuesta. Un experto ha señalado que, tanto si se tiene un MAAN estupendo como si se tiene un MAAN pésimo, puede servir como norma que ayude a determinar si se acepta o se rechaza una propuesta concreta.[162]

Cuando un negociador basado en intereses cree que ha alcanzado la mejor resolución posible a la que la otra parte también accederá, la siguiente pregunta es automáticamente «¿un acuerdo según estas pautas superaría mi MAAN?». A veces, los negociadores se apegan demasiado a un posible acuerdo el cual se han esforzado por crear. Es mejor evaluar un posible acuerdo de manera racional y rechazarlo si las posibilidades de obtener una oferta más atractiva desde otra parte son fuertes. Sin embargo, si la propuesta es significativamente mejor que el mismo MAAN y el precio de reserva, el negociador normalmente querrá avanzar hacia la aceptación del acuerdo.

Digo «normalmente» porque en ocasiones la parte se enfrenta a una situación en la que su contraparte hace una oferta final que es realmente mejor que sus alternativas de salida (*walk-away*), pero que sigue pareciendo bastante desigual. Un negociador que se encuentre en esa situación podría molestarse en aceptar una propuesta tan desigual. En esas circunstancias, podría sentirse engañado y optar por un MAAN.[163]

A este respecto, hay que tener en cuenta que, aunque en muchas circunstancias aceptar o rechazar un acuerdo es principalmente una cuestión de análisis de coste-beneficio, en ocasiones, esa misma decisión puede afectar sus propios valores. Un experto observó: «Algunos

---

[161] Alan Strudler, On the Ethics of Deception in Negotiation, in *What's Fair*, ed. Carrie Menkel-Meadow and Michael Wheeler (San Francisco: Jossie-Bass, 2004), 151.

[162] Wheeler, 244.

[163] Mnookin, Peppet, and Tulumello, 22.

valores son triviales, otros se pueden negociar y otros los utilizamos para identificar quiénes somos en el mundo, y comprometerlos puede ser, en algunos casos, literalmente más de lo que vale nuestra vida». Y prosiguió: «Pedir a alguien que se comprometa con un acuerdo que se percibe como injusto o inequitativo es probable que afecte nuestro enfoque filosófico central sobre quiénes somos y cómo nos relacionamos con los demás».[164]

b. Repercusiones tanto de los MAAN débiles como de los fuertes

¿Qué pasa con los negociadores que sienten que su propio MAAN es débil? ¿Qué podrían hacer? Puede ser posible encontrar o crear un mejor MAAN durante la prenegociación o incluso entre las sesiones de negociación en medio de las extensas conversaciones. Por ejemplo, a principios de la década de los 70, el Gobierno de Malta renegoció un acuerdo relacionado con una base militar con Gran Bretaña. Al desarrollar alternativas con Libia y la Unión Soviética en el curso de las negociaciones con los británicos, el primer ministro maltés Dom Mintoff pudo, finalmente, obtener un acuerdo muy favorable.[165]

Una situación especialmente difícil se genera cuando los negociadores se dan cuenta de que tienen grandes aspiraciones en una negociación, pero se encuentran con un MAAN y un valor de reserva débiles. Si sus aspiraciones resultan inalcanzables, ¿pueden reducir sus pretensiones? ¿Pueden conformarse con aceptar una resolución algo decepcionante, pero que sigue siendo mejor que no llegar a ningún acuerdo? ¿O bien sus aspiraciones distorsionan su criterio de manera que se alejan de un posible acuerdo que les dejaría en mejor situación si lo aceptaran?

Cuando las partes de una determinada negociación se dan cuenta de que ambas tienen un MAAN débil, deben duplicar sus esfuerzos para trabajar de manera creativa entre ellas. La comprensión de que sus MAAN no son prometedores debería llevar a ambas partes a ser tan flexibles y adaptables como puedan a los intereses de la otra parte, buscando un acuerdo y encontrando un terreno común razonable dentro de lo posible. En estas circunstancias, como señaló William Ury,

---

[164]   Kevin Gibson, Ethics and Morality in Negotiation, in *The Negotiator's Fieldbook*, ed. Andrea Kupfer Schneider and Christopher Honeyman (Washington, DC: American Bar Association, 2006), 180.

[165]   Howard Wriggins, Up for Auction: Malta Bargains with Great Britain, 1971, in *The 50% Solution*, ed. I. William Zartman (Garden City: Anchor Press, 1987), 208-233.

los negociadores inteligentes presionan, diciendo: «¿Sabes qué? Hay que llegar a un acuerdo».[166]

Si su MAAN es bastante fuerte, también es algo que vale la pena tener en cuenta. Si su MAAN es muy bueno, necesitará que su contraparte le ofrezca un trato mejor, o simplemente optará por su mejor alternativa. Además, si está en un punto muerto con la otra parte, pero tiene un excelente MAAN, puede que no sea inteligente utilizar su tiempo y recursos el dedicar mucha energía a superar el estancamiento. En su lugar, opte por su mejor MAAN.

c. Cuando se subestima un MAAN

El negociador debe intentar hacer una evaluación lógica y clara de cuál es su mejor alternativa en ese momento. Algunos negociadores tienden a subestimar su MAAN, es decir, pasan por alto el hecho de que tienen una alternativa viable y se centran únicamente en llegar a un acuerdo con su contraparte actual.

Entonces, a veces los negociadores con un buen MAAN descubren que sus contrapartes lo están subestimando. Si mi propio MAAN es, de hecho, considerablemente mejor de lo que mi contraparte parece creer que es, normalmente querré conversar de ello.

Digamos que soy un joven abogado, experto en derecho penal, y que me gustaría trasladarme a San José, Costa Rica, para estar cerca de la familia de mi cónyuge. Lo ideal sería trabajar en un bufete de abogados muy respetado en San José, pero podría ir a trabajar como fiscal allí y, de hecho, ya tengo una oferta para hacerlo. En una entrevista con el bufete de abogados al que me he dirigido, debo hacer saber al comité de contrataciones que ya tengo una oferta en mano para trabajar como fiscal. El bufete tiene que saber que debe hacer una oferta especialmente atractiva para asegurarse de que voy a trabajar para ellos. De hecho, si tengo un MAAN bastante bueno y se lo informo a mi contraparte en la negociación, demuestro que mi situación actual es mucho mejor que si no tuviera ninguna oferta de trabajo.

d. Cuando se sobreestima un MAAN

El negociador hábil trata de formarse una visión precisa de las alternativas que tienen ambas partes. Sin embargo, los pesimistas pueden centrarse en sus preocupaciones o temores, ignorando lo

---

[166] William Ury, An Interview with Roger Fisher and William Ury, *Academy of Management Executive* 18 (2004), 107.

positivo de una situación. Los optimistas suelen ver lo que quieren ver, sin tener en cuenta los aspectos negativos. Complica aún más las cosas el hecho de que, al analizar las MAAN, el negociador bien preparado puede percibir con bastante claridad la alternativa de salida (*walk-away*) del cliente, pero solo le es posible suponer el MAAN de la otra parte.

Algunos negociadores tienden a sobrestimar su mejor alternativa: no evalúan con precisión los beneficios frente a los inconvenientes de su plan de salida o la facilidad con la que puede lograrse. Los psicólogos hablan de un exceso de confianza optimista, una distorsión del criterio a favor de su parte y en contra de la de su contraparte.[167]

Uno de los casos en los que esto surge a menudo es cuando un abogado describe a un empresario o a otro cliente un panorama optimista sobre la posibilidad de ganar un caso en los tribunales, un panorama que pasa por alto todos los costes asociados al litigio. Para determinar si el litigio es, de hecho, la mejor opción y para valorar hasta qué punto es una buena alternativa, hay que pensar seriamente no solo en la probabilidad de ganar, sino en el tiempo que se tardará en llegar a un veredicto final y en los costes financieros que probablemente se acumulen mientras tanto. Los costes humanos también pueden estar asociados al litigio, incluyendo el tiempo y el estrés que conlleva, así como el posible perjuicio a las relaciones. Otra trampa común es suponer que la otra parte tiene un MAAN mucho mejor de lo que es en realidad. Quien se centra en los defectos evidentes de su propio MAAN puede inclinarse a suponer demasiado sobre las alternativas de salida de la otra parte. Los negociadores inexpertos tienen una marcada tendencia a sobreestimar el MAAN de su contraparte, especialmente cuando su propio MAAN deja mucho que desear. Hacen suposiciones injustificadas, a menudo sobre la base de pruebas poco sólidas, y a veces se conforman con condiciones desventajosas. Asegúrate de analizar críticamente las suposiciones que haces sobre las alternativas de tu contraparte.

Entonces, ¿cómo se puede aplicar esto en una negociación real? Si la otra parte ha sobrestimado aparentemente mi MAAN, o si yo tengo un MAAN pésimo y mi contraparte no lo sabe, preferiré dirigir la negociación en otras direcciones que no sean las discusiones sobre el MAAN. Digamos que soy un estudiante recién graduado que acaba de terminar unas prácticas en Londres. Me gustaría mucho encontrar

---

[167] Daniel Kahneman and Amos Tversky, Conflict Resolution, in *Barriers to Conflict Resolution*, ed. Kenneth J. Arrow et al. (New York: W. W. Norton, 1995), 46.

un trabajo allí durante uno o dos años más, pero ahora debo ganar un salario decente o no podré pagar el coste de vida. Sin embargo, la organización con la que hice las prácticas no tiene vacantes. No tengo ninguna oferta a la mano, estoy lamentablemente corto de dinero y tengo un tique aéreo para regresar a casa a finales de la semana. Si consigo una entrevista de última hora, no quiero mencionar mis circunstancias adversas, ya que esto podría tentar a la empresa a hacer una oferta muy baja, sabiendo lo desesperado que estoy.

En el capítulo 9 consideraremos varios temas de ética en la negociación. Por ahora, debe saber que un negociador no tiene ninguna responsabilidad ética que le obligue a revelar a su contraparte su falta de alternativas sólidas.

4. Complejidades del MAAN

En resumen, un análisis adecuado del MAAN depende de la evaluación correcta de sus propias alternativas de salida y de descubrir o evaluar cuidadosamente las de su contraparte. Si la otra parte no está dispuesta a revelar mucho sobre sus alternativas, como suele ser el caso, hay que intentar hacer una hipótesis fundamentada sobre lo que probablemente harán si no se llega a un acuerdo. Posteriormente, para ayudar a determinar lo que hay que hacer para llegar a un acuerdo, hay que sopesar ambas MAAN para ver cuál es más fuerte, en relación con la otra.

Un negociador hábil emplea un análisis racional e imparcial para tratar de evitar la sobreestimación o subestimación de la fuerza de las alternativas de salida de ambas partes. Sin embargo, a menudo ninguna de las partes se abre a la otra en cuanto a su MAAN. La razón es que, si conozco sus alternativas, tendré una buena idea de lo mínimo que aceptarán. En consecuencia, es posible que no ofrezca mucho más que ese mínimo, aunque pueda hacerlo.

Aunque este análisis puede ser sencillo, a menudo es bastante complejo. Cuanto más amplio sea el campo de alternativas, mejor será el MAAN que se designe como el mejor. Sin embargo, ni determinar una gama sólida de alternativas posibles ni seleccionar la más atractiva es una tarea fácil. Puede que tengas que preguntarte a ti mismo: «¿Qué más podría hacer?», y pensar detenidamente y de manera creativa en la respuesta. Y puede que tengas que revisar tus objetivos, imaginar una situación futura que te gustaría alcanzar y preguntarte: «¿Cómo podría conseguirlo?». Y: «¿Con qué riesgos?».

Del mismo modo, cuando un negociador se pone a trabajar para un cliente, una de las tareas más importantes de la preparación previa a la negociación consiste en trabajar juntos en el análisis del MAAN. ¿En qué medida las alternativas disponibles para un acuerdo negociado satisfacen los intereses del cliente, y cuál sería exactamente la mejor alternativa?

También surgen complicaciones porque los MAAN no son estáticos. Durante una larga negociación, una alternativa que antes parecía prometedora puede cambiar o desaparecer por completo. Y, en medio de las conversaciones, la otra parte puede obtener un MAAN mucho más atractivo. De repente, se tendría que hacer mucho más para llegar a un acuerdo que la otra parte acepte.

Otra de las dimensiones clave del análisis del MAAN consiste en evaluar, y quizás hacer referencia, a la mejor alternativa de salida de la otra parte. Si se puede identificar un punto débil en el MAAN de la otra parte, esto puede hacer que se inclinen hacia un acuerdo tan eficaz como lo es centrarse en la fuerza de su alternativa de salida.

En algunas situaciones también es posible que una de las partes de una negociación empeore el MAAN de la otra parte. Imaginemos, por ejemplo, que un equipo de baloncesto negocia con su actual entrenador un nuevo contrato. Si no se llega a un acuerdo, el director general tiene en mente a otro de los mejores candidatos a entrenador y el MAAN del equipo es buscar a ese otro candidato. Sin embargo, los dos entrenadores son amigos, y el entrenador actual convence a su amigo para que diga a los medios de comunicación que no está interesado en el equipo en cuestión. De repente, el director general debe encontrar una alternativa diferente, y tal vez inferior, de salida.

No obstante, a menudo se corren riesgos al trabajar para desmejorar el MAAN de la otra parte en medio de una negociación. Dependiendo de las circunstancias, tal medida puede causar una gran tensión. Puede dañar las relaciones de trabajo o invitar a tácticas en las que la otra parte busque empeorar a su vez su MAAN. Dar o no ese paso puede ser una pregunta complicada sobre la estrategia de negociación.

5. El MAAN y las estrategias de negociación

Conviene destacar algunos puntos estratégicos sobre los MAAN. En primer lugar, si el MAAN de ninguna de las partes parece ser prometedor, la discusión de este hecho podría ser un recordatorio útil de que el acuerdo podría ser el adecuado para alcanzar una resolución negociada y evitar las alternativas de salida que no son las ideales.

En segundo lugar, un negociador que tiene un MAAN débil debería estar preparado, en última instancia, para conformarse con un acuerdo menos ventajoso que si tuviera una alternativa mucho más fuerte de salida. Pero ¿en qué medida debería afectar un MAAN deficiente a los objetivos del negociador? En este caso, la respuesta debe variar de un negociador a otro y de unas circunstancias a otras. Este es otro asunto importante de la estrategia de negociación.

Un negociador con un MAAN complicado suele optar por objetivos menos ambiciosos. Sin embargo, esto no siempre es lo más sensato. En este caso, sopesar los MAAN de ambas partes puede ser revelador. Es posible que la otra parte también tenga un MAAN poco atractivo, su negociador quizá esté muy motivado para ayudar a servir sus intereses. Si ellos perciben que su MAAN es aún peor que el suyo, usted puede estar en una mejor posición de negociación de la que preveía en un principio.

Por otro lado, si cree que puede ocultar las deficiencias de su MAAN, usted podría aspirar a objetivos tan atractivos como si su MAAN fuera en realidad mucho mejor. Por ejemplo, un candidato a un puesto de trabajo con un currículum impresionante, pero con una oferta de trabajo no muy atractiva y sin perspectivas inmediatas de otra oferta de trabajo, podría pedir un salario relativamente alto, confiando en que el empleador considerará una serie de alternativas de trabajo que, de hecho, no existen en esos momentos.

En tercer lugar, preguntar a la contraparte qué podría hacer si no se llega a un acuerdo puede ser un asunto delicado. Sin embargo, conocer el MAAN de la contraparte puede ser muy útil. Un negociador que ha dedicado tiempo, esfuerzo y análisis a desarrollar relaciones positivas con una contraparte puede no querer ponerlas en peligro con preguntas ofensivas. Sin embargo, puede esperar un momento oportuno para hacer una pregunta algo sensible, y podría obtener una respuesta reveladora.

En general, creo que los negociadores tienden a hacer pocas preguntas sensibles, y no demasiadas. Si planteas una pregunta y la contraparte se niega a responderla, el hecho de tener una relación de trabajo sólida suele permitirte seguir adelante sin repercusiones significativas. Y, si la contraparte esquiva tu pregunta, es muy posible que tú también hayas aprendido algo de ese hecho.[168]

Por último, en la preparación de la prenegociación se pueden considerar las siguientes preguntas.

Si tengo un MAAN débil, ¿qué es lo que no quiero revelar al respecto y cómo voy a ocultar esa información a la otra parte sin perjudicar la relación positiva que he intentado desarrollar en el transcurso de mis conversaciones con ella?

Suponiendo que me gustaría mucho descubrir si mi evaluación del MAAN de la contraparte es correcta o incorrecta, ¿cómo podría hacerlo sin ofender a la contraparte o sin que la negociación se torne incómoda?

B. Incluir el apalancamiento en la negociación

1. El concepto de apalancamiento

El apalancamiento se refiere a la capacidad de un negociador para hacer que la otra parte haga lo que él quiere, lo que en última instancia aumenta las posibilidades del negociador de obtener un resultado beneficioso. Hace referencia al funcionamiento de una palanca. Una barra fuerte, colocada en la posición correcta, y luego presionada, puede desplazar o mover un gran peso, incluso uno que en principio podría parecer imposible de mover.

El abogado de Boston Bob Woolf, un renombrado agente deportivo y de espectáculos del siglo XX, señaló en una ocasión: «Cada motivo por el que la contraparte quiere o necesita un acuerdo es mi apalancamiento, siempre y cuando yo conozca esos motivos».[169] Después de señalar que «El apalancamiento se basa en la *percepción* que la contraparte tiene de la situación», un experto concluyó: «Usted tiene el apalancamiento

---

[168] James Freund, *Smart Negotiating* (New York: Simon & Schuster, 1992), 66.
[169] Bob Woolf, *Friendly Persuasion* (New York: Putnam, 1990), 129.

que la contraparte cree que usted tiene. Si la otra parte cree que usted está en una posición fuerte, lo está, al menos por el momento».[170]

Cuando una de las partes considera que tiene apalancamiento, un aspecto estratégico clave es cómo aplicarlo de la mejor manera posible. ¿Dejamos que el apalancamiento funcione tranquilamente, o hay un momento oportuno para plantear algo que sirva de apalancamiento? ¿Cómo puede hacerse de forma suave y eficaz, y no torpe e ineficazmente?

Entonces, cuando el negociador siente que la contraparte tiene apalancamiento, la cuestión se convierte en cómo enfrentarse a él, cómo evitar que el apalancamiento de la contraparte provoque un mal resultado. A este respecto, hay que tener en cuenta que algunos negociadores tienden a dar demasiada relevancia a los aspectos relacionados con el apalancamiento. Un abogado experimentado aconsejó:

> No te obsesiones con algún factor positivo que favorezca a tu contraparte, ni te paralices por un factor negativo inquietante que socave tus intereses. Más bien, mantén los ojos abiertos para encontrar factores compensatorios que se hayan pasado por alto para mitigar ese apalancamiento. Mejor aún, añade algunos ingredientes nuevos y útiles a la olla.[171]

Para comprender el efecto del apalancamiento en una negociación, consideremos el siguiente ejemplo. Una joven pareja está interesada en comprar una de tres fincas bastante similares, cada una de las cuales tiene un precio superior al que la pareja puede pagar cómodamente. La primera propiedad pertenece a una viuda que ha vivido allí sola durante algunos años y que reconoce que debe trasladarse a un hogar de ancianos en algún momento. La segunda cuenta con un establo para caballos y ya ha recibido visitas de varios posibles compradores interesados. La tercera es propiedad de dos personas que acaban de concluir un amargo divorcio y se han trasladado cada una a ciudades a cientos de kilómetros de distancia.

«La existencia de varios compradores potenciales para la segunda propiedad proporciona una ventaja al vendedor. La competencia presiona al comprador para que pague lo máximo», se ha observado, «al tiempo que endurece la decisión del vendedor de esperar».[172] Las circunstancias personales a las que se enfrenta la pareja divorciada —

---

[170]   Richard Shell, *Bargaining for Advantage* (New York: Penguin Books, 1999), 111.
[171]   Freund, 50.
[172]   Ibid., 44.

razones por las que se sentirían obligados a vender lo antes posible—
proporcionan al comprador una ventaja considerable que sería menos
reveladora en las negociaciones para reducir el precio de compra
fijado por la viuda, cuya mudanza proyectada no es inmediatamente
necesaria. Por lo tanto, dado que la pareja piensa que las tres fincas
tienen aproximadamente el mismo valor para ellos, la mejor opción
para reducir el precio de compra sería la tercera propiedad, de la cual es
dueña la pareja recién divorciada.

2. Evaluar el apalancamiento de las partes

a. La Fuerza de los deseos y las necesidades

A la hora de evaluar el apalancamiento general, hay que tener en
cuenta que, al igual que A puede tener apalancamiento respecto a B
debido a ciertos factores, B puede tener apalancamiento respecto a en
otros aspectos. Por lo tanto, debemos ser cuidadosos y observar ambos
lados de la ecuación para no distorsionar los resultados. ¿Tiene la Parte
A sus propias necesidades y temores, y puede la Parte B resolverlos
mediante algo que podría aceptar? A menudo, lo más importante es el
equilibrio de fuerzas entre las partes.

Evaluar el apalancamiento de las partes requiere valorar qué lado de
la balanza pesa más. ¿Pesa más la influencia de A sobre B, o prevalece
la de B sobre A? ¿Quién tiene la ventaja en una situación concreta?
preguntó Richard Shell: «¿Qué controlo yo que la otra parte quiere,
qué controlan ellos que yo quiero, y quién puede perder más si no se
llega a un acuerdo?».[173]

El equilibrio de fuerzas implica las ventajas y desventajas
comparativas de las distintas partes. Para evaluarlo, hay que considerar
primero lo que las partes quieren o necesitan. Es de esperar que
cualquier negociador que tenga o controle algo que sea valioso para la
otra parte intente obtener bastante a cambio.

Es evidente que, en muchos casos, hay varios factores que influyen
en el apalancamiento. A veces, el apalancamiento está equilibrado entre
las partes, y otras veces se acumula en una parte mucho más que en
la otra. Un abogado, con experiencia en la negociación de acuerdos
complejos, señaló que a veces los factores que crean apalancamiento
«operan en tándem, multiplicando los efectos de cada uno. En otros

---

[173] Shell, 110.

momentos funcionan de forma cruzada, compitiendo por el dominio y neutralizando el impacto general».[174]

La preocupación por el apalancamiento es una de las razones importantes por las que los negociadores no revelan todos sus pensamientos más íntimos a los demás. Un negociador podría razonar: si hay algo que particularmente necesito o temo, no quiero que la contraparte se enfoque en ello. Por la misma razón, si mi contraparte se siente realmente vulnerable, es posible que no quiera revelar hechos que sugieran que la situación es mejor de lo que ellos piensan. Dado que cada parte puede querer mantener en secreto ciertos asuntos relacionados con apalancamiento, los negociadores a menudo tienen que hacer suposiciones sobre lo que realmente está sucediendo.

Al evaluar las necesidades de la contraparte, el negociador debe considerar cuidadosamente el MAAN de esa parte. Comparar los MAAN de las partes revela un aspecto importante de su apalancamiento real. La parte con el MAAN más favorable tiene ventaja, ya que no pierde tanto en caso de que las negociaciones no lleguen a un acuerdo. En consecuencia, como dijo un académico, la parte que «tiene alternativas realmente atractivas... puede legítimamente aspirar a una mayor porción de la torta que crearon conjuntamente».[175]

Además, indicar que alguien podría abandonar el acuerdo es un movimiento mucho más revelador para la parte que tiene más influencia. Aquel que tenga un MAAN más fuerte no se sentirá tan obligado a llegar a un acuerdo, pero tener un MAAN débil hará que la parte se sienta menos cómoda y más necesitada de un acuerdo.

Si usted puede mejorar su MAAN, disminuirá el apalancamiento de la otra parte sobre usted y aumentará su propio apalancamiento. Por ejemplo, imaginemos que un catedrático se presenta a una entrevista para un puesto de presidente en otra universidad. Si el catedrático lleva la nueva oferta ante las directivas de su antigua universidad, es muy posible que estas le ofrezcan un aumento salarial considerable. Y esto podría hacer que la otra universidad mejore su oferta. El catedrático ha creado una subasta improvisada entre las universidades competidoras y puede obtener grandes beneficios.

---

[174] Freund, 93.
[175] Raiffa, with Richardson and Metcalfe, 200.

b. Urgencia: la presión del tiempo

A la hora de evaluar el apalancamiento, es importante centrarse no solo en la magnitud de las necesidades y los temores en cuestión, sino también en su urgencia. En ocasiones, ambas partes sienten por igual la presión del paso del tiempo, pero normalmente los tiempos para un posible acuerdo presionan más a una parte que a la otra.

Una parte podría tener deseos y preocupaciones importantes, y verlos como una crisis que requiere una acción inmediata. Pero también puede ser que no sienta la necesidad de resolverlos inmediatamente. O bien, sus temores y deseos podrían ubicarse en algún punto intermedio entre esos dos extremos. Cuanto más apremiante sea su necesidad y menos alternativas tenga para satisfacerla, más ventaja tendrá quien pueda satisfacerla. Así pues, el negociador experimentado sigue evaluando: ¿cuán urgentes son las preocupaciones y los deseos de la contraparte, y cuán urgentes son los que motivan a mi parte?

Tenga en cuenta que este es otro asunto en el que una de las partes puede no querer ser totalmente sincera con su contraparte. Dado que los negociadores experimentados estarán atentos a las señales de necesidad intensa, las apariencias importan. Un experto observó: «Podemos suponer que el negociador que esté dispuesto a esperar más tiempo, a indagar con más paciencia y a parecer menos ansioso por llegar a un acuerdo tendrá más éxito».[176]

c. La capacidad de quitar algo de valor

Dado que el apalancamiento está estrechamente vinculado a la vulnerabilidad, si una de las partes es capaz de quitarle algo realmente valioso a la otra, tiene apalancamiento sobre ella. Por ejemplo, cuando las partes que están inmersas en un litigio están negociando un posible acuerdo, una de las partes puede ser capaz de manejar los costes previos al juicio mucho mejor que la otra.[177] Al empezar a prepararse para el juicio, una de las partes evidencia que, si no se llega a un acuerdo, la otra pronto gastará recursos considerables en el proceso judicial.

«Para obtener una ventaja real —argumentó Richard Shell— hay que persuadir a la otra parte de que tiene algo concreto que perder en la negociación si el acuerdo fracasa».[178] Supongamos, por ejemplo, una empresa familiar en la que algunos de sus miembros están marcando el rumbo de sus actividades. Otros, sin embargo, están descontentos con la forma en que se

---

[176] Raiffa, 78.
[177] Robert Mnookin and Lee Ross, Introduction, in *Barriers to Conflict Resolution*, 10.
[178] Shell, 99.

dirige la empresa y podrían incluso ver con buenos ojos una venta. En una negociación sobre lo que sucederá en el futuro, los miembros descontentos —aunque sean una minoría— tendrán cierta influencia si los que dirigen la empresa ven viable la posibilidad de efectuar una venta.

Este tipo de apalancamiento puede servir como factor de equilibrio para los débiles. Thomas Schelling, un pensador fundamental en el campo de la negociación, escribió sobre la «deficiencia coercitiva»: «una táctica persuasiva de los débiles, que piden ayuda para no hacer algo que todos puedan lamentar».[179]

d. Influencia normativa

El término «influencia normativa» se refiere al deseo de una parte de actuar de acuerdo con sus propias normas, creencias y principios. Un negociador puede presentar un argumento en términos de los valores de la otra parte, ganando así cierta influencia.[180]

Para ilustrarlo, consideremos las conversaciones con grupos extremistas. Los grupos radicales suelen tener fuertes creencias normativas sobre cómo debe actuar la gente. Un negociador puede apelar al deseo profundamente arraigado de la otra parte de mantenerse fiel a su propio sistema de valores. Durante la crisis de los rehenes de 1979-80 en Irán, el embajador alemán Gerhardt Ritzel mantuvo una serie de conversaciones con líderes religiosos. No argumentó con ellos en términos de derecho internacional o de las normas de las relaciones internacionales modernas. En su lugar, Ritzel se centró en las afirmaciones del Corán, incluidas las referentes al trato amable para con huéspedes y diplomáticos. Este argumento fue llevado directamente al Ayatolá Jomeini y puede haber proporcionado una justificación normativa para la eventual liberación de los rehenes estadounidenses.[181]

---

[179] I. William Zartman and Maureen Berman, *The Practical Negotiator* (New Haven: Yale University Press, 1982), 205.
[180] Raiffa, 104-5.
[181] Michael R. Fowler, The Relevance of Principled Negotiation to Hostage Crises, *Harvard Negotiation Law Review* 12 (2007), 292-94.

3. Utilizar y contrarrestar el apalancamiento

A medida que las partes negocian, pueden sentir la presión de una u otra parte. Cuando ese sentimiento es muy fuerte, una de las partes está en mejor posición para pedir lo que desea. Es decir, puede aprovechar la percepción que su contraparte tiene de su apalancamiento. Sin embargo, cuando una de las partes parece tener mayor apalancamiento que la otra, conviene tener en cuenta que presionar demasiado esa ventaja podría poner en peligro todo el acuerdo.

Si su contraparte parece estar teniendo más apalancamiento, puede valer la pena buscar maneras de contrarrestar esa ventaja. Una forma de hacerlo es que el negociador se esfuerce por generar un mejor MAAN, reduciendo así su necesidad de llevar a cabo el acuerdo. O, cuando una de las partes tiene ventaja porque la otra debe cumplir con un plazo, la parte en desventaja podría intentar crear también un plazo para la contraparte. Por ejemplo, puede preparar un paquete atractivo, pero exigir una respuesta en un plazo determinado.[182]

Debido a que un negociador con apalancamiento tiene algo realmente de valor para alcanzar un acuerdo favorable, los negociadores tratan de evitar que su apalancamiento se debilite. Esto surge a veces en el transcurso mismo de construir una relación. Los negociadores que pretenden desarrollar relaciones sólidas optan a veces por tranquilizar a su contraparte respecto a algún asunto, quizás sin pensar que están sacrificando su apalancamiento al hacerlo. Dar este paso o no es una decisión estratégica, que puede ser útil en determinadas circunstancias. Sin embargo, en general, un negociador experimentado puede buscar otras maneras de construir una relación positiva y conservar su apalancamiento.

Por último, hay que tener en cuenta que el apalancamiento suele ser un factor cambiante, no constante. Mientras los negociadores trabajan entre sí, pueden producirse acontecimientos externos que cambien la opinión de una de las partes sobre lo que quiere o lo necesario que es avanzar. Por lo tanto, teniendo en cuenta que las circunstancias pueden cambiar, puede ser aconsejable presionar para cerrar un acuerdo favorable cuando considere que ha aprovechado bien su apalancamiento y ambas partes estén dispuestas a comprometerse en un acuerdo.

---

[182] Roy Lewicki, Alexander Hiam, and Karen Wise Olander, *Think Before You Speak* (New York: J. Wiley, 1996), 41.

a. Trabajar en coalición

En una negociación con múltiples partes, algunos negociadores pueden unirse en una coalición que aúne fuerzas para trabajar en equipo y tratar de alcanzar algún objetivo. Formar o unirse en una coalición puede favorecer sus intereses. Esta es otra manera de utilizar el apalancamiento o de contrarrestárselo a otros.

i. Crear una coalición

Aunque a veces una coalición surge en la prenegociación o directamente en la mesa de negociaciones, las coaliciones suelen formarse durante un caucus. En ese caso, los miembros de la coalición suelen sentir la necesidad de realizar consultas adicionales durante las conversaciones. A medida que las circunstancias cambian, surgen nuevos hechos o nuevas oportunidades, entonces el grupo debe reunirse para debatir. Algunos miembros de la coalición pueden querer mantener el rumbo anterior. Otros pueden querer consolidar el grupo, disolverlo por completo o cambiar sus objetivos o su estrategia.

ii. Beneficios de las coaliciones

Las partes forman coaliciones para aprovechar la fuerza que aportan los grupos. Se espera que el grupo esté compuesto por aliados afines que le ayuden a servir a intereses fundamentales. Una coalición es especialmente atractiva para una parte que siente que, por sí sola, tiene una capacidad totalmente limitada para influir en los demás en la mesa de negociaciones. El temor es que el grupo en su conjunto no termine apoyando sus objetivos.

Sin embargo, cuando varios partidos más débiles combinan su fuerza y actúan al unísono, pueden convertirse en una fuerza mucho más poderosa. Cuanto mayor sea la coalición, más difícil será para el resto del grupo ignorar los puntos planteados por los miembros de la misma. Si una coalición acuerda que, a menos que todos sus miembros estén satisfechos, no firmará un acuerdo, entonces la coalición puede ser capaz de bloquear un acuerdo en desarrollo.

iii. Dificultades asociadas a las coaliciones

No obstante, es frecuente que mientras ciertos asuntos unen a una coalición, otros la separan. Los miembros suelen tener objetivos, intereses y estrategias algo diferentes. La capacidad de construir una coalición eficaz depende de que se encuentre una manera de unir a la coalición y, tal vez, de aumentar su número de miembros con el tiempo. Aquellos que lideran una coalición se enfrentan al siguiente reto: en una mesa repleta de participantes, donde ninguno de ellos ve la situación igual que tú, ¿puedes crear enfoques comunes que promuevan algunos de tus intereses fundamentales, incluso cuando tus coaligados no estén de acuerdo contigo en otros asuntos?

De hecho, los miembros de una coalición a veces se cambian. Los negociadores experimentados no se sienten obligados a formar parte de una coalición determinada y pueden retirarse de ella o pasar a otra agrupación si surge una posibilidad más ventajosa. Si el resto de la coalición está a favor de tomar un rumbo que una de las partes considera adverso para sus intereses o su estrategia, un negociador que en su momento se unió a esa coalición puede que tenga que retirarse de ella. De hecho, cuando una coalición quiere cerrar un acuerdo en condiciones que serían peores que el MAAN de un miembro de la coalición, este debería abandonar la coalición y empezar a trabajar en contra de ella. Esto se hace a veces formando una contra coalición, a menudo llamada coalición de bloqueo.

iv. Negociadores mixtos

Cuando se trata de grupos grandes, surgen dos o más coaliciones que compiten entre sí, y a veces sus miembros cambian de bando a medida que avanzan las conversaciones. Cuando una negociación se caracteriza por la existencia de coaliciones enfrentadas, un negociador que puede llegar a ser miembro de más de una coalición se denomina «negociador mixto». Los miembros de las distintas coaliciones pueden acercarse a él con la esperanza de convencerle de que se una a ellos. Dado que las distintas coaliciones querrían tener al negociador mixto como miembro, este tiene una influencia de la cual carecen los demás. El negociador mixto puede utilizar diferentes tácticas para aprovechar esa influencia y acercar a los demás miembros de la coalición a su línea de acción ideal. Por ejemplo, el negociador mixto podría suscitar dudas sobre su permanencia en la coalición, quizás reuniéndose con miembros de la coalición contraria.

b. Pros y contras de las coaliciones

La táctica de formar coaliciones suele considerarse un paso positivo que los grupos dan para llegar a un acuerdo. Las partes más fuertes pueden equilibrar en cierta medida su poder con el de las partes más débiles que se han aliado, y se supone que esto dará lugar a una resolución justa.

Sin embargo, aunque las partes fuertes a veces abusan de su fuerza, las débiles, en ocasiones, actúan de manera irresponsable. Una coalición puede tener la capacidad de bloquear un acuerdo o de poner trabas a determinados asuntos. Puede frenar la creatividad y acabar con el espíritu de resolución conjunta que suele ser necesario para resolver problemas complejos. Así pues, la formación de coaliciones puede ser productiva, pero no ayuda automáticamente a las partes a crear una resolución negociada.

C. ¿Qué le da poder a un negociador?

El concepto de «apalancamiento» se refiere al grado en que una parte está en mejor o peor posición para negociar. El concepto de poder de negociación está estrechamente relacionado, pero tiene un alcance más amplio. La pregunta a la que se refiere es «¿Cómo utiliza un negociador los recursos de los que dispone para conseguir un resultado deseado o beneficioso?».[183]

En todos los asuntos humanos, el grado de poder depende de circunstancias particulares. El bravucón del patio de la escuela es poderoso por su tamaño, peso y actitud en comparación con el de los demás niños. Cuando los ejércitos están equipados con las mismas armas, tienen líderes similares y emplean tácticas idénticas, la prueba definitiva de poder puede ser la superioridad numérica. El poder de los buques de la armada puede estar relacionado no solo con el armamento, sino con la velocidad y la maniobrabilidad, la habilidad de los oficiales, la formación y el espíritu de cuerpo de la tripulación.

En el contexto de la negociación, el concepto de poder puede analizarse considerando la autoridad, los medios y las capacidades respectivas de cada una de las partes. Estos son los elementos fundamentales de la fuerza negociadora.

1. Poder y fuerza de negociación

Un primer elemento de la fuerza negociadora es el poder. Las sociedades modernas se organizan mediante jerarquías de autoridad establecidas en los gobiernos, las empresas, las religiones y otras

---

[183] William Habeeb, *Power and Tactics in International Negotiation* (Baltimore: Johns Hopkins University Press, 1988), 15.

organizaciones. La posición de una persona dentro de esa jerarquía puede incluir tanto la autoridad como la facultad legal o institucional para tomar determinadas decisiones. Y, sin embargo, las personas, al enfrentarse a esa jerarquía, siguen negociando a menudo con esa figura de autoridad. Aquí puede entrar en acción el poder de negociación como autoridad.

Por ejemplo, un estudiante puede dirigirse a un profesor para solicitar la presentación del examen final en una fecha diferente. Tal vez el estudiante quiera salir de la ciudad para asistir a una boda, la cual coincide con la fecha del examen. El profesor tiene que hacer llegar a tiempo las calificaciones finales a la secretaría. También tiene que tratar a todos los estudiantes de manera equitativa y tratar de darles la nota final que se merecen, sin dar a ninguno de ellos una ventaja o desventaja en las pruebas. Se negocia entonces para ver si se puede encontrar una fecha de examen alternativa de mutuo acuerdo. Sin embargo, dentro de la jerarquía de la universidad, el profesor tiene la autoridad para determinar si el examen se realizará en la fecha habitual o en otra. Por tanto, la autoridad otorga poder de negociación.

El cargo, los deberes y las responsabilidades de una labor determinada pueden ser un elemento clave del poder de negociación. «A veces las personas responden a las instrucciones de otras, incluso aquellas que no les gustan», se ha señalado, «porque consideran que es adecuado (legítimo) que el otro les dirija y adecuado (obligatorio) que ellos obedezcan». Este es el efecto del poder legítimo. Por tanto, una fuente de poder de negociación es la autoridad. La posición de una persona puede proporcionarle la capacidad de tomar ciertas decisiones. Dentro de esa misma sociedad, estas estarán a menudo cubiertas de cierta legitimidad. En este sentido, el poder está relacionado con la organización social.

2. Medios y poder de negociación

Una segunda dimensión del poder en la negociación tiene que ver con los medios para ejercer influencia sobre los demás con el fin de alcanzar determinados objetivos. Esto incluye no solo la legitimidad de la autoridad, sino cualquier medio que contribuya a la influencia de una parte sobre la otra.

Por ejemplo, una parte con un muy buen MAAN tiene poder de negociación. Aquel que más pueda actuar por su cuenta, si se sale de una negociación, más poderoso es. Como dijo un experto, «mientras mejor sea mi salida (MAAN) y más creíble sea mi voluntad de salirme, más poder tendré en la negociación».[184]

Tenga en cuenta que ciertos medios o instrumentos de poder solo pueden ser eficaces para determinados fines específicos. El poder para lograr un objetivo puede no corresponder al poder para lograr otro. Como dijo Karl Deutsch:

> El poder de derribar a una persona no nos da el poder de enseñarle a tocar el piano o a hacer cálculos o patinaje artístico. El poder de bombardear e incendiar un pueblo no puede traducirse completa o fácilmente en el poder de ganarse la simpatía de sus habitantes, o de gobernarlo con su consentimiento, ... [o] para generar ... las habilidades, valores y ... lealtades ... esenciales para un gobierno democrático.[185]

Además, entre mayor sea la fuerza, más difícil de manejar será para determinadas tareas. En este sentido, Deutsch señaló:

> Un elefante agresivo puede derribar un gran obstáculo, pero no puede enhebrar una aguja. De hecho, no puede hacer un giro en ángulo recto en un radio de un metro. Cuanto mayor sea la fuerza bruta, la masa, la velocidad y el impulso del elefante, más difícil le resultará controlar sus propios movimientos y menos preciso será su control.[186]

Los medios o instrumentos de poder tienen entonces que ser planificados para que, de hecho, influyan en el comportamiento de la otra parte. ¿Una de las partes quiere algo de lo que la otra dispone? Aquí entran en juego los aspectos relacionados con la influencia que ya hemos mencionado. ¿Cuál es la urgencia de su necesidad y existen otros posibles proveedores?

Las percepciones también pueden ser muy significativas en este sentido: lo que mi contraparte piensa sobre mi fuerza puede ser mayor que la fuerza que realmente tengo. «La otra parte puede estar tan influenciada por una hilera de tanques de cartón como por un batallón de tanques reales», señaló Roger Fisher. Sin embargo, añadió, «un general que comanda un batallón con tanques reales... está en una posición mucho más fuerte que uno al mando de una hilera de tanques

---

[184] Sebenius, 164.
[185] Karl Deutsch, *Analysis of International Relations* (Englewood Cliffs: Prentice-Hall, 1978), 31.
[186] Ibid., 31-32.

de cartón. Una falsa impresión de poder es extremadamente vulnerable, capaz de ser destruida por una palabra».[187]

3. Capacidad y fuerza de negociación

Hay otra dimensión de poder que no tiene que ver ni con la autoridad ni con los medios sustanciales, sino con la capacidad de negociación. A menudo se piensa en el poder en términos de si uno tiene la capacidad de conseguir lo que quiere, de prevalecer en la consecución de un objetivo superando posibles obstáculos. En esta perspectiva, el poder de negociación se define como la capacidad de influir en las decisiones de los demás.

En muchas negociaciones, esta clase de poder de negociación proviene en primer lugar de la habilidad, el conocimiento y la experiencia.[188] Un negociador con poder es más ingenioso, tiene mejores ideas, una estrategia superior o más experiencia sobre cómo prepararse y cómo proceder. A este respecto, un experto señaló: «Las buenas relaciones de trabajo basadas en una combinación de respeto, admiración, necesidad percibida, obligación y cordialidad son una fuente esencial de poder para ayudar a hacer las cosas».[189]

Habilidades avanzadas tales como encontrar información relevante, y luego reunirla, organizarla y presentarla, son otras de las posibilidades que pueden influir sobre la contraparte.[190] La fuerza en la negociación también proviene de las buenas ideas sobre cómo reunir hechos y hacer preguntas; cómo comunicarse (escuchar y argumentar), y cómo generar opciones creativas y encontrar paquetes prometedores que puedan lograr un acuerdo.

La experticia en materia de negociación es una forma similar de poder. Una persona experta domina una habilidad o conjunto de conocimientos. Sus argumentos tienen credibilidad y a los expertos «se les concede respeto, deferencia y credibilidad en función de su experiencia, estudios o logros».[191] Por lo tanto, las habilidades, la experiencia y la capacidad de una persona son otro aspecto del poder de negociación.

---

[187] Roger Fisher, Negotiating Power, *American Behavioral Scientist* 27 (1983), 150.
[188] Ibid., 153-55.
[189] John Kotter, *Power and Influence* (New York: Free Press, 1985), 40.
[190] Lewicki, Saunders, and Minton, 135.
[191] Ibid., 136-37.

4. Evaluar el poder de negociación

Al trazar la estrategia e interactuar en la mesa de negociación, los negociadores expertos evalúan el poder de negociación que ejercen ellos y su contraparte. También pueden trabajar para modificar la distribución de poder existente, por ejemplo, mejorando su alternativa de salida (*walk-away*). A este respecto, los autores de *Obtenga el sí* afirmaron: «Desarrollar su MAAN es quizá la medida más eficaz que se puede tomar para enfrentarse a un negociador aparentemente más poderoso».[192] En cualquier caso, la fuerza es una variable que interviene en sus pensamientos sobre qué objetivos son realistas y qué soluciones a un problema u oportunidad de negociación deben adoptarse.

Sin embargo, en un escenario de cualquier complejidad, evaluar quién tiene poder de negociación, y cuanto, puede ser un reto, y a menudo conviene ser precavido. «El poder total de negociación», como observó Roger Fisher, «depende de muchos factores... Ejercer el poder de negociación con eficacia significa ordenar esos factores de manera que se maximice su impacto acumulativo».[193] Si una parte va a ser capaz de hacerlo bajo las circunstancias de una negociación en particular es una pregunta abierta.

Por otra parte, el poder de negociación es un concepto tan complicado que puede resultar bastante difícil evaluarlo. El poder es intrínsecamente relativo y cambiante, pero no absoluto y constante. Lo que hace fuerte a un negociador puede diferir de un conjunto de circunstancias a otro. El poder también es relativo a la tarea que se realiza. No se puede decidir racionalmente si se tiene suficiente poder a menos que se sepa qué se pretende conseguir con ese poder.

Asimismo, el poder de una parte es relativo al poder de las demás. Es decir, el alcance del poder de una parte depende en cierta forma de las necesidades, los recursos y las vulnerabilidades de su contraparte. Además, el poder es relativo a las limitaciones que puedan existir en el uso de ese poder. Por ejemplo, en un nivel, los Gobiernos a cargo de los Estados que poseen armas nucleares tienen un poder de élite. Sin embargo, dado que desde la Segunda Guerra Mundial se han desarrollado importantes limitaciones en cuanto a su uso, o incluso la amenaza de uso, de armas nucleares, disponer de un arsenal nuclear puede no ser un factor decisivo respecto a muchos asuntos internacionales.

---

[192] Fisher, Ury, and Patton, 106.
[193] Fisher, 152.

Las partes menos fuertes tienden a menudo a subestimar el poder que tienen y a sobrestimar el poder que se ejerce contra ellas. La parte más fuerte suele sentir claramente las limitaciones que pueden impedirle ejercer su poder. Sin embargo, la parte más débil suele pasar por alto o no comprender estos factores limitantes.

Los autores de *Obtenga el sí* destacaron los riesgos de intentar determinar qué parte es más fuerte y luego basar el manejo de la negociación en esa evaluación:

> Si concluyes que eres más fuerte, podrías relajarte y no prepararte tan bien como deberías. Por otro lado, si llegas a la conclusión de que eres más débil que la otra parte, existe el riesgo de que te desanimes y que, una vez más, no dediques suficiente interés a cómo podrías persuadirles.[194]

En su lugar, sugieren prepararse cuidadosamente, buscar aliados y recursos, y pensar positivamente —establecer objetivos desafiantes y aspirar a alcanzarlos.

5. El poder y la «negociación a la sombra»

La fuerza se aplica a veces mientras las personas negocian sobre los asuntos de fondo que tienen ante sí. Pero también se emplea a veces en lo que dos estudiosos han denominado la negociación a la sombra. Esto implica «qué intereses y necesidades prevalecerán, qué opiniones importarán y cómo cooperarán [las partes]... para trabajar juntas».[195]

La negociación a la sombra tiene que ver con las opiniones, la credibilidad, la legitimidad e influencia, ya que las partes se posicionan unas con respecto a otras. Los negociadores que participan en la negociación a la sombra afirman su poder a través de movimientos estratégicos, a menudo diseñados para poner a otros negociadores a la defensiva debilitando su confianza o competencia. Pueden cuestionar la experiencia de otro negociador, menospreciar sus ideas o criticar su estilo. Por otro lado, un movimiento estratégico podría ser halagar a otro o intentar generar empatía.

El negociador al que se dirige la movida estratégica puede responder con el silencio, con una contra movida defensiva o con lo que Kolb y Williams llaman un «giro»: es decir, resistir la movida estratégica, cambiar la dinámica y replantear el punto que se está discutiendo.

---

[194] Fisher, Ury, and Patton, 178-79.
[195] Deborah Kolb, Strategic Moves and Turns, in *The Negotiator's Fieldbook*, 401.

Por ejemplo, un negociador puede interrumpir las conversaciones con un receso o mostrar que reconoce la maniobra cuestionándola, corrigiéndola o desviándola.

Deborah Kolb se basó en las negociaciones comerciales internacionales para relatar un ejemplo de movimiento estratégico y el giro resultante. La representante comercial de EE.UU., Charlene Barshevsky, estaba negociando un asunto de propiedad intelectual con un homólogo chino, que de repente se inclinó hacia delante de forma amenazante y declaró: «O lo tomas o lo dejas». Kolb escribió:

> Barshevsky, sorprendida por el duro tono, sorprendió a su homólogo sentándose en silencio. Esperó entre 30 y 40 segundos —una eternidad dada la intensidad de la negociación— y volvió con una respuesta prudente: Si la opción es tomarlo o dejarlo, por supuesto que lo dejaré. Pero no creo que usted se refiera a eso. Creo que lo que usted quiere decir es que le gustaría que pensara en su última oferta y que podemos continuar mañana.[196]

Barshevsky dio un giro a la maniobra estratégica interrumpiendo el flujo de la negociación con el silencio, demostró que no se dejaba engañar por la maniobra y que no funcionaría y volvió a desviar la atención hacia el problema, al tiempo que sugería a la otra parte que reconsiderara su posición y volviera a convocar las negociaciones más tarde. De hecho, los chinos volvieron con un acuerdo a la mañana siguiente.

E. Conclusión

Las alternativas de salida de las partes, incluyendo sobre todo su mejor alternativa a un acuerdo negociado, su influencia y el poder de negociación del que dispone, constituyen una parte importante del contexto más amplio en el que se desarrolla una negociación. Teniendo en cuenta el MAAN de las partes, maximizando la influencia del apalancamiento que tienen y minimizando el de la otra parte, al tiempo que se aprovecha el poder que pueden aportar, los negociadores pueden avanzar hacia la búsqueda de puntos en común que sean favorables. Con ello me refiero a una resolución que sirva bastante bien a los intereses del negociador, sin dejar de ser aceptable para las partes, ya que es beneficiosa para ambas y mejor de lo que cualquiera pudiese hacer fuera de la mesa de negociaciones.

---

[196] Ibid., 405, citing James Sebenius and Rebecca Hulse, *Harvard Business School Case: Charlene Barshevsky (B)* (2001).

Capítulo 6
Resolución de problemas: establecer criterios objetivos, opciones creativas y afrontar eficazmente los obstáculos

A medida que los negociadores exploran sus objetivos, posiciones e intereses, también comienzan a imaginar cómo podría ser un posible acuerdo negociado. Los negociadores posicionales pueden tender a acortar el proceso de generación de opciones. En su lugar, cada parte se centra en su resolución preferida, y cada una suele tratar de convencer a la otra de los errores de sus propuestas y de las ventajas de la propuesta que está presentando. Entonces, con demasiada frecuencia, los negociadores que persiguen varios enfoques se fijan en la primera resolución que se discutió y que ambas partes podrían aceptar.

En lugar de conformarse con un acuerdo mediocre, los negociadores deben aspirar a alcanzar un acuerdo óptimo. El enfoque de la negociación basada en intereses consiste en que las dos partes trabajen juntas para intentar construir un resultado que sirva a los intereses claves de ambas partes como para que cada una se sienta motivada a firmar. El proceso de negociación se centra en la generación de múltiples opciones, examinándolas para encontrar las más prometedoras, alineando las opciones para que sirvan a los intereses, y luego desarrollando ideas creativas. Se mezclan y combinan diferentes elementos de posibles resoluciones, se eliminan algunos puntos y se añaden otros, con el objetivo final de llegar a una muy buena resolución, con la que ambas partes estén de acuerdo.

A. Cómo abordar los problemas de la negociación distributiva

Las negociaciones a veces fracasan porque a menudo es muy difícil o poco agradable para una de las partes ceder a lo que la otra exige. Este es el caso, sobre todo, de la negociación distributiva. Se trata de problemas que exigen la distribución entre las partes de dinero, bienes, inmuebles u otras cosas de valor. En este caso, cada cosa que se asigna a una de las partes, beneficiándola, no se le asigna a la otra, dejándola en peor situación de la que podría estar.

La distribución de objetos de valor no es más que un aspecto de la negociación. Una negociación también puede referirse a «cuestiones de reconocimiento, de dignidad, de aceptación o de derechos y justicia».[197] O bien, una negociación puede girar en torno a cómo crear más de aquello que les gusta a ambas partes. De hecho, los negociadores suelen sentir cierta tensión entre trabajar juntos de manera creativa para crear un pastel más grande, supuestamente beneficioso para ambos, y obtener una mayor porción del pastel ya existente.[198]

«Si dos negociadores quieren algo —se ha aconsejado—, la primera pregunta que viene a la mente no debe ser "¿cómo puedo conseguir la mayor parte?", sino "¿cómo podríamos ganar más?"».[199] En este caso, para llegar a un acuerdo óptimo, puede ser útil «evitar las "reclamaciones" prematuras, concentrarse en construir un gran pastel para compartir y no preocuparse demasiado pronto por cómo repartirlo».[200]

También hay que tener en cuenta que, en un momento dado, los negociadores tienden a pensar de forma creativa, tratando de encontrar un nuevo valor, *o* de forma distributiva, tratando de reclamar valor para sí mismos. Rara vez piensan en estas dos facetas de la negociación simultáneamente. En consecuencia, podrían precipitarse a aceptar una forma creativa de sortear un punto de estancamiento sin considerar la mejor manera de obtener la parte más provechosa posible de los beneficios de la solución propuesta.[201]

Teniendo en cuenta estos puntos preliminares, es importante reconocer que la mayoría de las negociaciones complejas implican importantes problemas de distribución. Averiguar cómo manejar estos asuntos de manera que ambas partes puedan respaldarlos es un reto al que hay que enfrentarse en algún momento. Comencemos este capítulo sobre la resolución de problemas pensando en este punto clave.

---

[197] I. William Zartman and Maureen Berman, *The Practical Negotiator* (New Haven: Yale University Press, 1982), 84.

[198] Howard Raiffa, with John Richardson and David Metcalfe, *Negotiation Analysis* (Cambridge: Harvard University Press, 2002), 191.

[199] Roger Fisher and Danny Ertel, *Getting Ready to Negotiate* (New York: Penguin Books, 1995), 35.

[200] Raiffa, with Richardson and Metcalfe, 205.

[201] Lax and Sebenius, 168.

1. Buscar normas neutrales y criterios objetivos

Los teóricos de la negociación basada en intereses aconsejan que los asuntos de distribución se tomen como un problema que las partes comparten y para el que debería bastar una resolución justa y equitativa. Su objetivo es utilizar el deseo mutuo de llegar a un acuerdo justo para delimitar, o poner entre paréntesis, un área de posibles resoluciones razonables.

Dependiendo de las circunstancias, las partes pueden recurrir a diferentes criterios de equidad. Por ejemplo, podrían ligar la distribución a lo que cada parte aportó o a lo que cada parte necesita. A veces, la solución a un problema distributivo consiste en encontrar un proceso justo y viable para distribuir las cosas que están en disputa. ¿Existe una manera justa de dividir las cosas? En este caso, ¿podría tener sentido que las partes acordaran turnarse para reclamar los beneficios? O bien, ¿podría un negociador dividir las cosas en lotes y el otro tener la primera opción? O bien, ¿podría un tercero al que ambos respeten tomar las decisiones distributivas?

En muchos casos, un buen enfoque de los problemas distributivos implica encontrar una o más normas neutrales o criterios objetivos que hablen del tema. Como escribió Jeswald Salacuse:

> Tanto si negocias un salario, la venta de un coche o tu parte de los beneficios de una sociedad, vincular tus propuestas a un criterio objetivo... te hace más persuasivo. Pedir un aumento de sueldo para poder pagar su Ferrari, su apartamento en Park Avenue y sus dos semanas anuales en St. Bart's es mucho menos convincente que justificar su petición basándose en el sueldo de su antecesor o de otros con su misma preparación en el mismo sector.[202]

El truco consiste en descubrir una norma objetiva que se dirija tanto a su contraparte como a usted. En este caso, la existencia de algún tipo de precedente podría sugerir cómo determinan las partes lo que constituye un resultado justo. También podría ser útil la opinión de un experto externo. A medida que las partes exponen puntos relevantes relacionados con el valor de mercado, las tendencias del sector, datos comparables, un índice del coste de vida u otras normas que puedan considerarse justas,

---

[202] Jeswald Salacuse, *The Power of Standards*, TUFTS MAGAZINE (Winter 2007), http://emerald. tufts.edu/alumni/magazine/winter2007/columns/life.html.

razonables o legítimas, pueden reducir el campo de posibles resoluciones, y acercarse mucho más a un acuerdo final negociado.

El punto esencial es que uno debe entrar en esta fase de la negociación preparado para mantener una conversación inteligente con sus contrapartes sobre los criterios en los que se debe confiar. El uso de criterios externos puede alejar el foco de atención del tira y afloja de la negociación posicional y ayudar a conseguir un acuerdo que ambas partes consideren adecuado apoyar. El hecho de poder establecer un precedente lógico también podría ayudar a una de las partes a explicar a —clientes, jefes, partes interesadas, figuras de los medios de comunicación, espectadores— por qué tiene sentido aceptar el acuerdo.

Consideremos aquí un ejemplo sencillo del uso de una norma neutral. Un comprador y un vendedor que negocian la posible venta de un coche usado podrían consultar los precios del Kelley Blue Book para un vehículo de ese modelo concreto fabricado en ese año concreto. Pueden seguir analizando si el coche en cuestión debe valorarse por encima o por debajo del precio indicado debido a su estado, los kilómetros recorridos, el historial de accidentes u otros factores. La referencia a una fuente neutral como el *blue book* sirve para proporcionar un punto de partida útil. Ayuda a definir una zona de resoluciones razonables. Existen fuentes similares para valorar otro tipo de artículos, ya sean antigüedades, obras de arte, tarjetas de béisbol y muchos otros.

Dependiendo del problema que tengan frente a ellos, los negociadores podrían encontrar criterios objetivos relevantes que podrían aplicarse a sus circunstancias en diferentes ámbitos. Los datos científicos podrían encajar en un contexto; los principios éticos o filosóficos, en otro; un razonamiento histórico podría encajar en un tercero. Sin embargo, el criterio objetivo en el que muchos negociadores se basan con más frecuencia tiene que ver con prácticas pasadas. Los autores de *Obtenga el sí* aconsejan:

> Pocas cosas facilitan tanto una decisión como la existencia de un precedente. Búsquelo. Busque una decisión o declaración que la otra parte haya tomado en una situación similar e intente basar una propuesta para un acuerdo en ella. Esto proporciona una norma objetiva para su petición y hace que sea más fácil para ellos aceptarla.[203]

---

[203] Roger Fisher, William Ury, and Bruce Patton, *Getting to Yes*, 2nd ed. (New York: Penguin, 1991), 78.

Cuantas más veces pueda demostrar un negociador que se ha seguido un precedente en concreto, más influyente parecerá. La contrapartida obvia es sugerir que el precedente no aplica muy bien, ya que las circunstancias en cuestión difieren en aspectos importantes. Aun así, el argumento de que deben seguirse las prácticas del pasado puede ayudar a las partes a trabajar hacia una resolución justa que ambas puedan apoyar.

En el ámbito comercial, los abogados experimentados y especializados en fusiones y adquisiciones probablemente hayan representado a veces al vendedor y otras veces al comprador en estas transacciones. Una pregunta pertinente podría ser: al negociar desde la otra parte, ¿qué condiciones consideraba entonces el abogado que debían figurar en el contrato de compraventa?

En Estados Unidos, el abogado de un comprador que está negociando la compra de una empresa que cotiza en bolsa puede revisar los acuerdos archivados en la Comisión de Valores y Bolsa que el vendedor o su abogado han negociado en el pasado. El esfuerzo consistiría en persuadir al vendedor para que incluya algunas de las mismas condiciones en la transacción actual. El abogado del comprador podría argumentar a la contraparte:

> En un acuerdo anterior, cuando usted representaba a una parte en la posición en la que está mi cliente ahora, argumentó a favor de que estos términos eran justos y necesarios. Por lo tanto, debería ver mi necesidad de las mismas garantías ahora que represento a esa parte en un problema similar.

Crear un resultado que las distintas partes consideren equitativo también puede ser importante para que el acuerdo finalmente se aplique. Es más probable que las partes acepten las condiciones que ambas consideren objetivamente justas. Por ello, las resoluciones negociadas que se basan en normas tienen más probabilidades de ser duraderas y funcionales. El uso de normas neutrales también tiene el potencial de lograr un acuerdo de manera amistosa, lo que es importante para las sólidas relaciones de trabajo que ambas partes quieren mantener a lo largo del tiempo, quizás incluso después de cerrado el acuerdo.

Pensemos en una negociación contractual en la que una empresa quiere contratar a un posible empleado, al que le gustaría mucho trabajar para ella. En este caso, hay una amplia zona de posible acuerdo (ZOPA). El empleador dispone de un amplio presupuesto para la contratación y el empleado está dispuesto a aceptar cualquiera de las posibles cifras salariales. Por supuesto, dentro de esa zona, la empresa preferiría pagar un salario lo más bajo posible. En tal situación, los negociadores podrían preguntar: «¿Qué posibles normas o criterios salariales parecen más convincentes en estas circunstancias concretas, y por qué?».

En el transcurso de una negociación, una de las partes puede sugerir una resolución concreta, quizás estableciendo una cifra que le gustaría recibir. Pensemos, por ejemplo, en el precio de venta de una empresa. Para convertir esa posición en una búsqueda de criterios objetivos adecuados, un negociador basado en intereses podría preguntar: «Si la cifra que acabas de proponer es la correcta, ayúdame a ver por qué lo crees». Este tipo de discusión está diseñada para que la contraparte justifique una cifra determinada, y tiende a llevar a los negociadores hacia una conversación sobre las normas. Se puede empezar a discutir, por ejemplo, lo que el comprador pagó por la empresa e invirtió en ella a lo largo de los años, descontando el desgaste de la propiedad y otras depreciaciones del valor.

2. Determinar cuál es la norma a utilizar

En ocasiones, ambas partes llegarán al mismo criterio objetivo, o a uno similar, mientras examinan un problema de negociación. El vendedor y el comprador pueden considerar que las ventas de casas comparables en los últimos dos años es un criterio justo o que tres avalúos hechos por diferentes tasadores profesionales deberían proporcionar una estimación aproximada del valor de una propiedad. Si las partes tienen en mente normas paralelas, puede surgir en poco tiempo una resolución justa de los asuntos distributivos.

Sin embargo, con frecuencia la búsqueda de normas neutrales o criterios externos no produce inmediatamente un acuerdo sobre cómo deben proceder las partes. Puede ser que cada parte tenga su propia norma que sugerir, o tal vez múltiples normas, y que cada una intente defender las que le sean más favorables. Una de las partes está convencida de que una norma es razonable, y la otra puede encontrar otro criterio más acertado. O, bajo ciertas circunstancias, un negociador puede argumentar que un precedente o norma citada es en sí misma injusta o parcial y, por lo tanto, debe ser ignorada.

Como parte del proceso de discusión de los diferentes criterios objetivos y de si deben aplicarse o no, se exponen razones que favorecen una norma y ponen en duda la validez de otra. Los criterios más específicos, más directos, suelen ser más persuasivos que los factores más generales. Pero, a menudo, una parte propondrá criterios objetivos, y la otra encontrará defectos en ellos, tal vez argumentando que los hechos notables difieren.

Por ejemplo, un equipo de béisbol profesional que esté negociando con un lanzador que es agente libre puede referirse al salario de otro lanzador con características similares. Los agentes del lanzador podrían sugerir que las características de su cliente son en realidad mejores en algunos aspectos importantes que las del lanzador que el equipo considera comparable. Por otra parte, los agentes del jugador podrían argumentar que su cliente aportaría otros activos intangibles al equipo, como el liderazgo o la experiencia en el lanzamiento bajo presión.

Por lo tanto, una característica clave de la negociación puede ser la determinación de lo que ambas partes pueden acordar como justo en las circunstancias a las que se enfrentan. A veces, a medida que las partes escuchan los puntos de vista de la otra, pueden añadirse criterios complementarios que sean mutuamente aceptables. Otra posibilidad es que las partes elijan o lleguen a un acuerdo entre múltiples criterios objetivos.[204] En este caso, las siguientes preguntas pueden ser útiles.

¿Se ha utilizado una norma con más frecuencia o se ha aceptado más ampliamente?

¿Se adapta mejor a la situación en cuestión?

Si las distintas partes siguen en desacuerdo, ¿podrían acordar la elección de un tercero encargado de hacer una elección obligatoria entre distintas posibilidades?

En algunas ocasiones, los criterios objetivos disponibles simplemente no parecen ajustarse a la situación del momento. A veces, como observó un experto:

> puede que no haya ninguna razón de peso para la distribución: pensemos en la custodia de los hijos en un divorcio no conflictivo en el que ambos progenitores tienen las mismas aptitudes para la crianza de los hijos, o en situaciones en las que los derechos están en ambas partes o en ninguna.[205]

Discutir sobre las diferentes normas posibles es una parte común de la negociación avanzada. Puede llevarse a cabo de manera razonable

---

[204] Ibid., 89-90, 154.
[205] Carrie Menkel-Meadow, The Ethics of Compromise, in *The Negotiator's Fieldbook*, ed. Andrea Kupfer Schneider and Christopher Honeyman (Washington, DC: American Bar Association, 2006), 158.

e incluso puede ser reveladora. Hay que tener en cuenta que estar dispuesto a permanecer abierto a la persuasión de la otra parte es una herramienta poderosa para conseguir la colaboración necesaria para resolver una negociación compleja.

Sin embargo, si las partes están muy enfrentadas en cuanto a los criterios objetivos que cada una propone, también es posible que el esfuerzo por encontrar una norma neutra de mutuo acuerdo fracase e incluso cause graves dificultades. Como escribió Michael Wheeler sobre la negociación de los contratos deportivos profesionales:

> Los intentos de utilizar «comparables» pueden, en realidad, alejar a los negociadores si cada uno considera que los del otro solo se sirven a sus intereses. La alusión de un equipo sobre jugadores mal pagados puede interpretarse fácilmente como un insulto. A su vez, un deportista que afirma que es igual a los mejores es visto como un ególatra codicioso.[206]

Aquí pueden surgir notas discordantes en lo que podría haber sido una negociación bastante fructífera. Y, sin embargo, el reto consiste en exponer puntos válidos con tacto, pero de manera clara y convincente. Teniendo en cuenta que alguna de las partes puede ser susceptible de que la otra señale posibles fallos en la forma de aplicar una norma objetiva propuesta para la situación actual, esto puede ayudar al negociador a redactar con cuidado, incluso con diplomacia, los puntos importantes.

A pesar de estas dificultades puntuales, el esfuerzo por llegar a un acuerdo sobre criterios objetivos es una técnica de resolución de problemas que suele ser interesante intentar, ya que a menudo lleva a las partes a entablar un diálogo razonable sobre lo que sería una resolución justa. Como dijo un experimentado abogado: «Las disputas sobre los criterios pueden ser mucho más constructivas que las discusiones sobre los números».[207]

3. Invocar principios

Junto a las discusiones sobre criterios objetivos, los negociadores también deben tener en cuenta que las personas pueden querer seguir siendo fieles a su comportamiento anterior o a los valores sociales,

---

[206] Michael Wheeler, First, Let's Kill All the Agents!, in *Negotiating on Behalf of Others*, ed. Robert Mnookin and Lawrence Susskind (Thousand Oaks: Sage Publications, 1999), 247.
[207] James Freund, *Smart Negotiating* (New York: Simon & Schuster, 1992), 122.

religiosos o éticos en los que creen profundamente. Es decir, pueden querer mantenerse leales, fieles o comprometidos con sus propios principios. Por lo tanto, otro enfoque consiste en intentar trabajar con lo que la otra parte considera un comportamiento adecuado, moral o recto.

Las partes pueden responder positivamente a las apelaciones a los criterios sugeridos por sus propios sistemas de valores y tradiciones, precedentes o maneras de hacer las cosas. Un negociador que proceda de este modo tratará de hacerse una idea de cómo se ve a sí misma la otra parte: «La gente se esforzará mucho por actuar o decir cosas coherentes con la imagen que tiene de sí misma».[208]

A veces, los negociadores pueden encontrar un principio rector con el que ambas partes estén de acuerdo. Esto puede ayudar a que un acuerdo parezca lógico y coherente para las partes. El principio puede proporcionar una pauta que ayude a los negociadores a resolver detalles concretos.[209] Aunque el momento ideal para plantear un principio y obtener su aprobación es en la fase inicial de la negociación, incluso después de que se haya producido un conflicto o un estancamiento, las partes pueden acordar un principio que rija la resolución de asuntos concretos. Una vez establecido el principio, los negociadores pueden remitirse a él en su esfuerzo por resolver temas concretos.

Un ejemplo histórico de este enfoque fueron las guerras religiosas del siglo XVI en Alemania, que terminaron con la histórica fórmula de la Paz de Augsburgo resumida en la frase latina *cuius regio eius religio* (de quién es la región, su religión), es decir, el gobernante de un territorio debe elegir su religión. Este principio organizativo contribuyó a traer la paz a Europa central tras décadas de sangrientos conflictos.

B. Idear opciones creativas

Incluso después de haber identificado y discutido algunos criterios objetivos, los negociadores tendrán que pensar de forma creativa para generar una buena propuesta, una que ambas partes encuentren mejor que sus alternativas de salida. De hecho, incluso si ambas partes ya han llegado a un acuerdo sobre la forma del mismo, el desarrollo de mejores opciones puede hacer que un acuerdo apenas aceptable sea mucho más atractivo para cada parte.

---

[208] Roy Lewicki, David Saunders, and John Minton, *Essentials of Negotiation*, 2nd ed. (Boston: Irwin/McGraw Hill, 2001), 143.
[209] Zartman and Berman, 112.

Sin embargo, con demasiada frecuencia los negociadores se dejan «anclar por la primera posibilidad que se les presente».[210] Por lo tanto, otro paso útil para resolver problemas de negociación avanzados es generar un cúmulo de ideas sobre cómo abordar las dificultades o capitalizar las oportunidades a las que se enfrentan las partes. A menudo, lo mejor es presentar estas ideas de forma tentativa, como «posibilidades abiertas a la discusión y a ser examinadas de nuevo».[211]

El punto clave aquí es que los negociadores que se basan en intereses buscan superar las dificultades o maximizar las ganancias ideando opciones creativas. Se trata de posibles resoluciones de algún aspecto de un problema en la negociación que son inteligentes, visionarias, imaginativas y poco convencionales. Una opción creativa debe responder a los intereses de una o ambas partes, hablar de las preocupaciones que se han manifestado y formularse de una manera fresca, perceptiva o perspicaz.

Algunas ideas pueden estar orientadas a obtener beneficios conjuntos: resoluciones que aprovecharían los intereses que se comparten o que coincidan, ayudando a ambas partes. Por ejemplo, un experto en contabilidad y un grupo de consultores que organizan sesiones de formación para ejecutivos de nivel medio podrían estar en desacuerdo sobre el pago adecuado de un posible seminario futuro. Pero esas diferencias podrían superarse gracias a la propiedad intelectual generada en el proyecto. Cada uno podría contribuir a la grabación de la sesión y a su comercialización. Los beneficios previstos a largo plazo podrían distribuirse equitativamente, posiblemente con considerables beneficios para cada uno.

Algunas opciones creativas están diseñadas para hacer que una de las partes (reticente) firme un posible acuerdo, como, por ejemplo, incentivos o beneficios de algún tipo. Puede tratarse de una bonificación ocasional, un privilegio o un beneficio adicional que haga que el acuerdo sea más beneficioso para una de las partes. El que vende un artículo puede ofrecer algún tipo de beneficio o asegurar unas condiciones de financiación atractivas. Una gratificación, ofrecida con sinceridad y en el momento adecuado, puede ser suficiente para llegar a un acuerdo. Estos incentivos pueden denominarse fichas de negociación, y los negociadores experimentados suelen pensar en guardar algunas «en el bolsillo» para utilizarlas cuando las necesiten. A este respecto,

---

[210] Raiffa, with Richardson and Metcalfe, 35.
[211] Roger Fisher and Alan Sharp, with John Richardson, *Getting It Done* (New York: Harper Business, 1998), 27.

cabe recordar que los concesionarios de automóviles suelen reservar incentivos —tapacubos más llamativos, mejores neumáticos, mejoras en el sistema de sonido del vehículo— que pueden resultar atractivos para un comprador potencial y ayudar a cerrar el trato.

Al considerar las opciones creativas, es aconsejable que los negociadores generen una serie de enfoques alternativos. Algunas de ellas se pueden tener simplemente en mente, para utilizarlas en caso necesario, mientras que otras se pueden exponer para que las considere la contraparte. En algunos casos se puede presentar una opción. En otros, el negociador puede intentar proponer una idea especialmente adaptada para la situación.

1. Preparación previa a la negociación y capacidad de reacción

Pensar, e incluso plasmar en papel, una amplia gama de posibles opciones con antelación puede ser muy útil. Sacar a la luz ideas creativas en momentos oportunos suele hacer que tus contrapartes se entusiasmen ante la perspectiva de trabajar contigo y desarrollar esas ideas. La preparación previa a la negociación, cuando no hay necesidad de responder inmediatamente a los puntos de la otra parte, puede ser un momento productivo para pensar creativamente.

Sin embargo, no hay que apegarse demasiado a las posibles opciones ideadas antes de una negociación. Más bien hay que pensar en esas opciones creativas como posibles puntos de discusión fructíferos, que se irán afinando a medida que las partes intercambien ideas sobre la situación y comprendan mejor las circunstancias particulares. Una fuente aconsejó:

> Puede que tengas una buena idea. Pero esta no es intocable. No es un cuadro de Rembrandt, que únicamente podría verse afectado por un trabajo posterior. Es mejor que des unas cuantas pinceladas y luego pases el pincel a otro. Anima a los demás a afinar cualquier idea y a mejorarla. Invítalos a hacer avanzar la idea.[212]

Al crear opciones, al igual que en otros asuntos, la contraparte generalmente querrá compartir el proceso de diseñar una solución a la situación. La gente suele resistirse a las soluciones que otros han ideado,

---

[212] Ibid., 29.

incluso cuando las ideas tienen verdadero mérito. Y, cuando se trata de innovar, dos o más mentes pueden, de hecho, ser mejor que una. Además, dado que un negociador rara vez tiene una visión completa antes de iniciar las conversaciones, el desarrollo de opciones creativas durante una negociación permite resolver los problemas de forma más dinámica al ser algo espontáneo.

Sin embargo, incentivar la creatividad no es necesariamente una tarea fácil. Sobre todo, cuando se está sometido a las presiones de una negociación importante, la gente puede ser de mente pequeña y dejar que los egos interfieran en el proceso creativo. Las ideas nuevas, interesantes y funcionales que podrían parecer prometedoras a un observador neutral pueden ser sometidas a un feroz escrutinio crítico simplemente porque las ha propuesto la otra parte. Esto pone de manifiesto el hecho de que las ideas que se crean conjuntamente y se perciben como «propias» suelen ser inmunes a ser desechadas con tanta facilidad. Esta es una razón fundamental por la que colaborar estrechamente durante la negociación para generar nuevas ideas, o para pulirlas y mejorarlas, puede aportar verdaderos beneficios.

A veces se dice que una persona puede lograr mucho si no presta atención a quién se lleva el mérito de alguna idea o actividad. Al crear opciones, si puedes hacerles pensar que *tu* idea es en realidad *su* idea, o la de *todos*, mucho mejor. En este sentido, un diplomático italiano dijo una vez: «La diplomacia es el arte de dejar que otro se salga con la suya».[213]

Además, el negociador debe justificar frecuentemente cualquier acuerdo ante sus autoridades, clientes u otras personas. Ser generoso a la hora de atribuir a la contraparte el mérito de una idea, una propuesta o una resolución puede ayudar al negociador contrario a conseguir el apoyo interno de los miembros de su equipo.

2. La importancia del momento oportuno

La negociación eficaz suele tener su ritmo, y el momento oportuno puede ser de gran importancia a la hora de crear opciones y utilizarlas en una negociación. La mejor sugerencia, ofrecida en el momento equivocado, corre el riesgo de ser rechazada por razones que no tienen nada que ver con sus ventajas, sino que implican haber precipitado asuntos que es mejor haber planteado en otro momento.

---

[213] William Ury, *Getting Past No*, 2nd ed. (New York: Bantam Books, 1993), 3.

Un negociador entusiasta que llega a una negociación con un bloc de notas lleno de posibles ideas querrá evitar apresurarse al iniciar las conversaciones y debe recordar lo importante que puede ser sondear los problemas minuciosamente, comprender plenamente las diferentes perspectivas sobre los retos o rompecabezas a los que se enfrenta y, a continuación, generar ideas conjuntamente. Todos los participantes en los distintos ámbitos de la negociación querrán participar en el planteamiento de los asuntos claves, analizando sus dimensiones cuidadosa y lógicamente, y diseñando luego soluciones interesantes y eficaces para ellos.

Además, una vez que los negociadores creen que realmente se puede llegar a un buen acuerdo, pueden ser mucho más receptivos a considerar seriamente opciones creativas. Pero, en primer lugar, hay que identificar las características del problema de una manera satisfactoria para todos y explorar a fondo las perspectivas de cada uno, al tiempo que los negociadores ganan confianza entre ellos y con el proceso de negociación. El punto más destacado es que solo después de un amplio debate es natural avanzar hacia las opciones como posibles soluciones a las dificultades u oportunidades identificadas.

3. Inspirar la creatividad

La esencia de la creatividad en la negociación consiste en imaginar una situación futura mejor y luego determinar cómo hacer realidad esa visión. Pero ¿qué puede hacer un negociador si no se siente creativo? ¿Quizás esto le ocurra repetidamente, o quizás simplemente se sienta estancado en un momento determinado? En cualquier caso, ¿qué se puede hacer? Rena Sharon sugirió que podría ser necesario «forzar a la mente a "saltar" a través de sus pensamientos habituales... o hacer nuevas conexiones entre viejos pensamientos para crear una nueva idea a partir de dos ideas aparentemente dispares».[214]

Una forma de lograrlo es a través de juegos de palabras. Jennifer Gerarda Brown lo ilustró con la hipótesis de un problema sencillo. Ha surgido una disputa vecinal entre Jones y Smith por el patio delantero de este último, que hace que la basura llegue a la propiedad de Jones y afecte al aspecto del barrio. Brown sugiere tomar una frase central relacionada con la disputa y enfatizar diferentes palabras para obtener opciones creativas para resolverla. Escribió:

---

[214] Jennifer Gerarda Brown, Creativity and Problem Solving, in *The Negotiator's Fieldbook*, 410.

«¿Cómo puedo conseguir que el Sr. Smith deje de tirar basura en su patio?».

«¿Cómo *puedo* conseguir que el Sr. Smith deje de tirar basura en su patio?».

«¿Cómo puedo conseguir que el *Sr. Smith* deje de tirar basura en su patio?».

«¿Cómo puedo conseguir que el Sr. Smith deje de *tirar basura* en su patio?».

«¿Cómo puedo conseguir que el Sr. Smith deje de tirar basura en su *patio*?».

Mirar el problema desde esas perspectivas limitadas puede generar un pensamiento innovador sobre una resolución negociada. Brown escribió que un juego de palabras de este tipo «se basa en la idea de que la mayoría de soluciones creativas son graduales. El problema no parecerá tan desalentador cuando se reduzca y [las partes]... puedan abordar los asuntos más importantes paso a paso».[215]

Otra forma de generar un pensamiento nuevo es analizar críticamente el problema desde la perspectiva de profesionales de distintos campos: «Al preguntarse, por ejemplo, "¿qué haría un periodista?", "¿qué haría un economista?", "¿cómo vería esto un psicólogo?", etc., los negociadores pueden formarse una visión más interactiva de su problema».[216]

Otro enfoque para estimular la creatividad es revisar los temas de debate para que se ajusten mejor a los intereses subyacentes de las partes. En lugar de centrarse en el problema macro de la construcción o no de un embalse, los negociadores podrían hacer mejor centrándose en cuestiones micro, o subsidiarias, como el tamaño del embalse, las garantías de los recursos hídricos aguas abajo, un fondo fiduciario medioambiental para proteger especies en peligro de extinción, etc.[217]

C. Proceso de lluvia de ideas

Consideremos a continuación algunas trampas comunes en el proceso creativo, y lo que se puede hacer con ellas. A menudo, la gente trata de resolver los problemas sugiriendo opciones inmediatas a medida que se discuten los problemas, a veces basándose en ideas

---

[215] Ibid.
[216] Roger Fisher, Elizabeth Kopelman, and Andrea Kupfer Schneider, *Beyond Machiavelli* (Cambridge: Harvard University Press, 1994), 35.
[217] Lax and Sebenius, 68-69.

pensadas previamente. El negociador que propone la opción argumenta enérgicamente a su favor, tratando de atraer a la otra parte para que la acepte. El negociador que hace la propuesta podría sonar como si fuera el nuevo dueño que intenta engañar a un cachorro para que entre en una jaula que podría ser su hogar: «¡Mira qué bonita alfombra! Y hay algo de comida para ti. ¿Qué tal si añado un recipiente con agua?».

Sin embargo, la otra parte tiende normalmente a inclinarse por someter el plan del otro a un análisis crítico. El énfasis se traslada rápidamente a la búsqueda de fallas para rechazar el plan. Aquellos cuyas ideas han sido criticadas con cierto escepticismo pueden entonces tomar el rechazo como una afrenta. Sus ideas han resultado insuficientes y haberlas propuesto ahora parece haber sido un error. Las dudas sobre la posibilidad de avanzar con pensamientos nuevos y creativos se multiplican en ambas partes, y pronto el proceso de generación de nuevas ideas se ha estancado o ha terminado.

Para infundir una dinámica más positiva, los negociadores basados en intereses sugieren realizar una lluvia de ideas. Aunque el término lluvia de ideas «es un término demasiado desgastado... a veces se usa para referirse a algo más que tener una idea», para los negociadores es un término de arte, que denota una actividad estructurada «con reglas básicas específicas y con una teoría subyacente en cada paso».[218]

Más que una fase de la negociación en la que se ofrecen propuestas o se asumen compromisos, la fase de lluvia de ideas tiene como objetivo exclusivo alimentar las ideas. Es informal y espontánea, es un amplio intercambio de ideas sobre cómo tratar determinados asuntos. El objetivo es generar una gran cantidad de ideas frescas y diferentes con la esperanza de que, en última instancia, una o varias puedan aplicarse de forma productiva a una resolución negociada.

1. Diferentes tipos de lluvia de ideas

La lluvia de ideas puede darse en numerosos contextos. Cuando empecé a ejercer el derecho, recuerdo que me sorprendió lo mucho que se hacía. La lluvia de ideas se realiza con frecuencia entre socios y asociados de un bufete de abogados. O bien, un asesor jurídico externo puede hacer una lluvia de ideas con un abogado interno y un grupo de ejecutivos de la organización a la que representa. La lluvia de ideas también tiene lugar en las conversaciones con los clientes. Así, antes de

---

[218] Fisher, Kopelman, and Schneider, 85, 89.

sentarse a la mesa de negociación, se puede trabajar para generar nuevas ideas con compañeros de equipo o colegas.

La lluvia de ideas también se realiza con el abogado de la contraparte. Especialmente en los casos en que ambos abogados consideran que se debería negociar para llegar a un acuerdo, en lugar de llevarlos a los tribunales para que los juzguen, ellos suelen dedicar algún tiempo a intercambiar informalmente ideas para una resolución. En una reunión conjunta de lluvia de ideas, los negociadores de las distintas partes trabajan en equipo, tratando de imaginar formas innovadoras de resolver los problemas, superar los obstáculos o aprovechar las oportunidades. Pueden intentar crear formas inteligentes o ingeniosas de aprovechar los intereses compartidos o conciliar los intereses divergentes.

2. El arte de hacer una lluvia de ideas eficaz

Durante la lluvia de ideas, los negociadores no se están comprometiendo en modo alguno con los puntos que se están discutiendo. Inicialmente se puede escribir en negrita, donde los participantes puedan verlo fácilmente: «Nada de lo que se diga durante la lluvia de ideas es un compromiso de nadie ni debe atribuirse después a nadie; nuestro objetivo por el momento es simplemente producir muchas ideas».[219]

En este caso, los negociadores intentan ir más allá de una resolución estándar y convencional de la que nadie pueda reclamar demasiado y llegar a un pensamiento nuevo. Se anima a los participantes a proponer ideas inusuales, fuera de lo común, incluso totalmente irrealizables, con la esperanza de que estos pensamientos estimulen otros mejores que, de hecho, pueden ser posibles. «Una de las claves para generar mejores ideas es sencilla», se ha observado, «...no te detengas cuando encuentres una buena».[220]

La lluvia de ideas debe estar enfocada de manera unívoca a la creatividad. Cada miembro del grupo debe esforzarse por garantizar que todos los participantes se sientan cómodos a la hora de aportar ideas. La contribución de un negociador debe suscitar las sugerencias

---

[219] Roger Fisher, An Interview with Roger Fisher and William Ury, *Academy of Management Executive* 18 (2004): 105.
[220] Raiffa, with Richardson and Metcalfe, 403.

de los demás. Se deben lanzar multitud de nuevas ideas, algunas de las cuales se añadirán o se ampliarán. Como si se tratara de una máquina de hacer palomitas de maíz, con el tiempo se generarán más y más ideas.

Para dar nuevos enfoques a los problemas u oportunidades, es sumamente importante que los participantes no evalúen las ideas a medida que estas se van formulando. Tratar de fusionar el proceso de generación de ideas con el de determinar lo que funcionará y lo que no, suele obstaculizar la creatividad. Si cada idea nueva que se propone es examinada y evaluada al instante, y muchas de ellas se descartan de plano por ser inviables o irrealizables, surge rápidamente una tendencia en la que los participantes llegan a sentir temor por las críticas a sus ideas. Y al final nadie propone nada muy novedoso.

William Ury identificó el principal obstáculo para generar opciones creativas como esa vocecita que los negociadores llevan en la cabeza y que entona «Eso no funcionará». Aconsejó Ury: La crítica y la evaluación, aunque son funciones importantes, interfieren con la imaginación. Es mejor separarlas... Inventa primero, evalúa después. Suspenda el juicio durante unos minutos e intente que se le ocurran tantas ideas como sea posible. Incluya ideas que al principio parezcan... descabelladas..., recordando que muchas de las mejores ideas... empezaron como ideas descabelladas que todo el mundo desprecia.[221]

Como un esfuerzo innovador para encontrar sinergias entre los pensamientos de los diferentes participantes, la lluvia de ideas tiene como objetivo obtener contribuciones inteligentes y perceptivas de múltiples negociadores. La lluvia de ideas se suele desarrollar en un tono alegre que hace que los participantes se diviertan. Normalmente, una sesión de lluvia de ideas es más relajada e informal que las demás fases del proceso de negociación.

Para que una idea estimule a otra y para recordar al grupo los progresos realizados al generar ideas, alguien debería anotar todos los resultados de una sesión de lluvia de ideas en un pizarrón o portapapeles que todos puedan ver. Sin embargo, no debe quedar registrado cuál de los negociadores sugirió qué durante la lluvia de ideas. De hecho, se advierte a los participantes que ni siquiera ofrezcan «comentarios de felicitación sobre lo estupenda que es la idea de otra persona, murmullos de aprobación y palmadas en la espalda». «Cuando se manifiesta este tipo de aprobación», argumenta una fuente, «se envía el mensaje implícito de que se sigue juzgando cada idea a medida que

---

[221] Ury, 20.

se genera; y que solo se están guardando las ideas negativas. Esto no fomenta la creatividad».[222]

El número de participantes ideal para una sesión de lluvia de ideas es quizá media docena: «lo suficientemente grande como para que el intercambio de ideas sea estimulante, y lo suficientemente pequeño como para fomentar la participación individual y la creatividad...».[223] A menudo ayuda que los miembros del grupo se preparen primero por su cuenta «antes de que la interacción con los demás les distraiga o de que las ideas de otras personas desplacen las ideas originales que tienen en su mente».[224] A veces, contratar a un facilitador o designar a uno de entre los participantes en la lluvia de ideas puede ayudar a «mantener el rumbo de la reunión, asegurarse de que todo el mundo tenga la oportunidad de hablar, hacer cumplir las normas básicas y estimular el debate haciendo preguntas».[225]

La lluvia de ideas debe estar estrictamente separada de las demás fases de la negociación. Una vez que se han generado multitud de nuevas ideas, la tarea siguiente es evaluarlas y seleccionar las más prometedoras para seguir trabajando con ellas. Esta es una fase diferente, en la que los negociadores cambian el ritmo para seleccionar, revisar y mejorar las ideas más prometedoras generadas en la lluvia de ideas. El objetivo final, por supuesto, es encontrar la mejor ruta posible para resolver los problemas o asuntos en cuestión y crear una resolución que las partes consideren beneficiosa.

3. La renuencia ocasional a la lluvia de ideas

A pesar de todos sus beneficios potenciales, en algunas negociaciones una o más de las partes pueden mostrarse reacias a realizar una lluvia de ideas. Puede que tengan poca o ninguna experiencia en la generación de ideas a través este método. Los negociadores que están muy preocupados por una fecha límite pueden considerar que la lluvia de ideas puede hacerles perder un tiempo precioso. Cuando alguien tiene una buena idea antes de que comience la negociación o en una fase temprana, puede querer pasar directamente a una propuesta, pasando por encima de la lluvia de ideas conjunta.

---

[222]   Robert Mnookin, Scott Peppet, and Andrew Tulumello, *Beyond Winning* (Cambridge: Harvard University Press, 2000), 38 (italics in original).
[223]   Fisher, Ury, and Patton, 61.
[224]   Raiffa, 403.
[225]   Fisher, Ury, and Patton, 61.

En situaciones de conflicto grave, los negociadores pueden sentirse limitados por las circunstancias hostiles, y pueden considerar la lluvia de ideas como algo arriesgado, algo que sus respectivos integrantes descartan. Los políticos, los diplomáticos y diversos profesionales están «entrenados para ser duros, para ser cautelosos y para no explorar irresponsablemente».[226]

Es probable que los negociadores posicionales estén muy inclinados a negociar con la contraparte de manera contenciosa. Pueden estar muy preocupados por revelar inadvertidamente algo mientras hacen una lluvia de ideas que sería mejor mantener en privado.

Algunos negociadores pueden encontrar incómodo el diálogo informal propio de la lluvia de ideas. Los que tienen una personalidad más introvertida pueden preferir reflexionar por sí mismos, en lugar de hablar en voz alta y de forma espontánea a los demás. Algunos creen que pueden pensar más libremente y con más cuidado antes de una negociación que durante la misma. Y puede que eviten desechar lo que califican como ideas a medias en un momento dado.

Aunque no todos los negociadores serán igual de receptivos a la hora de idear opciones de esta manera, la lluvia de ideas tiene bastantes ventajas. Plantear una buena opción puede llevar a desarrollar otra aún mejor. Incluso si se tiene una excelente idea en mente, las sugerencias adicionales podrían mejorarla —modificando este aspecto, recortando aquel, ampliando otro—. Lo más importante es que la lluvia de ideas haga que las partes trabajen juntas en la concepción de ideas que aborden problemas u oportunidades mutuas. Cuanto más se involucren las partes en la resolución conjunta de los problemas, más interés tendrán en acordar una solución negociada y, posteriormente, en llevarla a cabo.

4. Poner en alerta a la contraparte sobre la lluvia de ideas

Una nota de advertencia: los negociadores experimentados suelen tener buen olfato para saber cuándo las contrapartes están haciendo una lluvia de ideas y cuándo están haciendo propuestas formales. Sin embargo, por muy experimentadas que sean las contrapartes, es una buena práctica ser explícito sobre la lluvia de ideas. Es incómodo encontrarse en la posición de tener que retractarse de lo que otros consideraban su propuesta inicial, pero que usted creía que era simplemente un intercambio de ideas. De

---

[226] Raiffa, 403.

hecho, si la otra parte confunde tu lluvia de ideas con una propuesta firme con la que ya estás comprometido, el resto de la negociación puede verse empañada por el malentendido.

Después de señalar: «Para reducir el riesgo de parecer estar comprometido con una idea determinada, puedes adoptar el hábito de proponer al menos dos alternativas al mismo tiempo», los autores de *Obtenga el sí* sugieren, además: «También puedes poner sobre la mesa opciones con las que obviamente no estás de acuerdo. Podría darte la casa a cambio de nada, o podrías pagarme un millón de dólares en efectivo por ella, o...». Como es evidente que no estás proponiendo ninguna de estas ideas, las siguientes ideas serán consideradas meras posibilidades, no propuestas.[227]

Mejor aún, cuando los negociadores convocan una lluvia de ideas, pueden reafirmar lo que quieren decir con el término. En concreto, pueden destacar su carácter exploratorio, de manera confidencial y sin atribuciones ni prejuicios, al tiempo que dejan claro a los demás que quieren que se involucren en un proceso informal de generación de ideas. Mientras se lleva a cabo la lluvia de ideas, seguramente usted aún no ha alcanzado la etapa de delinear con precisión lo que está dispuesto a hacer mediante una oferta formal u otro compromiso vinculante.

D. Cuando surgen obstáculos

Algunas negociaciones complejas se estancan en asuntos sobre los que las partes entran en conflicto. A medida que los negociadores intentan conciliar intereses y objetivos diferentes, las incompatibilidades pueden convertirse en estancamientos. En estos casos, las negociaciones pueden llegar a fracasar y las partes se plantean seriamente la posibilidad de abandonarlas sin llegar a un acuerdo. Consideremos, en primer lugar, algunas fuentes comunes de estancamientos.

Pretensiones y estancamientos posicionales

Cuando los negociadores tocan temas distributivos y ambos reclaman valor de forma agresiva, suelen llegar a un callejón sin salida. En general, las estrategias de negociación posicional pueden llevar fácilmente a un estancamiento. La posición de una parte choca con la de la otra. Cada una de ellas hace fuertes demandas acompañadas de

---

227 Fisher, Ury, and Patton, 63.

afirmaciones sobre aquello que no van a hacer. Entonces, si la otra parte cuestiona estas declaraciones posicionales, las partes suelen aferrarse aún más a ellas.

Recordemos que la posición que adopta un negociador a menudo puede ser abordada de un número muy limitado de maneras, o quizás de una sola. Una empresa quiere contratar a un empleado, pero este declara: «Tengo que tener unos ingresos de seis cifras para firmar un contrato con ustedes». Si la empresa ha presupuestado solo 90 000 dólares para el puesto y el contratante anuncia: «No podemos pagar más de 90 000 dólares», entonces las dos posiciones chocan, no parece haber zona de posible acuerdo y las diferencias parecen irreconciliables.

Frecuentemente, la posición aparentemente inamovible de una de las partes lleva a su contraparte a plantear una posición diferente, planteada con la misma firmeza para indicar su imposibilidad o renuencia a ceder. El marcado contraste entre las posiciones de las partes puede parecer imposible de superar.

Los teóricos de la negociación se refieren a veces a las dificultades de negociar «dentro de una sola definición»: «la extensión de un territorio, el precio de un coche, la duración de un contrato de alquiler de un apartamento o la cuantía de una comisión en una venta».[228] En otras ocasiones, aunque la negociación incluye otros asuntos, solo uno de ellos parece tener una importancia enorme. Un ejemplo sería la custodia de los hijos en un acuerdo de divorcio.

A veces, el estancamiento tiene que ver con una última brecha: una cuestión final sobre la que las partes no están de acuerdo en lo fundamental y han llegado a un punto muerto. Aunque los negociadores ya hayan resuelto otras cuestiones y parezcan estar muy cerca de un acuerdo final, esa última brecha puede seguir suponiendo un obstáculo enorme. Una o ambas partes pueden sentir que ya han cedido todo lo que estaban dispuestas a ceder. De ahí que el negociador se atrinchere y se niegue a ceder más, poniendo quizás en peligro todo el acuerdo.

2. Barreras psicológicas

Los estancamientos también surgen a veces cuando una o ambas partes evalúan erróneamente la situación. En este caso, sus propios procesos psicológicos pueden crear un estancamiento. Los bloqueos suelen conducir a la frustración, y los negociadores frustrados pueden diagnosticar

---

[228] Ibid., 56.

erróneamente las causas reales de su desacuerdo haciendo suposiciones infundadas sobre por qué la otra parte se comporta de alguna manera.

Más problemas surgen cuando uno de los negociadores cae presa del exceso de confianza, creyendo que su contraparte está a punto de ceder. Cada parte entiende su perspectiva mucho mejor que la perspectiva de la otra parte. De ahí que cada uno termine subestimando las razones por las que el otro podría considerar razonable mantenerse firme en lugar de ceder o acordar.[229]

Otro obstáculo psicológico para llegar a un acuerdo se da cuando los negociadores se empeñan en justificar sus comportamientos pasados. Por ejemplo, una parte que ha rechazado una oferta de acuerdo puede inclinarse a mantener el rumbo para evitar tener que admitir algún error cometido anteriormente. Dos estudiosos escribieron:

> Esto se logra convenciéndose a sí mismos... de que las propuestas rechazadas eran incluso muy unilaterales, o de que quienes las ofrecen son realmente poco fiables, o de que las causas por las que luchan son incluso más nobles, o de que las perspectivas de mejores condiciones en el futuro son aún más favorables, de lo que parecían antes de la decisión del litigante de no llegar a un acuerdo.[230]

E. Técnicas para superar los estancamientos

Es lamentable que las personas con muchas ocupaciones que se encuentran frente a un problema de negociación difícil, ya sea sustantivo o psicológico, tengan la tentación de abandonar cuando llegan a un punto muerto y asumen que no se puede superar. Así, el negociador impaciente cuelga el teléfono, borra el mensaje de correo electrónico o se aleja de la mesa de negociación. Por el contrario, los negociadores más hábiles aprenden a lidiar con los problemas más difíciles, incluso con los que inicialmente parecen imposibles de resolver de manera satisfactoria. Las cinco técnicas de negociación que se exponen a continuación pueden ayudar a crear una zona de posible acuerdo cuando al inicio no parece haber ninguno.

---

[229] Daniel Kahneman and Amos Tversky, Conflict Resolution, in *Barriers to Conflict Resolution*, ed. Kenneth J. Arrow et al. (New York: W. W. Norton, 1995), 46-50.

[230] Robert Mnookin and Lee Ross, Introduction, in *Barriers to Conflict Resolution*, 18.

1. Intente «construir un puente de oro»

William Ury se basó en el pensamiento del estratega chino Sun Tzu para presentar al público occidental el concepto de construir un puente de oro.[231] Es decir, en lugar de intentar forzar, argumentar y presionar a la contraparte hacia el acuerdo que a uno le gustaría, un negociador hábil atrae a sus contrapartes en la dirección deseada de manera más sutil.

La otra parte puede resistirse a un posible acuerdo porque se ha pasado por alto algún interés fundamental. O, tal vez, su contraparte sienta que no ha participado lo suficiente en la elaboración del acuerdo o que, simplemente, las cosas han ido demasiado rápido, lo que le hace temer ser engañado. O bien, el negociador contrario puede temer quedar mal ante los espectadores importantes y quiere evitar parecer demasiado ansioso, blando o débil si llega a un acuerdo en esta fase de la negociación.

En estas circunstancias, cuanto más presione una de las partes, más difícil será que el otro negociador acepte. Ceder simplemente agravaría el problema subyacente. Ury explicó que, sea cual sea la disyuntiva entre el pensamiento de ambas partes, «nuestro trabajo consiste en construir un puente de oro que cruce el abismo. Es necesario replantear salirse de su posición como un avance hacia una solución mejor».[232]

Al involucrar a la otra parte en la creación de un acuerdo, se debilita su resistencia al mismo. Se obtienen sus ideas y se trata de aprovecharlas, al tiempo que se les pide una crítica constructiva y se intenta incorporar algunos aspectos a la propuesta que se está desarrollando. Al trabajar con la otra parte y sus intereses, y ayudarla a salir bien parada siempre que sea posible, le das a tu contraparte un interés claro en la resolución de los asuntos en cuestión. De este modo, construyes un puente de oro hacia el acuerdo en el que tu contraparte puede sentirse cómoda al aventurarse a cruzar.

2. Hacer intercambios comerciales

a. Concesiones

Otro enfoque para una negociación que se ha estancado consiste en la reciprocidad. En una concesión, el negociador promete hacer algo a cambio de que el otro acepte hacer otra cosa. Esto puede presentarse

---

[231] Ury, 108-10.
[232] Ibid., 110.

en una estructura «si/entonces»: «si yo pudiera hacer x, entonces tú podrías hacer y». Si adelanto la fecha de entrega anual de la mercancía al 1 de agosto, ¿aceptarás un contrato de tres años de duración?

Los negociadores a veces se refieren a un pago colateral, es decir, una oferta de una parte para hacer algo por la otra a cambio de obtener otra cosa. Si aceptas alquilar nuestra propiedad, pavimentaremos la zona de estacionamiento antes de que te mudes. En este caso, el negociador busca elementos que las ambas partes valoran de forma distinta: una de las partes ve un beneficio importante en ello, y la otra puede aceptarlo a un coste razonable.

Los pagos colaterales pueden adoptar muchas modalidades diferentes. Consideremos, por ejemplo, las negociaciones políticas. En la diplomacia dentro de una organización internacional, el voto de un país sobre un asunto puede darse a cambio del apoyo de otro sobre un asunto diferente. En política interior, para conseguir lo que se quiere en un asunto, el poder ejecutivo puede acordar con determinados legisladores u otras contrapartes el nombramiento de una figura política determinada o la adopción de una normativa o política concreta. En la legislatura, el voto de un representante en un asunto puede intercambiarse por el apoyo de la contraparte en otro. Todo ello se denomina a veces favores políticos (*logrolling*).

b. Intercambio comercial entre asuntos

Un negociador que se encuentra frente a un estancamiento también puede ver si es posible avanzar mediante un intercambio comercial. La idea es que, aunque ambas partes vean el valor de algo, una de ellas podría quererlo mucho más que la otra. A modo de ejemplo, aunque un matrimonio que se esté divorciando probablemente vea un valor muy importante en la casa en la que han vivido, el encargado de cuidar a los hijos podría dar más valor a permanecer en la casa que el otro. O bien, aunque ambas partes en una negociación esperan que no surja ningún imprevisto, una de ellas puede ser capaz de manejar esta situación mucho más fácilmente que la otra. Un particular, por ejemplo, puede ser mucho más reacio a tomar riesgos que las grandes organizaciones que pueden repartir los riesgos entre muchos clientes. Estas diferencias pueden establecer una concesión que ambos apoyen.

Otra posibilidad es que una de las partes quiera algo que a la otra no le interese en absoluto. Una parte podría querer publicidad; la otra podría evitarla. Tal vez se pueda llegar a un acuerdo en el que «una parte pueda tener una victoria pública si la necesita, mientras que la otra recibe algo en divisas que valora más».[233]

i. Fuerza de los sentimientos

Los intercambios entre asuntos dependen de la fuerza de los sentimientos. Cuando una parte quiere algo, pero otra quiere otra cosa, una de las partes puede sacrificar ciertas cosas que no siente tan intensamente para ganar otras que son realmente importantes para ella. Por lo tanto, los negociadores que quieran hacer concesiones deben prestar atención a las diferencias «de preferencias, perspectivas, recursos, capacidades...».[234]

Supongamos que dos personas están negociando el subarriendo de un apartamento. Normalmente, el contrato de arrendamiento comenzaría el primer día del mes, pero «si para Jim resulta más conveniente mudarse antes de lo que le costaría a Sara hacerlo antes de tiempo, pueden acordar adaptarse a la agenda de Jim a cambio de una compensación para Sara».[235]

Por ejemplo, un matrimonio que está divorciándose puede darse cuenta de que el hecho de declarar los pagos como pensión alimenticia o manutención de los hijos tiene repercusiones fiscales. Pero, si se encuentran en diferentes niveles impositivos, la ventaja de declarar ciertos pagos como pensión alimenticia puede ayudar a la persona que tiene más ingresos de lo que ayudaría a la persona que tiene menos ingresos. Por lo tanto, podría ser conveniente para ambas partes llegar a un acuerdo en el que los pagos se declaren como pensión alimenticia, y el que gana menos reciba una parte importante de esos ahorros. De este modo, las partes han negociado entre sí, y el dinero que podría haber ido a parar al fisco se ha captado y repartido entre ellas, quedando ambas en mejor situación.

El punto central aquí es que cuando las partes se encuentran en un punto muerto, los negociadores podrían considerar de manera muy útil la posibilidad de crear un paquete mutuamente aceptable aprovechando la fuerza de los sentimientos. Un negociador que pretenda alcanzar un acuerdo podría empezar por plantear una serie de preguntas relevantes, diseñadas para descubrir sus preferencias:

---

[233] Fisher and Ertel, 36.
[234] Lax and Sebenius, 90.
[235] Mnookin, Peppet, and Tulumelo, 15.

El agente de una estrella del béisbol podría preguntar al propietario del equipo: «¿Qué satisface mejor sus intereses, un salario de 875 000 dólares al año durante cuatro años, o 1 000 000 de dólares al año durante tres años? ¿La segunda opción? Bien, ¿qué tal entre eso y 900 000 dólares al año durante tres años con una bonificación de 500 000 dólares cada año si Fernando lanza mejor que la media de carreras limpias (300)?[236]

Esta técnica de negociación puede ser realmente útil en una negociación de grupo compleja que requiera un compromiso inteligente por parte de las diferentes partes. Cada negociador reconoce que conseguir todo lo que se desea en cada asunto es poco realista. Sin embargo, unirse para crear un paquete que sirva a ciertos intereses fundamentales de las partes puede ser mucho mejor que salir sin ningún acuerdo. Pero, cada negociador debe estar dispuesto a priorizar, con la vista puesta en tener que renunciar a algunos puntos que sirven a sus intereses de una manera poco significativa para conseguir otros asuntos mucho más importantes.

ii. Valor temporal del dinero

Los economistas hablan del valor temporal del dinero, la idea de que ganar una suma de dinero hoy es más valioso que ganar la misma cantidad en un futuro. La razón es que la suma en cuestión podría invertirse, y el beneficiario obtendría los frutos de esa inversión en un plazo determinado. Sin embargo, aunque ambas partes reconozcan el beneficio potencial de obtener una ganancia lo antes posible, uno de los negociadores podría preferir el pago inmediato en lugar del pago posterior, o viceversa.

En algunas circunstancias, una persona podría preferir el pago después de su jubilación, cuando se encuentre en un nivel tributario más bajo. En otras circunstancias, es posible que desee el pago ahora, para cancelar o pagar una deuda o para realizar una inversión atractiva.[237] Una manera de aumentar el atractivo de una oferta es hacer que los beneficios para una de las partes surjan lo antes posible, mientras que los costes que debe pagar surjan más tarde. Este tipo de compensación puede tener un efecto muy pequeño para una de las partes, pero para la otra supone cerrar el acuerdo.

---

[236] Fisher, Ury, and Patton, 76.
[237] Mnookin, Peppet, and Tulumelo, 237, 260.

3. Fraccionar o ampliar la negociación

También se puede superar un estancamiento fraccionando un problema.[238] En otras palabras, las partes podrían desglosar los asuntos en los que están estancados —dividirlos en fragmentos— y ver si alguno se puede resolver. Tal vez se podrían excluir de la negociación uno o varios asuntos: aislar «el que no corresponde al caso» para tratarlo por separado o aplazarlo.[239]

El fraccionamiento de un problema subyace en la convicción de que una rebanada parcial es mejor que ningún pan: «Si insistimos en todo o nada, y no tenemos la capacidad de obtener todo, no obtendremos nada».[240] Además, el negociador aumenta notablemente las posibilidades de conseguir algo revisando lo que se está proponiendo con el fin de ser más modesto. La gente rechaza más fácilmente las grandes exigencias que las pequeñas peticiones.

En algunas circunstancias, las diferencias en una negociación estancada pueden reducirse, para que el problema sea mucho más manejable, si los negociadores acuerdan recurrir al arbitraje de una parte de la disputa, mientras trabajan en la resolución del resto en sus conversaciones. Aunque las partes podrían rechazar la idea de un arbitraje completo y complejo de todo el problema, poner la solución de un solo asunto complicado en manos de un tercero que sea neutral podría ser la forma más eficaz de proceder.[241]

Lo contrario a fraccionar es mirar si un estancamiento puede superarse mediante la agrupación o la ampliación. En algunos casos podrían añadirse temas a los asuntos que los negociadores están analizando. En otros, se podría ampliar el alcance o la magnitud de un posible proyecto. Entonces, los negociadores podrían preguntar si los ahorros asociados a un proyecto más amplio podrían emplearse para ayudar a las partes a superar el estancamiento.

A la hora de ampliar una negociación, las partes deben tener en cuenta, sin duda, las economías de escala. Es decir, cuando una empresa expande la producción de sus diversos productos a gran escala, el coste por unidad de cada producto suele disminuir. Así, por ejemplo, si hay dos partes que producen cada una el mismo artículo, los costes podrían

---

[238] Roger Fisher, Fractionating Conflict, in *International Conflict and Behavioral Science*, ed. Roger Fisher (New York: Basic Books, 1964), 91-109.

[239] Zartman and Berman, 144.

[240] Fisher, 13.

[241] Mnookin, Peppet, and Tulumelo, 232.

reducirse si una parte produjera lo suficiente para ambas. Y, allí donde los descuentos se acumulan con las compras por volumen, la compra conjunta de los artículos que se necesitan podría suponer un ahorro en la negociación con un tercero.[242]

Cuando las partes están estancadas en la manera de distribuir los ingresos, ¿podría haber otras fuentes de dinero a las que recurrir, si se ampliara la idea del proyecto? Por ejemplo, mientras que un grupo de mariachis y un parque comunitario podrían estancarse en cuanto a la remuneración por un concierto, si el acuerdo se ampliara para incluir una distribución de los posibles beneficios procedentes de un álbum que recuerde el espectáculo, podría surgir una zona de acuerdo donde no había nada concreto.

Cuando se llegue a un estancamiento con una de las partes, considere si es posible involucrar a otras. Tal vez pueda llegar a un acuerdo con ellos, o tal vez aporten a la negociación un conjunto de intereses distintos, voces más razonables o una variedad diferente de capacidades y objetivos.[243]

Otra vía para crear valor es lo que los economistas denominan economías de alcance, es decir, que los costes de producción pueden ser más bajos cuando los mismos recursos básicos se destinan para producir una serie de bienes o servicios diferentes en lugar de solamente uno. Por ejemplo, «Un proveedor de restaurantes que vende y suministra verduras frescas puede ofrecer frutas frescas con un coste adicional muy bajo».[244]

4. Crear un acuerdo contingente

En algunos estancamientos, un aspecto fundamental del problema es la incertidumbre que existe sobre el futuro: los negociadores no comparten la visión de lo que es más probable que ocurra. En algunos casos, las partes pueden querer aplazar ciertos asuntos hasta que se conozca información adicional. En otros, sin embargo, puede ser preferible negociar un acuerdo contingente. El acuerdo, o algún aspecto del mismo, es tentativo en el sentido de que depende de que ocurra algo concreto para ser definitivo. Cuando las circunstancias futuras, ajenas al control de las partes, pudiesen afectar la resolución,

---

[242] Fisher and Ertel, 35.
[243] Patrick Cleary, *The Negotiation Handbook* (Armonk: M. E. Sharpe, 2001), 124.
[244] Mnookin, Peppet, and Tulumelo, 17.

pero ambas partes difieren en sus predicciones sobre lo que es probable que ocurra, los negociadores deberían considerar la posibilidad de elaborar un contrato contingente.

Un ejemplo sencillo puede ayudar a aclarar este punto. Supongamos que una mujer y su esposo prefieren películas diferentes, pero les gusta verlas juntos. Viven en una pequeña ciudad con un solo teatro de cine, y a uno le gustan las películas de terror, mientras que el otro prefiere las comedias. La mujer señala que en el cine han puesto una película de cada categoría. ¿Qué película van a ver?

Un enfoque sería decidirse primero por algún método. El marido podría lanzar una moneda, la mujer podría decir cara o cruz mientras la moneda está en el aire. El ganador del lanzamiento de la moneda podría decidir qué película ver este sábado, y el perdedor podría decidir la función del próximo sábado. Otra posibilidad es que la pareja acepte el proceso de lanzamiento de la moneda, pero solo si ambas películas están disponibles durante las dos semanas siguientes. Si una de las películas se retirase de la ciudad el fin de semana siguiente, la pareja podría decidir ir, en primer lugar, a la que se va a retirar pronto de la ciudad y, en segundo lugar, a la que estaría disponible ambos fines de semana, sea cual sea la película.

a. Negociación de fórmulas

Los contratos contingentes son un tipo de negociación basada en fórmulas, es decir, llegar a un acuerdo sobre una ecuación, pero no conocer el resultado de esta hasta que se reúna e incluya la información faltante. Esto pone de relieve otro enfoque para superar un estancamiento: centrarse en un procedimiento justo. En lugar de exigir un resultado concreto, modifique el objetivo para crear un proceso equitativo que termine por resolver el asunto.

Uno de estos procedimientos consiste en que una de las partes cree dos fracciones relativamente iguales, dando a la otra la oportunidad de elegir primero entre ellas. En este caso, Howard Raiffa escribió: «Dos niños discuten sobre cómo compartirán un trozo de pastel. Su madre ... impone un procedimiento ... Designa a uno de los niños para que divida el pastel en dos partes y al otro para que elija una de ellas».[245] Evidentemente, el que divide tiene un fuerte interés en dividir el pastel en dos trozos iguales, ya que el otro niño es el que elige el trozo.

---

[245] Howard Raiffa, *The Art and Science of Negotiation* (Cambridge: Harvard University Press, 1982), 252.

La misma técnica puede utilizarse para resolver disputas mucho más complejas. Mientras se negociaba el Convenio de las Naciones Unidas sobre el Derecho Marítimo, el exsecretario de Estado estadounidense Henry Kissinger sugirió una técnica que utilizaba la misma dinámica para superar un punto de fricción en relación con la minería de los fondos oceánicos. Las empresas mineras privadas y estatales licitarían para obtener yacimientos en aguas internacionales. Sin embargo, los yacimientos serían lo suficientemente grandes como para que cada uno se dividiera en dos y la Autoridad Internacional de los Fondos Marinos de la ONU tuviera la primera opción para decidir cuál se asignaría a sí misma.[246] Así, se incorporó la equidad procesal al sistema para garantizar que las explotaciones mineras públicas fueran de tan buena calidad como las privadas.

b. Tipos de contratos contingentes

Algunos contratos están supeditados a que se dé un determinado acontecimiento. «*Si* ocurre algo, *entonces* acordamos este curso de acción». En un contrato contingente simple, las partes descubren si en el futuro se da x o y. Si se produce x, se pone en marcha un plan de acción; si ocurre y, otro. Cada parte obtiene condiciones favorables para el resultado que cree sea más probable que ocurra.

Otra variedad de contrato contingente consiste en una bonificación que una parte proporcionará a la otra si algo ocurre. En este caso, puede ser posible superar las diferencias negociando sobre la base de diferentes pronósticos de lo que es probable que ocurra.[247]

Por ejemplo, se contrata a un equipo de consultores empresariales para renovar los procesos de venta de una empresa. Se les garantiza unos honorarios, pero el contrato incluye una bonificación como incentivo si las ventas en los tres años siguientes alcanzan determinados niveles. Por ejemplo, se contrata a un equipo de consultores empresariales para renovar los procesos de venta de una empresa. Se les garantiza unos honorarios, pero el contrato incluye una bonificación como incentivo si las ventas en los tres siguientes años alcanzan determinados niveles. O bien, un comediante que en su momento fue muy popular y que ahora trata de reaparecer en el mercado, se muestra muy optimista sobre el público que puede acudir al bar donde se presenta. Puede que acepte un pago básico relativamente bajo que se vea reforzado por

---

[246] Ibid., 24.
[247] Mnookin, Peppet, and Tulumelo, 14.

una bonificación, cuya cuantía dependerá del número de clientes que hayan pagado.

Otro tipo de contrato contingente hace que el acuerdo dependa de que un hecho concreto se confirme como cierto: «*Si* el *software* necesario se ha fabricado para finales de año, *entonces* lo compraremos por una cantidad x de dólares». O bien, un acuerdo puede ser vinculante solo si los negociadores obtienen la aprobación o el beneplácito de otros: el cliente, el consejo administrativo, un regulador gubernamental, un experto o alguna otra figura de autoridad. Por ejemplo, el comprador interesado acepta las condiciones del contrato de compraventa de una propiedad industrial siempre y cuando una prueba realizada por un consultor medioambiental acreditado no demuestre la existencia de residuos peligrosos en el lugar.

En resumen, un contrato contingente puede ayudar a los negociadores a hacer frente a asuntos o problemas, o a grandes ganancias o triunfos, que puedan presentarse o no. Un contrato contingente puede crear incentivos útiles —la estrella del baloncesto profesional femenino que gana una bonificación si su equipo llega a los *playoffs*—. Además, los riesgos pueden adjudicarse a la parte que es más tolerante al riesgo, mientras que los beneficios pueden ir a parar a la parte que logra un final exitoso.

Otro enfoque contingente ante un estancamiento sería convertir el acuerdo inmediato en algo experimental. Emprender un proyecto piloto, ver si funciona, y si ambas partes están satisfechas, entonces pueden considerar un acuerdo mayor o definitivo.

c. Posibles problemas con los contratos contingentes

Quienes acuerdan un contrato contingente están, de hecho, apostando por lo que va a ocurrir. Pero no todas las partes se sienten cómodas arriesgándose de esta manera. Si los acontecimientos futuros resultan como se espera o se prevé, todo irá bien, pero si no es así, el acuerdo puede dejar de ser atractivo.[248]

Aunque la elaboración de un contrato contingente puede a veces ayudar a las partes a superar un estancamiento, es importante que la eventualidad se especifique muy claramente en términos que sean

---

[248] Gerald Wetlaufer, The Limits of Integrative Bargaining, in *What's Fair*, ed. Carrie Menkel-Meadow and Michael Wheeler (San Francisco: Jossie-Bass, 2004), 47.

fácilmente comprensibles, evaluables o medibles. Una fuente planteó una hipótesis:

> Un matrimonio puede acordar: «Si mañana hace buen tiempo, iremos de excursión. Si no, iremos de compras». A la mañana siguiente, cuando esté nublado, pero no llueva, es probable que el cónyuge que quiere ir de excursión declare que hace «buen tiempo», mientras que la persona que prefiere ir de compras argumentará lo contrario.[249]

Las partes también querrán ver si es posible evitar los incentivos que puedan no estar en sintonía con el espíritu del acuerdo. Los teóricos de la negociación a veces se refieren a esto como riesgo moral. Es decir, en lugar de hacer caso al mandato bíblico de hacer a los demás lo que quieres que te hagan a ti, una de las partes se comporta de manera deshonesta para beneficiarse a sí misma y perjudicar a su contraparte. Por ejemplo, cuando parece que una estrella del deporte va a alcanzar determinadas metas de incentivos, el equipo deja al deportista en el banquillo para no tener que pagar los bonos prometidos.[250]

5. Introducir la ambigüedad calculada

Cuando los negociadores buscan cerrar un acuerdo, suelen estar programados para trabajar en pro de la claridad de los compromisos que cada parte asume. Para que un acuerdo sea duradero y eficaz, las partes deben entender claramente lo que debe hacer cada una de ellas. «La visión tradicional de la ambigüedad en un acuerdo», se ha señalado, «es la que implica o bien la existencia de un asunto que no se ha tenido en cuenta, o bien un fracaso intencionado a la hora de abordar el problema».[251]

Sin embargo, al tratar de superar un estancamiento, los negociadores pueden encontrar que ciertas diferencias son, de hecho, insuperables. Por ejemplo, cada una de las partes puede considerar necesario ceñirse a sus principios fundamentales, y estos pueden chocar. Por otra parte, cada una de ellas puede tener que rendir cuentas a grupos que se muestran inflexibles en asuntos que fundamentalmente entran en conflicto.

---

[249] Michael Moffitt, Contingent Agreements, in *The Negotiator's Fieldbook*, 456.
[250] Ibid., 457.
[251] Christopher Honeyman, Using Ambiguity, in *The Negotiator's Fieldbook*, 461.

En tales circunstancias, podría ser posible introducir lo que Henry Kissinger denominó «ambigüedad constructiva».[252] En la negociación de tratados, los diplomáticos pueden disimular diferencias irreconciliables con un lenguaje ambiguo. En la elaboración de un acuerdo laboral, la empresa y el sindicato pueden optar por tratar de no especificar, por ejemplo, todas las circunstancias en las que se puede despedir a un empleado, sino que se basan en un término de por si poco preciso como el de la «causa justa».[253] Los negociadores dejan para más adelante la tarea de determinar qué significa el lenguaje ambiguo.

Introducir deliberadamente la ambigüedad en un acuerdo no es un paso que deba tomarse a la ligera. Los asuntos no resueltos tienen una desafortunada tendencia a resurgir, a menudo en el momento más inoportuno, por lo que pueden afectar negativamente tanto a las partes y como a su acuerdo. Aun así, la ambigüedad calculada puede ser necesaria para superar un gran estancamiento. Y, como concluyó Christopher Honeyman:

> No hay nada intrínsecamente malo en admitir con elegancia la imposibilidad de llegar, en cualquier caso, a un completo acuerdo de voluntades. Permitir que una ambigüedad se incluya en el acuerdo, cuando hay una expectativa razonable de que más tarde se interpretará en términos que no puedan causar mayor controversia, es solo otra forma de lograr el acuerdo.[254]

F. Conclusión

En este capítulo sobre la resolución de problemas en la negociación, hemos examinado cómo pueden abordarse los problemas distributivos mediante criterios objetivos y normas neutrales. Además, hemos estudiado cómo generar opciones creativas, y hemos concluido con una serie de ideas sobre cómo los negociadores podrían enfrentarse a los estancamientos y, finalmente, superarlos. Estas ideas son más sugestivas que exhaustivas, y varias están basadas en puntos ya expuestos.

Por ejemplo, las partes que se encuentran en un estancamiento pueden estar excesivamente absorbidas por sus diferencias, y pueden estar pasando por alto o minimizando los progresos que, de hecho, ya han

---

[252]   Zartman and Berman, 183.
[253]   Honeyman, 461.
[254]   Ibid., 466.

realizado. La situación del momento puede no ser ventajosa para ninguna de las partes, y si las alternativas viables para trabajar conjuntamente tampoco son atractivas, llamar la atención sobre las malas opciones de salida podría recordarles la importancia de seguir trabajando juntos para encontrar alguna solución creativa o conciliadora.

Por ello, las partes estancadas podrían reflexionar conjuntamente sobre lo que un acuerdo razonable podría aportarles. Los negociadores podrían «compartir sus visiones».[255] Ya sea que la recompensa sea la paz, las ganancias o algún otro beneficio, volver a centrarse en el tipo de acuerdo que podría ser razonable inspiraría a las partes a superar el estancamiento.

Los estancamientos también se superan a veces haciendo que alguien nuevo examine el problema. En ocasiones, puede ser posible invitar a otra parte a entrar en las discusiones. Una de las partes, o ambas, que se encuentren en un estancamiento podría pensar en alguien que tuviera algún tipo de motivación, o los recursos necesarios, o las nuevas ideas que ahora se necesitan.

Si los representantes negocian en nombre de los mandantes, una forma de hacerlo sería involucrar a los clientes en el proceso de negociación. Un estancamiento puede superarse pasando por encima del otro negociador y llegando al verdadero responsable de la decisión. En caso de que un mandante no pueda o no quiera comparecer en la siguiente sesión de negociación, conviene recordar que en algunos sistemas jurídicos un abogado está obligado a transmitir una oferta por escrito a su cliente. Por lo tanto, redactar una propuesta de negociación podría tener el efecto de modificar los participantes en la mesa de negociaciones. De hecho, se podría adjuntar a la oferta escrita una invitación para que las partes se reúnan a discutir la nueva propuesta.

Otra manera de alterar la dinámica en la mesa de negociaciones consiste en incluir a un mediador. Un intermediario neutral, experto en resolución de conflictos, podría ganarse la confianza de ambas partes y hablar con ellas mejor de lo que pueden comunicarse directamente entre ellas. Un mediador podría mejorar las relaciones de trabajo y hacer que las partes vuelvan a tener una actitud de resolución de conflictos. Además, un mediador puede convencer a las distintas partes de que le revelen confidencialmente asuntos que no se atreverían a revelarse mutuamente. De este modo, el mediador podría ver una vía para superar el estancamiento que las partes nunca encontrarían.

---

[255] Howard Raiffa, Analytical Barriers, in *Barriers to Conflict Resolution*, 140.

En todas estas ideas, los negociadores también deben tener en cuenta que algunos estancamientos simplemente no se podrán superar. Puede ser que en ese asunto no exista ninguna zona de acuerdos. O bien, una de las partes puede mostrarse obstinada, anulando así cualquier posibilidad de acuerdo. A veces, los problemas que se plantean fuera de la mesa de negociación obstruyen el esfuerzo de los negociadores por llegar a una solución mutuamente beneficiosa. Los clientes o mandantes, cuya aprobación es necesaria, pueden resultar más obstinados o más radicales que sus negociadores. Esto plantea a veces problemas insuperables para concluir acuerdos negociados, al menos hasta que las circunstancias cambien.

Sin embargo, los negociadores hábiles lidian con los problemas, a la vez que examinan minuciosamente las opciones que se les presentan. Mary Parker Follett, llamada en su tiempo «la madre de la teoría de la negociación», aconsejaba: «Lo más inteligente es no dejar que la negociación se desvíe hacia dos alternativas mutuamente excluyentes: a tu manera o a mi manera».[256] También advirtió que no debemos dejarnos intimidar «ni por el uno ni el otro». Con frecuencia existe la posibilidad de algo mejor que cualquiera de las dos alternativas dadas.[257]

Antes de dar por terminada una negociación, hay que estar absolutamente seguro de que los problemas principales que están frenando el acuerdo no pueden resolverse o conciliarse. Una autoridad aconseja:

> Si parece que se ha llegado al final, pida a sus contrapartes que repasen de nuevo con usted las razones por las que se ha terminado... Puede que se exasperen y le digan que ya lo han repasado un millón de veces, pero debe persistir... No es raro... que las partes tropiecen con una oportunidad, una grieta en la puerta, ...un malentendido fundamental o un rayo de esperanza que se les había escapado hasta ese momento.[258]

Una última técnica consiste en que cada parte intente elaborar su última mejor oferta. Estas últimas propuestas podrían entonces compararse para ver si ha surgido alguna posibilidad prometedora. Una variante es el denominado arbitraje de última oferta, en el que cada

---

[256] Deborah Kolb and Judith Williams, *The Shadow Negotiation* (New York: Simon & Schuster, 2000), 183-84.

[257] Mary Parker Follett, *Dynamic Administration*, ed. Henry Metcalf and Lyndall Urwick (New York: Harper, 1942), 49.

[258] Cleary, 124.

parte acuerda poner una oferta final en manos de un árbitro, al que se le otorga la facultad de tomar la decisión final, pero que deberá elegir una de esas últimas ofertas de las partes.

De hecho, incluso cuando las cosas parecen bastante sombrías, con la amenaza de una ruptura total, siempre hay un camino a seguir. Dado que las partes suelen tener buenas razones para querer llegar a un acuerdo, una negociación eficaz puede a veces superar dificultades considerables y, en última instancia, llegar a una solución satisfactoria. Las personas entran en negociaciones complejas con la creencia de que les irá mejor si se ponen de acuerdo entre ellas que si proceden solas. Es cierto que, a veces, después de las conversaciones, se les borra esta idea. Sin embargo, suele existir una dinámica interna en cada una de las partes —aunque frecuentemente se minimice y a veces se pase por alto a propósito— que, de todos modos, favorece el acuerdo.

Para reducir esta última brecha, los negociadores hábiles utilizan técnicas diferentes. Por ejemplo, las partes pueden acordar que ninguna de ellas influirá en este último asunto; en su lugar, todo aquello en lo que estén en desacuerdo se transferirá a un tercero. Si se trata de dinero, podría destinarse a una contribución benéfica o depositarse en el fondo fiduciario de un hijo. O, dependiendo de las circunstancias, el dinero podría destinarse a renovar una casa que se va a vender, o podría utilizarse para pagar las costas judiciales o los honorarios de los abogados.

Otro enfoque sería escribir un número acordado de posibles soluciones en papelitos, meterlos en un sombrero y hacer que alguien saque uno de ellos, y que ambas partes hayan acordado de antemano que estarán obligadas a aceptarlo como la resolución final. John Wade lo ilustró con el siguiente ejemplo:

> Si el último incremento es de 20 000 dólares, entonces se pueden colocar diez papelitos en un sombrero que empiecen con 2000 dólares y terminen con 20 000 dólares, con espacios de 2000 dólares escritos en cada papelito. La persona que saca el papelito recibe el número que aparece en el papelito sacado; el resto de la última brecha es para el otro contendiente.[259]

Cuando todo lo demás falla, puede ser útil reflexionar sobre la posibilidad de que la raíz del problema sea que las partes simplemente han intentado hacer demasiadas cosas demasiado rápido. En este caso,

---

[259] Ibid., 471.

puede resultar conveniente reducir las aspiraciones de todos de cara a la actual sesión de negociación. ¿Podría ser preferible un acuerdo negociado menor y menos exigente que la ausencia de una resolución? En lugar de un acuerdo firmado, tal vez las partes deban pensar en elaborar una recomendación conjunta tentativa sobre cómo proceder o incluso contentarse con un intercambio informal de opiniones. Esto podría ser un avance productivo. En resumen, los negociadores hábiles pueden recurrir a una plétora de técnicas y tácticas diferentes para superar los estancamientos. Mientras que algunos estancamientos simplemente no pueden superarse, muchos otros sí se pueden solucionar de mutuo acuerdo.

Capítulo 7
Superar conflictos personales
y tácticas de presión

Frecuentemente, las personas se inclinan por iniciar una negociación compleja como si se tratara exclusivamente de una adecuación racional de diferencias. Esta actitud es muy corta de miras, ya que a menudo entran en juego factores que tienen poco que ver con la lógica o el análisis coste-beneficio. «Cuando las personas negocian», observaron dos estudiosos, «llevan su idiosincrasia a la mesa de negociaciones: su posición frente al conflicto, sus prejuicios, reveses o éxitos pasados y sus sentimientos hacia los demás».[260]

Los conflictos entre los negociadores o las partes que representan pueden tener su origen en agravios anteriores a una negociación o pueden surgir durante la misma. A veces, las personas inician las conversaciones desconfiando de los motivos de los demás, sobre todo cuando han tenido dificultades en el pasado. Otras veces, las negociaciones se inician de manera productiva, pero las posturas se tornan difíciles o beligerantes, las relaciones se vuelven tensas u hostiles, y surgen malentendidos y antagonismos personales.

Cuando los negociadores han establecido una relación positiva, las afirmaciones conflictivas o incluso los comentarios ofensivos pueden ser ignorados o sorteados, sin que la comunicación sufra un daño permanente. Pero las negociaciones pueden caer rápidamente en una espiral negativa y las relaciones de trabajo pueden deteriorarse rápidamente. De repente, las discusiones dejan de ser productivas y crece el temor de que una de las partes decida abandonar.

Los problemas interpersonales pueden hacer que los problemas más complejos de la negociación sean aún más difíciles de resolver. Una de las razones por las que las dificultades interpersonales surgen con tanta frecuencia es que, como señaló una autoridad, «se necesitan dos personas a la hora de cooperar, pero normalmente solo se necesita una persona para estropear una relación».[261] Para los negociadores es muy

---

[260] Deborah Kolb and Judith Williams, *The Shadow Negotiation* (New York: Simon & Schuster, 2000), 20.

[261] Jeffrey Z. Rubin, Some Wise and Mistaken Assumptions About Negotiation, *Journal of Social Issues*, 45 (1989): 206.

fácil frustrarse o exasperarse, que sus relaciones se resientan y que sus esfuerzos por negociar fracasen.

En aras de evitar que los problemas más complejos de la negociación se agraven por culpa de las malas relaciones interpersonales, durante mucho tiempo se ha aconsejado a los negociadores que «separen a las personas del problema».[262] Esta frase, sin embargo, no se adapta muy bien a situaciones en las que las personas, y sus relaciones entre sí, *son* un aspecto fundamental del problema. El peligro de ignorar o eludir los asuntos relativos a las relaciones es que pueden causar que el fondo de la disputa sea mucho más difícil de manejar.

A. Negociadores duros frente a negociadores blandos

Las raíces de algunas dificultades interpersonales están en la estrategia de negociación. En particular, las tácticas de presión que forman parte del enfoque de un negociador duro son más propensas a provocar conflictos de personalidad que las de un negociador blando.[263]

a. Características de un negociador duro

Un negociador que busca un enfoque de negociación dura adopta el método de negociación posicional. A menudo el negociador espera que se presente un conflicto interpersonal, incluso lo disfruta, y sin duda trata de aprovecharlo. El negociador duro busca inducir o incluso obligar o coaccionar al negociador contrario para que ceda en sus demandas. Proyecta dureza y presenta posturas extremas, al tiempo que reúne argumentos para tratar de justificarlas.[264]

Los negociadores duros tienden a ser competitivos: el objetivo principal es hacerlo mejor que sus oponentes. Para ello, inician conversaciones contundentes y buscan «reñir» con sus adversarios. Los negociadores duros intentan convencer a sus contrapartes de que están estancados en sus propias posiciones y que no se moverán de ellas. Suelen restar importancia a los objetivos, intereses y puntos de vista de la otra parte. Intentan poner al negociador contrario a la defensiva,

---

[262] Roger Fisher, William Ury, and Bruce Patton, *Getting to Yes*, 2nd ed. (New York: Penguin Books, 1991), 17.

[263] Ibid., 7-10.

[264] Ibid.

acorralándolo y presionándolo con argumentos, para conseguir su aceptación de soluciones previamente concebidas.

Al centrar las conversaciones en lo que quieren conseguir, los negociadores duros buscan controlar las negociaciones. Su objetivo es obtener la resolución más ventajosa posible, y su atención suele centrarse en los puntos que deben distribuirse entre las partes: «el precio más barato, el mayor beneficio, el menor coste, las mejores condiciones...».[265]

El lema de un negociador duro y doctrinario podría ser «Todo se vale en el amor, la guerra y la negociación». No tiene reparos en dañar las relaciones, si eso puede suponer alguna ventaja en la negociación. Aunque el comportamiento ilegal puede estar mal visto, la negociación se considera, por otra parte, una empresa en gran medida amoral en la que cada parte simplemente pretende maximizar sus ganancias.[266] Así, con el fin de poner nervioso al otro bando, un negociador difícil puede acosar a su contraparte; otro puede engañar, confundir o manipular, e incluso tener un comportamiento insultante. Todo esto se ve como parte normal del proceso de negociación.

b. Características de un negociador suave

Para los negociadores suaves, en cambio, una estrategia basada en el conflicto interpersonal constituye un fundamento defectuoso para la negociación. Los negociadores suaves hacen hincapié, por encima de todo, en crear, mantener y mejorar las relaciones positivas con la otra parte. Aquí, el consejo bíblico se toma muy en serio: «Haz a los demás lo que quieras que te hagan a ti». Un negociador suave es amistoso y confiado y actúa de manera agradable, armoniosa e incluso amable, con la esperanza de que su contraparte haga lo mismo, y que ambas partes procedan de manera justa hacia un acuerdo mutuamente beneficioso. Para fomentar las relaciones positivas, el negociador suave a veces ofrece a la otra parte ganancias sustanciales, al tiempo que trata de complacer a su colega negociador siempre que sea posible. A cambio, el negociador espera un trato similar.

La razón de ser de la negociación blanda es que la generosidad de uno puede llevar al otro a la reciprocidad. Cultivar los buenos términos con una contraparte suele conducir a un acuerdo útil. Se parte de la

---

[265] Gary Goodpaster, A Primer on Competitive Bargaining, *Journal of Dispute Resolution* (1996): 326.

[266] Kevin Gibson, Ethics and Morality in Negotiation, in *The Negotiator's Fieldbook*, ed. Andrea Kupfer Schneider and Christopher Honeyman (Washington, DC: American Bar Association, 2006), 176.

base de que las personas que mantienen relaciones cordiales no se aprovecharán unas de otras, sino que se tratarán de forma equitativa.

Amigos, vecinos y miembros adultos de una familia que se llevan bien pueden negociar con facilidad, y «mientras cada parte compite con la otra para ser más generosa y más comunicativa, es mucho más probable que se llegue a un acuerdo». Pero es posible que el contenido del acuerdo no se examine con detenimiento, que rara vez se alcancen acuerdos óptimos y que el resultado sea una resolución unilateral.

c. Evaluar las negociaciones duras y blandas

Cada uno de estos enfoques simplificados y tipificados tiene algo que recomendar, pero también puede resultar bastante problemático. Por ello, el consejo que se ofrece en estas páginas difiere en aspectos importantes de ambas. A veces, las estrategias de negociación dura funcionan, en el sentido de que consiguen un acuerdo muy ventajoso para el negociador que logra intimidar a su contraparte. Sin embargo, las negociaciones duras llevadas a cabo por una de las partes suelen provocar un comportamiento similar por parte de la contraparte. La intransigencia va acompañada de más intransigencia, y a menudo se producen constantes enfrentamientos con escasos avances.

Por su parte, los negociadores flexibles pueden provocar esa cooperación y llegar fácilmente a un acuerdo con otros negociadores que hayan adoptado un enfoque similar. Un negociador que se sienta débil podría negociar con suavidad, argumentando que «ser flexible puede ser tan eficaz como la hoja de la hierba que se dobla y sobrevive».[267] Sin embargo, los negociadores flexibles tienden a suavizar las diferencias y, como se señaló en el capítulo 4, esto puede llevar a otro negociador a equivocarse, provocando consecuencias desafortunadas.

Además, el hecho de que el negociador flexible se concentre en ganar y mantener relaciones positivas supone un verdadero incentivo para que otro se aproveche de él. Acceder a las demandas de la otra parte suele acabar alimentando el ansia de ganancias de la otra parte, que es más dura. Un enfoque de negociación blanda con un negociador duro tiende a degradarse en un constante apaciguamiento de la contraparte con mentalidad dura, que a su vez sigue presionando para obtener más.

Aunque los negociadores suaves a veces aceptan un acuerdo mal concebido, también suelen optar por no negociar. Algunos terminan

---

[267] Lisa Blomgren Bingham, Avoiding Negotiation, in *The Negotiator's Fieldbook*, 115.

por hartarse de las respuestas duras, al percibir que sus contrapartes intentan aprovecharse de ellos. La dinámica de la negociación dura puede desanimar a los negociadores suaves, haciéndoles llegar a la conclusión de que ya no vale la pena seguir negociando. El proceso de negociación parece frustrante e ineficaz, incapaz de producir los beneficios deseados.

Los negociadores suaves suelen atribuir los problemas que perciben en sus negociaciones con los negociadores duros a la personalidad difícil e inflexible de sus adversarios. Y los problemas que podrían haberse resuelto con éxito se quedan sin resolver.

d. Como responder a los negociadores duros

Entonces, ¿cómo puede responder un negociador a una contraparte que adopta un enfoque de negociación dura? Si la otra parte adopta un enfoque posicional altamente competitivo y adverso, ¿cómo se podría intentar convertirlo en un esfuerzo más colaborativo para la resolución de problemas? Robert Mnookin y sus colegas observaron:

> Casi todo lo que dice un negociador duro puede reformularse y replantearse como un interés, una opción o una sugerencia relativa a una norma que podría utilizarse para resolver cuestiones distributivas. Esto puede ser una especie de «jiujitsu de la negociación», es decir, evitar la táctica de negociación difícil y considerar lo que la otra parte ha dicho como parte de una táctica de resolución de problemas.[268]

Cuando la otra parte manifiesta su posición respecto a algo, los negociadores suelen tener la tentación de hacer uno de estos tres movimientos: responder con una postura contraria, argumentar en contra de la posición o indagar más sobre ella, intentando aclarar lo que la otra parte tiene en mente. Sin embargo, cada uno de estos movimientos tiende a hacer que el negociador duro se atrinchere en la postura ya adoptada. Puede encerrarse, cada vez con más seguridad, en sus argumentos y en las ideas que acaba de adoptar. Y, a menudo, esto convierte la negociación en un debate sobre méritos de posiciones.

Un enfoque más prometedor consiste en eludir la posición del negociador duro y reorientar las conversaciones. En lugar de responder

---

[268] Robert Mnookin, Scott Peppet, and Andrew Tulumello, *Beyond Winning* (Cambridge: Harvard University Press, 2000), 216.

a una manifestación posicional de lo que se necesitará para llegar a un acuerdo, se podría sugerir ir más despacio:

> Parece que nos estamos moviendo con bastante rapidez hacia posibles resoluciones finales. Antes de llegar a eso, lo que me gustaría es dar primero un pequeño paso para ver si podemos llegar a un acuerdo sobre las dimensiones del problema. Todavía no estoy seguro de entender del todo cómo lo ve usted, y también tengo en mente algunos puntos que pueden ayudarle a ver cómo ve las cosas nuestra parte.

Este esfuerzo de reenfoque puede impulsar la negociación por un camino muy diferente. El objetivo es profundizar en las posturas declaradas, despojarse de la retórica para identificar los asuntos y los motivos que son el núcleo del problema.

Otra manera de proceder es identificar las tácticas de negociación dura y preguntarse si es el mejor camino para la negociación. Howard Raiffa sugirió plantear una opción a un negociador duro. En primer lugar, usted hace referencia a la diferencia entre un enfoque cooperativo basado en intereses y uno posicional basado en la negociación dura:

> Podemos compartir información sobre la solidez de nuestros intereses y tratar de llegar a un acuerdo mutuamente beneficioso, y encontrar un acuerdo mixto tratando de determinar lo que es justo. O podemos jugar duro: tratar de engañarnos mutuamente, negarnos a ceder hasta exigir un precio al otro, y ese tipo de cosas.

Después, deje claro su preferencia, indicando por qué es probable que funcione mejor en estas circunstancias: «Creo que ambos estaremos mejor si trabajamos juntos. Si jugamos duro, creo que estaremos aquí mucho tiempo, dejaremos mucho valor sobre la mesa y probablemente perjudicaremos nuestras posibilidades de hacer más tratos en el futuro».

Por último, planteas al otro negociador la elección de qué enfoque adoptar: «Sé cómo jugar a ambos juegos. Supongo que tú también. Prefiero el primero, pero estoy dispuesto a acompañarte en el que elijas. Al elegir una estrategia, también estarás eligiendo la que voy a utilizar cuando negocie contigo...».[269]

---

[269] Howard Raiffa, with John Richardson and David Metcalfe, *Negotiation Analysis* (Cambridge: Harvard University Press, 2002), 301.

B. Reconocer las precepciones partidistas

A veces, los conflictos interpersonales no se deben tanto a las tácticas de negociación como a las percepciones preconcebidas de los negociadores. La forma en que las partes perciben los asuntos es una parte integral de la negociación y, sin embargo, las personas tienden a ver las cosas a través de una lente oscura, o incluso distorsionada, por la opinión que tienen de la otra parte. Es decir, la gente tiende a tener percepciones partidistas.

Si nos agrada alguien, tomamos lo que hace y dice de cierta manera, dándole connotaciones positivas a su comportamiento siempre que sea posible. Si nos desagrada o le tememos, o tal vez si lo vemos en términos competitivos o adversos, nos apresuramos a sacar connotaciones y conclusiones negativas. Y, cuando alguien mira a otro con hostilidad, como un enemigo, tiende a interpretar sus palabras y acciones de la peor manera posible.[270]

1. Problemas causados por las precepciones partidistas

a. Análisis distorsionados

Debido a las percepciones partidistas, la información relevante de una negociación suele interpretarse de acuerdo con las expectativas previas. Algunas cosas pueden pasarse por alto o ignorarse porque no se ajustan a esas expectativas. Una fuente señaló: «Lo que uno percibe depende de su posición, de quién es y de lo que ha podido percibir antes...». Aunque a menudo suponemos que percibimos y recordamos nuestras experiencias de forma neutral y objetiva, las personas están dispuestas a «ver» lo que esperan y desean ver, y lo que les interesa ver.[271]

Las acciones y declaraciones de personas que durante mucho tiempo han sido objeto de oposición o desconfianza son las que más fácilmente se malinterpretan. En los asuntos internacionales,

---

[270] Roger Fisher, Elizabeth Kopelman, and Andrea Kupfer Schneider, *Beyond Machiavelli* (Cambridge: Harvard University Press, 1994), 24.
[271] Mnookin, Peppet, and Tulumello, 4.

consideremos el conflicto entre palestinos e israelíes o las relaciones históricamente difíciles entre India y Pakistán o China y Japón. Cuando los funcionarios de una de las partes hacen declaraciones o toman medidas, el mensaje que intentan enviar puede no ser el mismo que recibe la otra parte. En cambio, el mensaje se interpreta a la luz de las percepciones partidistas preexistentes. Además, cuanto más grande sea la falta de confianza, más probable será que se descarten las afirmaciones positivas y que las partes se fijen en las acciones para determinar si una negociación puede ser productiva.

Tanto si negociamos en nuestro país como en el extranjero, nuestras percepciones partidistas pueden poner a nuestra contraparte en un dilema. Como dijo Jeffrey Rubin, «los actos amables del adversario se atribuyen a una intención manipuladora, mientras que los actos poco benévolos se atribuyen a una disposición inadecuada y poco fiable». Los actos de amabilidad de una persona, a su vez, se atribuyen a que es una persona verdaderamente amable y bondadosa, mientras que su comportamiento poco agradable se atribuye a las circunstancias o al comportamiento de la otra persona que ha hecho necesaria una respuesta poco amable.[272]

Lo que agrava el problema es que «somos muy rápidos para reconocer las percepciones partidistas de los demás, pero lentos para ver las nuestras. Cada uno de nosotros vive pensando que lo que ve es la realidad objetiva, que percibimos el mundo como realmente es».[273] Pero, de hecho, puede que esto no sea así. Y las suposiciones erróneas sobre lo que piensa o hace la otra parte pueden provocar conflictos de personalidad e incluso hacer fracasar un posible acuerdo.

b. Temores ante posibles acciones

Cuando las relaciones en el pasado han sido hostiles, una de las partes deberá lidiar a menudo con el temor a la jugada que su contraparte podría estar preparando para ejecutar: «La gente tiende a suponer que todo lo que teme, la otra parte tiene intención de hacerlo».[274] Evidentemente, estas suposiciones son perjudiciales en una negociación, ya que a menudo llevan a los participantes por el mal camino.

---

[272] Jeffrey Rubin, Psychological Approach, in *International Negotiation*, ed. Victor Kremenyuk (San Francisco: Jossie-Bass, 1991), 222.

[273] Mnookin, Peppet, and Tulumello, 158.

[274] Fisher, Ury, and Patton, 25.

Cuando se tiene una percepción partidista, las intenciones negativas o competitivas se proyectan fácilmente sobre la otra parte. Se puede suponer que la otra parte es tendenciosa, despiadada, egocéntrica o maquiavélica. Estas suposiciones —aunque solo se apoyen en pruebas vagas o inadecuadas— se consideran a menudo la única forma «realista» de proceder.

Suponer que la contraparte tiene malas intenciones y motivaciones puede desviar a los negociadores del intento por presentar soluciones nuevas y constructivas. Negociar centrándose en los temores de lo que podría ocurrir desvía la atención de las aspiraciones de lo que podría suceder. Es posible que los negociadores no se den una oportunidad real de cooperar de forma creativa o mutuamente beneficiosa.

Entonces, al tratar de anticiparte al rasgo negativo que supones tiene la otra parte, puedes actuar de tal manera que provoques una profecía auto cumplida. *Tus* acciones, estimuladas por tu miedo a las acciones de la otra parte, pueden llevarla a hacer justo lo que temías que hiciera. Lo mejor es examinar con sentido crítico las suposiciones que uno tiene sobre el comportamiento de la otra parte y las pruebas en las que se basan esas suposiciones, al tiempo que se da a la contraparte una oportunidad legítima de colaborar con uno de forma productiva.

C. Emociones, ira y comentarios ofensivos

1. La presencia de las emociones en la negociación

La palabra *emoción* se refiere a algo sentido, más que a algo razonado. La manifestación de las emociones durante las negociaciones difiere de una cultura a otra: en algunas sociedades las emociones se expresan de manera rutinaria; en otras, se reprimen. También varían según las circunstancias. La expresión de emociones puede darse en las negociaciones de un acuerdo de divorcio y puede causar sorpresa cuando se negocian los aspectos técnicos de un contrato de servicios.

Algunos negociadores consideran que la manifestación de emociones es poco profesional o incluso desconcertante, y algunos creen que un enfoque profesional ante problemas complejos debe centrarse invariablemente en el discurso lógico. Sin embargo, en realidad, la expresión de una serie de emociones suele darse en muchas clases de negociación. Estas incluyen lo que podría considerarse como emociones positivas —la alegría, el orgullo, la buena voluntad, la agitación y el entusiasmo serían ejemplos— y las negativas —como la ira, la ansiedad, el desprecio, el miedo, la vergüenza, la pena, la venganza, los celos, el resentimiento y la indignación.

Las emociones son parte inherente de la psique humana y a menudo están presentes incluso cuando no son inmediatamente evidentes. Trabajar estrechamente con una contraparte puede suponer una gran ventaja para llegar a comprender algo de su estructura psicológica. Algunas personas se sienten más cómodas expresando sus emociones que otras. A veces, las emociones se utilizan de modo táctico en una negociación, y si uno considera legítimo desplegarlas estratégicamente es algo que difiere de una persona a otra.

Los negociadores deben estar atentos a las emociones expresadas por sus contrapartes, ya que las personas revelan aspectos importantes de su pensamiento a través de la expresión de sus emociones. Mostrar sus sentimientos puede resaltar la intensidad de los puntos de vista de un negociador. Una fuente señaló: «Mostrar un enfado real por un acuerdo injusto —incluso si ambas partes saben que la oferta que hay sobre la mesa es mejor que su mejor alternativa— puede persuadir a la otra parte de mejorar sus condiciones».[275] De hecho, una emoción como una muestra genuina de indignación, apoyada por razones sólidas, puede ser una vía eficaz para hacer cambiar de opinión a su contraparte. En lugar de ignorar o rechazar la manifestación de emociones, los negociadores expertos escuchan y leen las emociones. Esto puede proporcionar pistas sobre la mejor manera de hacer avanzar la negociación.

2. Usos productivos de las emociones

Las emociones pueden influir en una negociación de muchas maneras productivas. Cuando se expresan emociones positivas en una negociación, esto puede hacer que las partes se preparen para afrontar sus diferencias más importantes posteriormente. Cuando los sentimientos afloran y la contraparte siente empatía, simpatía o reciprocidad, «el intercambio puede crear una sensación de conexión».[276] De hecho, se ha argumentado

---

[275] Mnookin, Peppet, and Tulumello, 166.
[276] Kolb and Williams, 166.

que las emociones «tienden a provocar emociones recíprocas o que pueden beneficiar a los demás»; por lo tanto, «un oponente decepcionado o triste puede provocar compasión, lo que a su vez puede conducir a un comportamiento más cooperativo por parte de los demás».[277]

3. Emociones conflictivas en la negociación

El principal inconveniente de inyectar emoción en una negociación es que puede distorsionar el criterio de la persona y plantear riesgos reales para el esfuerzo de encontrar un acuerdo sensato y razonable. Las emociones pueden desviar la atención de la resolución de conflictos y provocar un comportamiento impulsivo o con poca visión de futuro. Los enfrentamientos emocionales también pueden hacer perder el tiempo que se podría dedicar a negociar las dificultades de fondo.

Un experto señaló que las emociones «pueden hacernos perder la calma, dudar ansiosamente de nuestras palabras o enfadarnos incontroladamente por la autocompasión». Y añadió que «los residuos emocionales pueden convertirse en las semillas de futuros conflictos».[278] La ira puede ser la causa de que un negociador rompa la comunicación y ponga fin a una negociación.

Una de las emociones potencialmente más problemáticas en una negociación es la ira. El humorista estadounidense Ambrose Bierce declaró una vez: «Habla cuando estés enfadado y pronunciarás el mejor discurso que jamás hayas lamentado».[279] El diplomático estadounidense y abogado internacional Philip Jessup observó: «De vez en cuando, es conveniente parecer muy enfadado, pero, por lo general, un enfoque más frío de un problema es, en mi opinión, más eficaz. Una máxima es no perder nunca los estribos a menos que se tenga la intención de hacerlo».[280]

Una persona enfadada puede estar muy poco dispuesta a cooperar. En cambio, la ira suele llevar a los negociadores a un comportamiento competitivo o a un ciclo de recriminaciones. Cada bando quiere superar al otro, poner en evidencia a su contraparte y obligarla a hacer algo.

[277] Bruce Barry, Ingrid Smithey Fulmer, and Gerben Van Kleef, I Laughed, I Cried, I Settled, in *The Handbook of Negotiation and Culture*, ed. Michele Gelfand and Jeanne Brett (Stanford: Stanford Business Books, 2004), 84.

[278] Daniel Shapiro, Untapped Power, in *The Negotiator's Fieldbook*, 264, 267.

[279] William Ury, *Getting Past No*, 2nd ed. (New York: Bantam Books, 1993), 31.

[280] I. William Zartman and Maureen Berman, *The Practical Negotiator* (New Haven: Yale University Press, 1982), 23.

Un negociador enfadado podría prever la rendición sin condiciones de la otra parte en los términos dictados. Pero estas actitudes rara vez son realistas. En la negociación de problemas complejos es mucho más probable el compromiso que la rendición.

Sin embargo, a veces afloran fuertes pasiones durante una negociación, y los buenos negociadores deben estar preparados para manejarlas eficazmente. A veces, las personas reaccionan de manera muy fuerte ante las declaraciones y actitudes de los demás, o quizá ante sus objetivos, estrategias o puntos de vista sobre la situación. Las partes pueden ponerse a la defensiva y perder su disposición a colaborar. Los enfrentamientos acalorados, los sentimientos amargos y los ánimos caldeados pueden nublar el juicio y obstaculizar los esfuerzos por alcanzar resoluciones sensatas y racionales.

4. Causas de ira durante las negociaciones

En ocasiones, el negociador puede decir algo que haga estallar los ánimos. La respuesta inicia entonces una espiral negativa que se intensifica. Las tensiones aumentan y las sospechas se multiplican, mientras se intercambian pensamientos hostiles. Puede ser más fácil manejar una situación de este tipo con eficacia si se han analizado previamente las razones más comunes que provocan enfados en una negociación. Una visión objetiva y sin prejuicios sobre lo que motiva comentarios airados puede ayudar a evitar que las negociaciones deriven en peleas y, tal vez, a influenciar a los negociadores para que no se alejen de posibles acuerdos.

a. Declaraciones incendiarias fortuitas

Una de las causas principales de los enfados durante las negociaciones es de naturaleza accidental: lapsus linguae, mentes distraídas, comportamientos inconscientes de cualquier tipo que molestan a los demás.[281] La negociación exige a menudo respuestas rápidas a las declaraciones y preguntas formuladas por la otra parte a lo largo de la misma. Los negociadores deben responder sobre la marcha y, a menudo, sin el beneficio de pensarlo mucho. No obstante, la comunicación espontánea es arte imperfecto. Es fácil exagerar, malinterpretar o malentender los puntos. La tensión o el estrés pueden incrementar las emociones.

---

[281] Roger Fisher and Scott Brown, *Getting Together* (New York: Penguin Books, 1988), 179.

En una negociación larga y compleja, es probable que ciertos temas se tergiversen o se expresen de forma inadecuada o con poco tacto. Las personas podrían sacar conclusiones precipitadas. Cuando la negociación se acalora, es muy fácil que se profieran insultos o declaraciones tendenciosas, despectivas o sin sentido. Y, a medida que vayan surgiendo argumentos, el negociador puede aprovechar los insultos reales o imaginarios de su homólogo. Así, los negociadores pueden descubrir que han dicho cosas que pronto desearían no haber dicho.

A medida que aumentan las presiones, y queda claro que no se van a cumplir todos los objetivos, puede aumentar el impulso por llevar la contraria o caer en contradicciones. Cualquiera de las partes, o ambas, pueden verse atrapadas en esa discusión y exaltarse. A los abogados, en particular, se les enseña a defender a sus clientes celosamente. Sin embargo, el celo de una persona puede ser interpretado por otra como una irritante sarta de palabras o un insufrible acoso.

Durante las negociaciones pueden salir a la luz diferentes susceptibilidades de las personas: lo que parece firme para uno puede parecer agresivo para otro. Cuando las personas intentan trabajar juntas, sus egos pueden chocar. El ego de un negociador puede estar ligado a su propuesta, lo que hace especialmente difícil abandonar una idea que no gusta a la otra parte.

Una parte puede tomarse personal los comentarios hechos por la otra. Puede insistir en algo que se haya dicho de forma despectiva u ofensiva. Los insultos innecesarios pueden colarse en las discusiones. Alguien puede intentar provocar sentimientos de culpa en otro, acusando a su contraparte de ser poco razonable, lo que puede desencadenar en recriminaciones. «Culpar a alguien de la situación —se ha dicho— enfría cualquier discusión al respecto».[282]

Además, una parte del arte de la negociación implica el drama. Un negociador puede hacer énfasis o expresar apasionadamente o tratar de comunicar algún otro mensaje aparentando estar indignado, confundido o en algún otro estado de ánimo particular. Pero estas reacciones dramáticas pueden ser fácilmente vistas como poco sinceras o demasiado teatrales, irritando a la contraparte.

El enojo también puede surgir incluso cuando las partes tienen la intención genuina de trabajar juntas para elaborar un acuerdo mutuamente beneficioso. El negociador puede intentar llevar las conversaciones por un camino, y cuando ese esfuerzo se ve frustrado

---

[282] Kolb and Williams, 163.

por otro que va en una dirección diferente, las frustraciones pueden aflorar rápidamente. Una de las partes puede interpretar que la otra está discutiendo con ellos, tratando de ganar puntos de una manera improductiva. Además, cuando las personas están frustradas suelen expresar sus sentimientos de una manera que puede irritar a los demás.

Por último, las actitudes vulgares, mezquinas o de poca monta propias de la naturaleza humana pueden aflorar en una negociación. La gente corta de miras, los racistas odiosos o los intimidadores negocian con otros, igual que lo hacen las personas con visión de futuro, de mente abierta y tolerantes. «En todas las profesiones, nacionalidades y organizaciones —señalan dos autoridades— hay personas que intentan aumentar su importancia menospreciando a otra persona».[283] Es muy probable que quienes hacen habitualmente comentarios denigrantes, prejuiciosos o insultantes lo hagan también al negociar. Las declaraciones incendiarias que hacen forman parte de su naturaleza, en lugar de ser tácticas de negociación.

b. Declaraciones incendiarias hechas a propósito

A veces, el negociador hace un comentario incendiario a propósito, pensando que su contraparte debe escuchar tal argumento, inclusive si las diferencias de perspectiva son tan grandes que podrían enfurecerlo. En otras ocasiones, el motivo es que la otra parte está tratando de «salirse con la suya» tergiversando la verdad y necesita que se le llame la atención. El negociador podría verse obligado a plantear algún aspecto de una historia de relaciones pasadas muy conflictiva. Otra posibilidad es que los puntos clave que se negocien se refieran a valores fundamentales, ideas básicas de justicia o equidad. Cuando esto entra en juego, la apuesta emocional puede aumentar rápidamente.

Mientras que a veces «irritar» a un negociador contrario puede considerarse, con razón o sin ella, como una influencia útil sobre esa persona, en otras ocasiones decir deliberadamente algo que enfade a la contraparte puede ser una cuestión de postura o de arrogancia. En este caso, la declaración ofensiva no va dirigida a la contraparte, sino a otros que se enterarán de ella, directa o indirectamente. Quizás la opinión pública se vea conmovida o un determinado sector quede satisfecho. Por ejemplo, un negociador laboral puede dar un golpe en la mesa o hacer una declaración especialmente contundente para tratar

---

[283] Fisher and Brown, 151.

de demostrar una mentalidad dura al sindicato o a la empresa que representa. Sin embargo, esto podría antagonizar a la otra parte.

En este caso, pensar analíticamente en lo que está ocurriendo exactamente, y por qué está ocurriendo, puede ser un buen consejo. Thomas Colosi sugirió:

> Hazte preguntas: ¿Por qué lo hacen? ¿Quién es su público? ¿Está realmente dirigido a su equipo? ¿Se están dirigiendo a la gente de su país? ¿Es para la prensa? ¿Tienen problemas internos? ¿Está el orador en una posición precaria con... su propio equipo?... ¿Qué tipo de mensajes están comunicando los otros miembros del equipo mientras el orador arenga a su lado? ¿Intenta el orador maximizar la importancia de una concesión que está a punto de hacer o de avergonzarte? ¿Debes tomártelo como algo personal? ¿Está el orador tratando de enfurecerte o intimidarte?[284]

Colosi también sugirió que tomar notas puede calmar el enfado: «Di: "Perdona. Quiero anotar esto. Esto es importante". Si quieres controlar el comportamiento alborotado de los miembros de la mesa, pídeles que hablen más despacio mientras escribes lo que dicen. *¡Es imposible que alguien grite despacio!*».[285]

Otra posibilidad es que un comentario ofensivo forme parte de una estrategia preparada. El negociador puede esperar obtener alguna ventaja táctica ridiculizando o intimidando al otro, o mediante algún comentario despectivo, una serie de golpes y púas, o algún otro esfuerzo intencionado para provocar. Este tipo de juego puede animar a la persona que lo ha hecho, o puede molestar, perturbar o distraer a la otra parte.

Algunos negociadores, cuando se enfadan, tienen problemas para mantenerse centrados y pensar de manera analítica. Los comentarios ofensivos podrían intimidar o acobardar a la otra parte. Una contraparte enfadada o distraída podría perder su eficacia. O bien, una de las partes podría concluir precipitadamente una negociación que se ha tornado bastante desagradable. Un negociador podría ofender a otro con la esperanza de abrir un camino hacia una resolución favorable.

Sin embargo, enfadar a otra persona a propósito es un comportamiento muy arriesgado. Por lo general, cada una de las partes está presente en una negociación voluntariamente, y cada una suele tener opciones válidas para salirse. Irritar gravemente a la otra parte puede hacer que se interrumpan las conversaciones. Además, si se llega a un acuerdo, en algún momento habrá que aplicarlo. Dado que la gente tiende a recordar durante mucho

---

[284] Thomas Colosi, *On and Off the Record* (Dubuque: Kendall/Hunt Publishing, 1993), 54.
[285] Ibid., 55.

tiempo los momentos en los que fue ofendida, la aplicación de los términos de un acuerdo puede verse comprometida.

D. Otras tácticas de presión

Que el negociador contrario haga declaraciones incendiarias es solo una de las diversas tácticas de presión habituales. Algunos estudiosos han identificado la presión en determinadas maneras de argumentar. Por ejemplo, en una trampa basada en la coherencia, un negociador intenta primero persuadir a la otra parte para que acepte la lógica o la justicia de una norma que parece sencilla. A continuación, intenta que la otra parte acepte que la norma también se aplique a la situación actual.[286]

Otra táctica de presión se conoce como la rutina del policía bueno y el policía malo, ya que los departamentos de policía han utilizado durante mucho tiempo este enfoque para obtener información de los sospechosos. En este caso, en un equipo de dos personas, mientras un compañero adopta un estilo negativo, difícil, abrasivo e intransigente, el otro adopta el de una persona confiada y comprensiva. La idea es que el sospechoso se ablande con el policía bueno, que finge estar tratando de ayudar al sospechoso y busca utilizar la simpatía para conseguir que la persona coopere. Pero el policía malo insiste en imponer un trato duro, a lo que el policía bueno insta al sospechoso a ceder. La esperanza es que manipulando estos dos enfoques psicológicos se consiga una resolución ventajosa.

Una forma de reducir en gran medida la eficacia de esta táctica de negociación es hacer saber a la otra parte que la has identificado. Puedes decir: «Vale, ya he oído al "poli bueno", y supongo que ahora me espera el "poli malo"». Si ves claramente la táctica de presión que se está empleando, es muy probable que tus contrapartes la abandonen.

1. Amenazas

Un negociador que promete algo está asegurando a su contraparte que hará algo que esta considera positivo. El que hace la promesa crea a propósito una expectativa de que algo que la otra parte quiere que ocurra, de hecho, ocurrirá.

Una amenaza, en cierto sentido, es lo contrario de una promesa. Es un intento por coaccionar o intimidar a la otra parte para que tome alguna medida. El negociador informa a su contraparte de que, a menos

---

[286] Richard Shell, *Bargaining for Advantage* (New York: Penguin Books, 1999), 45-46.

que se tomen determinadas medidas, emprenderá alguna acción que la otra parte considerará perjudicial, negativa o bastante desagradable.[287] De esta manera, podría quitarle algo de valor o exponer a la otra parte a algún riesgo o peligro. O bien, puede causar a la otra parte algún tipo de dolor o vergüenza, algo que le desagrade enormemente. (El capítulo 10 sobre la negociación honesta explora las amenazas impropias, o legalmente inadmisibles).

Un negociador que percibe la vulnerabilidad que tiene la otra parte y quiere intentar aprovecharse de ella puede lanzar una amenaza. Es decir, tal vez con la esperanza de atraer a la otra parte a la mesa de negociación o de hacerla avanzar hacia una determinada resolución negociada, una parte podría plantear la posibilidad de seguir adelante y emprender la acción que la otra parte teme.

a. Amenazas efectivas e inefectivas

Para que sea efectiva la amenaza, la persona a la que se amenaza debe considerarla muy perjudicial, o la amenaza tendrá poco impacto. Por ejemplo, las autoridades podrían amenazar con que, si un rehén herido muere, desencadenarán un asalto armado total contra un edificio que se encuentra protegido por barricadas y que muy probablemente matará al secuestrador que se encuentra en su interior. Sin embargo, si el extremista aspira realmente a ser un mártir de una causa, esa amenaza de las autoridades quedará en nada.

La amenaza también debe ser creíble. Es decir, la parte amenazada tiene que creer que su contraparte tiene tanto la voluntad como la capacidad de llevar a cabo la acción. Una amenaza solo es potente si el objetivo cree, de hecho, que la acción con la que se amenaza podría llevarse a cabo y se llevará a cabo.

Dado que las partes suelen pasar por alto o ignorar declaraciones imprecisas, formular una amenaza con precisión puede influir en su eficacia. Puede ser útil dejar muy claro por qué se tomaría la acción con la que se amenaza.

Nótese también que las amenazas legítimas tienden a influir en las partes con más frecuencia que las ilegítimas. «Una amenaza puede ser legítima —observó un experto— si su aplicación está moral o legalmente justificada. Es más probable que una amenaza de este tipo ejerza influencia que una que parezca un chantaje sin fundamento».[288]

---

[287] Zartman and Berman, 180-81.
[288] Roger Fisher, *International Conflict for Beginners* (New York: Harper & Row, 1969), 58-59, 148.

b. Peligros asociados a las amenazas

Amenazar en una negociación puede ser una maniobra peligrosa, propensa a ser contraproducente. A veces, el negociador amenaza al otro, con la esperanza de que la sola flexión de los músculos obtenga el resultado deseado. Sin embargo, a menudo las amenazas no funcionan. No solo enfadan al receptor, sino que las partes suelen descartarlas como meros engaños. La parte amenazada puede dudar de que su contraparte realmente vaya a llevar a cabo la acción. Llevar a cabo la amenaza podría hacerle quedar mal, y esto podría traer problemas de los aliados o los electores de esa parte. O bien, llevar a cabo la acción con la que se amenaza —por ejemplo, abandonar una negociación— podría acabar perjudicando a la parte amenazante tanto como a la amenazada.

Además, por naturaleza la gente se resiste a las presiones. «La pregunta pasa de "¿Debemos tomar esta decisión?" a "¿Debemos ceder a la presión externa?"». Cuando un grupo se plantea una decisión, como suele ocurrir en las negociaciones complejas, normalmente, muy pocos de sus miembros se inclinan por sugerir que se ceda. Esto puede percibirse como una cobardía o suponer una pérdida de prestigio.

En cambio, la reacción natural a la coerción es intentar dejar la impresión de que la amenaza no ha conseguido nada por cambiar el comportamiento. Si acaso, ha empeorado la situación. Una forma de hacer esto es lanzando una contraamenaza. Por tanto, las amenazas pueden intensificarse fácilmente, no solo acabando con la posibilidad de una resolución negociada, sino creando más problemas si las amenazas se cumplen realmente. En este sentido, conviene tener en cuenta que, si una parte decide lanzar una amenaza, el hecho de no cumplirla dañará su credibilidad y hará que las futuras amenazas sean menos creíbles.

Las amenazas resultan especialmente problemáticas cuando las partes van a mantener relaciones continuas. Roger Fisher y Scott Brown señalaron:

> Cuando hago una amenaza, hay tres resultados posibles: Yo «gano» el encuentro porque tú te echas para atrás; tú no cedes y yo cumplo la amenaza; o tú no cedes y yo decido no cumplir la amenaza. Ninguno de estos resultados es bueno para una relación. Ninguno facilitará la resolución de las diferencias en el futuro.[289]

---

[289] Fisher and Brown, 147.

c. Amenazas frente a advertencias

Las amenazas se diferencian a veces de las advertencias por los siguientes motivos. Una amenaza se impone por la voluntad de la persona que la emite. Su tono es de confrontación: haz esto o lo otro. La advertencia es una advertencia que indica lo que puede ocurrir si se hace o no se hace algo. Su tono es más neutro y respetuoso: es una proyección de lo que nos depara el futuro en determinadas circunstancias. Una advertencia puede presentarse como un esfuerzo por ser directo con la otra parte. Las noticias son malas, pero es mejor conocerlas y comprenderlas que quedarse ciego ante algo que no se sabe que se avecina.

El negociador puede lanzar una amenaza en la recta final de la negociación, enfrentándose a la otra parte, implícita o explícitamente, con un ultimátum. Es decir, la parte amenazante haría una exigencia final e inflexible para que la otra parte haga algo para evitar consecuencias negativas graves. El negociador podría declarar: «Acepte estas condiciones o romperemos la negociación y presentaremos una demanda». Por el contrario, un negociador puede advertir a su contraparte diciendo: «Debes saber que el sindicato ha votado a favor de la huelga si no llegamos a un acuerdo antes de la medianoche del 30 de junio».

Se ha dicho que algo que se hace pasar como una advertencia es en realidad una manera más sutil y maquiavélica de realizar una amenaza.[290] Mi opinión es que las amenazas pueden diferenciarse normalmente (y de manera útil) de las advertencias, pero a veces algunas declaraciones pueden contener elementos de ambas.

Por ejemplo, un abogado podría decir:

> Entiendo las dificultades que ha tenido su parte para llegar a un acuerdo sobre cómo proceder. Sin embargo, la parte a la que represento tiene que seguir adelante y hemos decidido dirigirnos a su principal competidor si no llegamos a un acuerdo en el plazo de una semana.

¿Es una advertencia o una amenaza? Por un lado, el negociador ha adoptado un tono respetuoso y plantea su afirmación como una declaración directa de lo que va a ocurrir si no se alcanza un acuerdo. Por otro lado, la decisión de cambiar de socio negociador es un acto de libre albedrío que surge de una de las partes, no un acto neutral que

---

[290] James White, The Pros and Cons of Getting to YES, *Journal of Legal Education* 34 (1984): 118.

resulta de manera natural como consecuencia de determinado estado de cosas. Este es un ejemplo de declaración mixta, con elementos de amenaza y advertencia, y podría interpretarse en ambos sentidos.

d. Respuesta a las amenazas

Si te enfrentas a una amenaza, puedes responder de varias maneras. En primer lugar, puede ser útil hacer una pausa para analizar qué puede haber provocado la amenaza.[291] ¿Están aflorando frustraciones pasadas o profundas? ¿Se ha sentido su contraparte ofendida por alguna declaración o acción? Si es así, examinar los agravios y reconocer el punto de vista de la otra parte puede ayudar a calmar la situación. ¿Es la amenaza un intento de intimidar o coaccionar mostrando su influencia, o es, posiblemente, un engaño destinado a obligar a una resolución en términos favorables? Plantear preguntas puede aclarar aspectos importantes de la situación, incluida la seriedad de la amenaza. Como dice una fuente:

> Imagina que un contratista te amenaza con demandarte a ti, que eres un proveedor, por un cambio que te proponen en la fecha de entrega de materias primas. Puedes intentar descubrir los motivos de la amenaza preguntando: «¿Por qué una demanda sería una mejor opción para ti en lugar de continuar con las conversaciones?».[292]

En cuanto a otras posibles respuestas, podrías simplemente ignorar esa afirmación. Reconocer que se ha hecho, y seguir adelante. También puede mostrar su escepticismo sobre la amenaza sin desafiarla directamente. Por ejemplo, un negociador podría responder simplemente: «Bueno, tendremos que esperar que no se llegue a eso». Otra opción es preguntar: «¿Debo tomar eso como una amenaza, entonces?». Tanto si la contraparte lo niega como si lo afirma, el negociador hábil generalmente puede volver a centrar la atención en el fondo del problema. La amenaza tiende entonces a dejar de ser objeto de atención y puede perder fuerza.

Por último, otra posibilidad es responder con una contraamenaza, resaltando aspectos útiles de su propio MAAN o apalancamiento. Esto

---

[291] *How to DEAL with Threats: 4 Negotiation Tips for Managing Conflict at the Bargaining Table*, Program on Negotiation, Harvard Law School, March 10, 2016, http://www.pon.harvard.edu/daily/conflict-resolution/how-to-deal-with-threats/?mqsc=38.

[292] Ibid.

podría ir acompañado de una acción destinada a volver a centrar la atención en los asuntos de la negociación. Se podría decir:

> Sabes, estamos aquí como negociadores, no como litigantes, ni boxeadores, ni soldados. Si tenemos que dar pasos adversos en el futuro, que así sea. Pero todavía no he perdido la esperanza de que podamos unir nuestras ideas para encontrar una salida a estas circunstancias que ambas partes podamos apoyar.

2. Presiones de tiempo

a. Plazos: reales y artificiales

Los plazos son habituales en las negociaciones. Un sindicato puede anunciar un plazo para la huelga. Es probable que los negociadores tengan un periodo limitado para dedicar a las interacciones en la mesa. Si se han hecho progresos y hay esperanzas de que se produzca una resolución negociada, estos plazos pueden ampliarse o se pueden programar sesiones adicionales.

Sin embargo, a veces, ya que los negociadores pueden alargar las negociaciones y estas pueden volverse tediosas, se inventa un plazo artificial para obtener una decisión, en un sentido u otro, sobre el asunto que se está negociando. En estas circunstancias, el plazo se convierte en un tipo de táctica de presión. Dicho plazo es arbitrario en el sentido de que se impone a voluntad de quien lo establece. No existe ninguna razón que justifique la interrupción de las conversaciones en ese momento y no hay ningún acontecimiento o circunstancia externa que justifique el plazo. A veces se añade la impresión de que cualquier oferta futura será menos favorable.

b. Ofertas explosivas

Evidentemente, nadie espera que una propuesta esté disponible por siempre, y poner algún límite de tiempo es a menudo un movimiento útil y razonable para llevar las cosas a buen fin. El contexto en el cual esto se convierte en una táctica de presión es cuando se impone un plazo corto en un intento deliberado de lograr una resolución ventajosa de inmediato. Por ejemplo, una de las partes podría anunciar abruptamente que determinada propuesta expirará a las 17:00 horas del día siguiente, tras lo cual se retirará. Esto se denomina a veces oferta explosiva es una variedad de plazo artificial bastante fuerte «marcada por un plazo extremadamente ajustado con el fin de presionar a la otra parte para que acepte rápidamente».[293]

Una autoridad sugirió que las ofertas explosivas suelen estar marcadas por varias características adicionales.[294] La persona que hace la propuesta a la que se le ha impuesto el plazo artificial está en una posición mucho más poderosa que la que la recibe. Un estudiante que considere una oferta de trabajo de verano en una empresa puede sentir una cierta desigualdad de poder, al igual que uno que acaba de recibir un doctorado y está considerando uno de los escasos puestos de profesorado disponibles. Una oferta explosiva también se interpreta con frecuencia como una prueba de fe: «Si eres de los nuestros, aceptarás; si te resistes, estaremos tan disgustados contigo que no tendrá sentido seguir negociando». Además, la persona que hace una oferta explosiva luce obstinada, ignorando arbitrariamente cualquier petición de flexibilidad por muy razonable que sea.

Las ofertas explosivas están ideadas no solo para agilizar una negociación, sino para restringir la libre elección de la contraparte. Esta variedad de oferta muestra una falta de respeto por la persona a la que va dirigida, ya que se ignoran las dificultades a las que puede enfrentarse dicha persona. Si la oferta tiene éxito, le impiden comparar precios, investigar con diligencia los detalles de la propuesta o considerar otras ofertas similares.

c. Problemas con las presiones de tiempo

Esta táctica de presión para intentar obligar a responder con un sí o un no en poco tiempo conlleva varios problemas. En primer lugar, un plazo ficticio puede irritar mucho a los afectados. Cuando las relaciones ya se han deteriorado entre las partes, un plazo ficticio puede tomarse como una invitación a una prueba de fuerza, una lucha extra por un asunto no sustancial. La parte a la que va dirigida puede incumplir el plazo para tratar de llamar la atención o de fastidiar a su contraparte.

En segundo lugar, es muy probable que la parte que tiene que enfrentarse a la fecha de vencimiento sospeche que el plazo es inventado y no real. Como señaló una autoridad, se puede sondear fácilmente una afirmación como «Tienes hasta medianoche para aceptar este

---

[293] Roy Lewicki, David Saunders, and John Minton, *Essentials of Negotiation*, 2nd ed. (Boston: Irwin/McGraw Hill, 2001), 79.

[294] Robert Robinson, Defusing the Exploding Offer, *Negotiation Journal* 11 (1995): 278-79.

acuerdo», preguntando «¿O si no qué?». La respuesta a esa pregunta puede parecer difícil o imposible de conseguir «O buscaré un acuerdo con otra persona». «Para mañana a medianoche?».[295]

d. Contrarrestar los plazos

El negociador puede manejar un plazo ficticio de varias maneras.[296] Se pueden mencionar intereses que podrían motivar a la parte que ha hecho la propuesta a retirar o pasar por alto el plazo ficticio, al menos durante un tiempo. Por ejemplo, una empresa podría reconocer su interés en tener empleados satisfechos que empiecen a trabajar para ella o en que circulen informes positivos sobre su proceso de entrevistas y contrataciones.

Robert Robinson señala que un enfoque sería expresar interés genuino en la propuesta, explicar por qué no se puede cumplir el plazo y quizás añadir un «qué pasaría si».[297] Por ejemplo, un candidato a un puesto de trabajo podría decir: «Estoy muy interesado en su oferta y me gustaría poder aceptarla de inmediato, pero se trata de un cambio importante para nosotros y tengo que consultarlo con mi cónyuge. ¿Y si me comprometo a llamarle el lunes por la mañana con una respuesta definitiva?».

Esto es, en efecto, responder con una contraoferta en la que lo que se está contrarrestando no son los términos de fondo del acuerdo propuesto, sino el proceso para llegar a una decisión final. Si el interesado en la oferta explica cuándo podría dar una respuesta definitiva y por qué es razonable esperar hasta esa fecha, la otra parte podría mostrarse receptiva.

Cuando fracasan estas peticiones de interés o empatía y la parte que hace la oferta sigue intentando utilizar su posición de poder para coaccionar una respuesta inmediata, otra opción, según Robinson, es aceptar la oferta, pero solo de forma provisional, haciendo que esta oferta se convierta en algo que haga que venza el plazo artificial.[298] De nuevo, en el contexto laboral, esto podría implicar la explicación de alguna normativa, la reunión con los compañeros de trabajo o con un supervisor, o la determinación de la concesión de alguna gratificación.

Robinson reconoce que esta es en sí misma una «táctica dura», y sugiere que un negociador acreditado podría sentirse completamente cómodo utilizándola solo si se dieran las tres siguientes condiciones:

---

[295] Patrick Cleary, *The Negotiation Handbook* (Armonk: M. E. Sharpe, 2001), 84.
[296] Robinson, 280-84.
[297] Ibid., 281.
[298] Ibid., 282-83.

Si el beneficiario de la oferta explosiva percibe que la otra parte se comporta de manera poco ética y no responde a los pedidos para entrar en razón; el beneficiario está realmente interesado en llegar a un acuerdo, pero necesita más tiempo para tomar una decisión; y-o hay realmente cuestiones que necesitan ser aclaradas, lo que marcaría la diferencia entre aceptar o rechazar el acuerdo.[299]

D. Gestionar las dificultades interpersonales

Cuando las relaciones interpersonales son un problema, ¿qué tácticas debe tener en cuenta un negociador que puedan ayudar a cambiar las cosas?

1. Mejorar las malas relaciones laborales existentes

¿Cómo se maneja la hostilidad existente al inicio de las negociaciones? Una de las partes puede entrar en las negociaciones con rencor, o puede estar muy claro desde el principio que determinadas personalidades pueden chocar. En este caso, los negociadores podrían verse tentados a considerar las malas relaciones laborales como un hecho. Sin embargo, puede valer la pena ver si las dificultades interpersonales pueden afrontarse y mejorarse y si sería posible establecer una relación más positiva.

En una relación nociva, es fácil que te quedes tan atrapado en lo que sientes, en lo que crees que necesitas y en tus propios argumentos, intereses y propuestas, que dejes de escuchar o pases por alto lo que la otra parte piensa, necesita y siente. Este no es un estado de ánimo propicio para crear una resolución que ambos encuentren ventajosa y con la que ambos estén de acuerdo.

Un enfoque es el de ver inmediatamente si es posible disipar parte de la tensión existente mejorando la relación problemática. Naturalmente, este consejo se adapta mejor a unas circunstancias que a otras. En una familia disfuncional, por ejemplo, cuyos miembros deben ahora negociar entre sí sobre algún problema común, el historial de problemas interpersonales puede ser tan enredado y complejo que,

---

[299] Ibid., 284.

si es posible un progreso significativo, podrían ser necesarios años de terapia intensiva para que se produzca.

Sin embargo, en muchas relaciones, especialmente las de tipo profesional, los problemas interpersonales que pueden haberse acumulado a lo largo del tiempo podrían identificarse más fácilmente y tratarse de manera productiva. En este caso, el objetivo sería simplemente fomentar una relación de trabajo positiva. Las partes solo tienen que dejar de lado sus diferencias tanto como para poder negociar eficazmente entre ellas.

En la discusión acerca de las agendas en el capítulo 3, señalé que una de las partes en ocasiones querrá abordar los problemas relativos a las relaciones al principio de la negociación. Si se pueden restablecer las relaciones en buenas condiciones antes de pasar al fondo, las cuestiones de fondo pueden ser mucho más manejables. Además, un eventual acuerdo podría servir mejor a los intereses de ambas partes y resultar más duradero y óptimo que si las malas relaciones de trabajo hubiesen persistido.

Sin embargo, el negociador puede preguntarse cómo poner sobre la mesa, en una fase temprana de la negociación, asuntos delicados referentes a las relaciones, de manera que no se enturbie la negociación desde el principio. En algunas circunstancias, una declaración como esta podría ayudar:

> Ahora que empezamos a negociar este nuevo asunto, si hay algo en lo que probablemente ambos podemos estar de acuerdo es en que nuestras relaciones pasadas han sido a veces poco idóneas. Antes de empezar, quizá podamos al menos aclarar un poco las cosas. ¿Por qué no me das algunas ideas sobre las cosas que han sucedido y que han afectado negativamente nuestra capacidad para hacer cosas juntos? Luego, añadiré algunas de mis percepciones. Tal vez podamos proponer algunas ideas para tratar de poner las cosas en orden esta vez.

Un enfoque de este estilo invita a analizar la relación y muestra la voluntad de escuchar a la otra parte, a la vez que proporciona una oportunidad para que ambas partes se desahoguen. Y, aunque invita a las partes a recordar el comportamiento del pasado y a volver a plantear algunos problemas, seguidamente hace hincapié en las relaciones futuras y en la forma de organizarlas de manera más productiva. Aunque no es adecuado para todos los casos en los que hay hostilidad al comienzo de una negociación, es una opción a tener en cuenta en algunos casos.

2. Permitir que una de las partes se desahogue

Cuando una negociación se pone en marcha, pero se ve inmediatamente obstaculizada por evidentes problemas interpersonales, un enfoque es permitir, incluso fomentar, el desahogo. Esto se refiere a liberar la tensión expresando algún punto, a menudo de una manera emotiva o apasionada. Para avanzar en los asuntos de fondo y llegar a una resolución negociada, una de las partes o ambas pueden sentir la necesidad de identificar sus frustraciones y expresar sus opiniones al respecto.

Cuando reconoces que alguien se está desahogando, es más, cuando has sido tú quien lo ha propiciado, el trabajo de escuchar a tu contraparte puede ser más fácil de tolerar. Tal vez también sea necesario desahogarse un poco. Una autoridad sugiere que te relajes y dejes que el ruido te invada, mientras piensas en el bien que le hace a tu contraparte y a la negociación en general que todos esos sentimientos salgan a la luz.[300]

Cuando una de las partes se desahoga, puede ser muy útil encontrar algo con lo que se pueda estar de acuerdo. Es muy probable que tu contraparte espere que hagas todo lo contrario, que te resistas, que plantees contraargumentos y que intentes restarle importancia. Escuchar con respeto y mostrar interés por su punto de vista puede acortar el proceso de desahogo y permitirle, en última instancia, replantear las cosas para llegar a la discusión de fondo del problema.

Sin embargo, es importante tener en cuenta que, si bien el desahogo puede despejar el aire, también tiene el potencial de empeorar una mala situación.[301] Esto suele ocurrir cuando, en el transcurso del desahogo, uno de los participantes culpa a otro que está en la mesa de negociación y este le responde de la misma manera. Cada uno crea argumentos sobre por qué tenía razón y el otro estaba equivocado. En este caso, el hecho de expresar su enfado puede agravar la situación, en lugar de limitarse a liberar una emoción reprimida.

Aunque tu desahogo pueda parecerte completamente lógico y apropiado, para los demás puede sonar farisaico o de una mente cerrada. La mejor práctica, por tanto, podría ser desahogarse con otra persona y no directamente con la persona que le ha causado el enojo o contar con la presencia de una parte neutral preparada «para moderar

---

[300] Ury, 45.
[301] Roger Fisher and Daniel Shapiro, *Beyond Reason* (New York: Viking, 2005), 157-60, 168.

las auto justificaciones y tomar en cuenta la perspectiva de cada parte sobre la situación».[302]

Si te encuentras tan metido en el proceso de desahogo que temes perder los estribos o la compostura o distraerte o sentirte impotente por ello, cabe recordar que la negociación puede ser una forma de hacer teatro. Una autoridad aconsejó: «Imagina que eres un actor interpretando un papel... La otra parte está gritando a la persona en su rol, no a usted. Suéltalo». Al señalar que «las partes se gritan entre sí solo durante un período de tiempo limitado —y generalmente breve—», observó que «hay un límite definido de tiempo para que la gente pueda gritar, normalmente solo unos minutos.... Una vez transcurrido ese tiempo, las partes suelen concluir, movidas por el alivio y la vergüenza. Pero, a menudo, el cielo se despeja después de un episodio así y las partes pueden seguir adelante».[303]

3. Alterar el proceso de negociación

Otra posible ruta para mejorar las relaciones laborales consiste en realizar un cambio notable en el proceso de negociación. Si los avances se han frenado a medida que las partes se enfrascan en acalorados intercambios o cuando ha surgido un tono defensivo o prepotente, podría ser útil poner sobre la mesa un asunto que sea especialmente complicado. Convocar un receso o un caucus también puede ayudar a restablecer las relaciones positivas.

En un receso, los negociadores piden un breve periodo para tomarse un descanso, normalmente saliendo de la sala. El propósito es refrescarse, despejar la mente, tomar aire fresco y prepararse para volver y negociar de forma más productiva. Quizá lo más importante es que un receso proporciona tiempo para liberar la tensión y pensar, sin la presión de tener que formular una respuesta inmediata a la contraparte. Un breve periodo fuera de la mesa de negociación puede ayudar al negociador a revisar la situación.

En una pausa que hace las veces de caucus, los negociadores se reúnen para discutir lo que ha ocurrido y para planificar qué hacer a continuación. Tomar un café, reunirse en privado con el cliente o el socio negociador, o incluso planificar la reanudación de las conversaciones en una futura sesión, podría dar a las partes el espacio necesario para distanciarse y ofrecer la oportunidad de volver con otra actitud e ideas nuevas.

---

[302] Ibid.
[303] Cleary, 125.

De una manera más sutil, cambiar el lenguaje corporal puede resultar útil para recuperar las relaciones de trabajo positivas. Cuando las partes han adoptado posturas conflictivas, un cambio físico de posición que resalte la necesidad de abordar el problema conjuntamente podría aportar energía positiva. El movimiento libera la tensión, por lo que levantarse, moverse y sentarse al lado de la otra persona puede ayudar a romper ese círculo vicioso. El negociador puede dirigir la atención hacia un bloc de papel o hacia un portapapeles o pizarra. Empezar a trabajar juntos de esta manera proporciona una razón natural para cambiar la ubicación de las sillas, y esto puede ser una señal del comienzo de una fase más productiva.

Una poderosa fuente de frustración, a medida que se agravan las relaciones de trabajo, es la sensación de que los puntos de vista personales no son bien recibidos por la otra parte. Recordemos las técnicas de escucha activa analizadas en el capítulo 3. Estas técnicas indican a la otra parte que, aunque no se esté de acuerdo con ella, se le escucha y se le entiende, y que se hace un intento real de comprender sus puntos de vista. Así, el negociador puede buscar oportunidades para seguir parafraseando, para hacer preguntas adicionales y para plantear actividades complementarias.

Otra manera de intentar recuperar un tono positivo y productivo sería hacer una invitación de negociador a negociador para volver y retomar sus habilidades de negociación. Se podría decir: «Parece que las cosas se han estancado. En lugar de más debates, ¿qué tal si vemos la posibilidad de trabajar juntos como negociadores y encontrar algo en lo que ambos podamos estar de acuerdo?».

4. Enmiende sus errores

También se puede pensar en lo que se pudo haber dicho o hecho que pudo haber jugado un papel importante en la aparición de problemas interpersonales. Reconocer directamente que compartes la responsabilidad de las dificultades actuales puede hacer que tu contraparte esté más abierta a trabajar positivamente contigo.[304]

Más allá de esto, quizá sea posible enmendar las cosas de una forma u otra, lo que probablemente tendría un impacto aún mayor. Podría aclararse un asunto previo que pudo haber sido interpretado de una manera desacertada. A veces, dejar muy claro que entiendes lo que la otra parte ha experimentado restablecerá el tono de cooperación.

---

[304] Roger Fisher and Alan Sharp, with John Richardson, *Getting It Done* (New York: Harper Business, 1998), 24.

Mostrar que se está interesado en un nuevo acercamiento a través de una manifestación de preocupación también puede ayudar a restablecer unas buenas relaciones. A veces, las tensiones se alivian simplemente reconociendo que se valora que existen diferentes perspectivas válidas sobre los temas que les dividen.

a. Pedir disculpas

A veces, los negociadores consideran la posibilidad de disculparse por algo ocurrido, ya sea que se haya producido durante las conversaciones o en anteriores negociaciones. El motivo puede ser ofrecer simpatía, recuperar terreno, situarse en una posición más positiva o trabajar para sentirse mejor ante una situación. Sin embargo, el objetivo principal de una disculpa suele ser intentar sanar las relaciones dañadas. Una disculpa sincera puede desarmar a una contraparte que se muestra hostil y restablecer un tono positivo, mientras que no disculparse puede ser tomado como una falta de respeto, algo que podría intensificar el conflicto.[305]

Si un negociador presentase una disculpa, aceptaría la culpa, a la vez que expresaría su arrepentimiento por alguna declaración o acción indebida, que puede haber sido descortés o improcedente o, en algún otro sentido, hiriente, errónea o perjudicial. El que se disculpa también puede hacer referencia a alguna regla sobre cómo debería haberse manejado la situación, pero no se hizo.[306] Es posible incluir alguna acción o gesto destinado a reparar parte del daño causado.

Al disipar la ira de la otra parte, persuadir a la contraparte de que es probable que su comportamiento futuro sea diferente y obtener cierto grado de perdón, una disculpa podría ayudar a cambiar una dinámica negativa. «La disposición a admitir que te equivocaste, a disculparte y a asumir la responsabilidad por el mal hecho —señaló una autoridad— puede mejorar mucho tu credibilidad en el futuro».[307]

A veces la gente huye de las disculpas porque cree que la culpa de la situación debe ser compartida. Una parte puede creer que, aunque se equivocó en los asuntos A y B, la otra parte debería disculparse por los asuntos C y D. Sin embargo, puede ser útil ser muy específico sobre aquello por lo que se está pidiendo disculpas. Esto aumentará la

---

[305] Jonathan Cohen, Advising Clients to Apologize, *University of Southern California Law Review* 72 (1999): 1019.

[306] Jennifer Gerarda Brown and Jennifer Robbennolt, Apology in Negotiation, in *The Negotiator's Fieldbook*, 429.

[307] Lisa Blomgren Bingham, Avoiding Negotiation, in *The Negotiator's Fieldbook*, 115.

sinceridad con la que se pide disculpas y puede hacer que la otra parte se disculpe también.

Es posible, y a veces útil, expresar arrepentimiento, pero sin ahondar en quién tiene exactamente la culpa de la situación. Cuando las partes comparten la culpa, otra posibilidad es hacer referencia a una disculpa sin llegar a disculparse. Por ejemplo, el negociador podría decir:

> Desde luego, no estamos aquí para exigir una disculpa ni nada por el estilo. Quién debe disculparse con quién por un asunto que es un tema espinoso que tal vez no sea necesario tratar. Tal vez podamos simplemente acordar que se han dicho algunas cosas que probablemente habría sido mejor no decir, ya que eran inexactas o estaban mal formuladas, y volver a las cuestiones de fondo.

Otras veces, la gente se abstiene de disculparse por temor a estar admitiendo algo o a mostrarse mansos y sumisos. Estas dudas sugieren, sin embargo, no que se elimine la posibilidad de pedir disculpas, sino que se analice detenidamente la forma en que se formularán. ¿Por qué se pide perdón exactamente? ¿Qué debe incluir el contenido de la disculpa?

A menudo, en las negociaciones, el asunto por el que hay que disculparse tiene que ver con la falta de cortesía y no con la culpabilidad legal. No obstante, los abogados y clientes, así como aquellos que podrían ser objeto de una demanda, deben ser especialmente cautelosos en cuanto al contenido de la disculpa, a fin de evitar posibles responsabilidades. En este sentido, aunque las leyes difieren dependiendo del Estado, al parecer se está desarrollando una tendencia que distingue «entre las expresiones de simpatía (Siento que estés herido) y las disculpas que no admiten culpa (Siento haberte herido) después de haber sufrido un accidente».[308] En un caso civil, es mucho más probable que estas últimas sean admisibles como prueba de la culpa.

Recuadro 7.1 - Consideraciones útiles para formular una disculpa

Un negociador que esté considerando la posibilidad de disculparse podría plantearse las siguientes preguntas.

- ¿Por qué motivos se debe pedir una disculpa?
- ¿Cuál es la probabilidad de que se reciba una disculpa?
- ¿Qué efecto puede tener una disculpa en el resto de la negociación?

---

[308] Jonathan Cohen, Legislating Apology, *University of Cincinnati Law Review* 70 (2002): 820.

- ¿Cuál es la mejor manera de transmitir que una disculpa es sincera y sentida?
- ¿Por qué no se quiere pedir disculpas, ya sea porque son inapropiadas o porque se teme que el reconocerlas implique una responsabilidad?
- ¿Cuál es la mejor manera de expresar la clase de disculpa que se desea presentar?

5. Opciones de respuesta en caso de ofensa

Otra clase de conflicto interpersonal se origina por declaraciones ofensivas soltadas bruscamente en medio de una negociación. En la vida cotidiana, cuando alguien se siente ofendido, su personalidad podría condicionar su respuesta. Algunas personas se retraen naturalmente cuando se molestan; otras se vuelven agresivas. Algunos creen que es mejor ignorar los malos modales; otros se ven en la obligación de superarlos. El negociador, cuando se siente ofendido, puede tener la tentación de reaccionar de la misma manera, quizás considerando esa afirmación como una afrenta personal.

a. Tomar una decisión meditada en cuanto a la respuesta

Cortar las conversaciones y abandonarlas es una posibilidad. Sin embargo, el negociador hábil tomará una decisión meditada sobre la manera adecuada de responder. Ciertamente, es preferible una reacción meditada y decidida que una hecha a ciegas o precipitadamente. Para ello es necesario prever las opciones que se tienen en caso de que se produzca un comentario ofensivo.

Los negociadores que se sienten estresados o enfadados pueden intentar ganar ventaja mediante un distanciamiento momentáneo. William Ury aconseja:

> Imagina que estás negociando en un escenario y luego imagínate subiendo a un balcón con vistas al escenario. El «balcón» es una metáfora de una actitud mental de distanciamiento. Desde el balcón puedes evaluar tranquilamente el conflicto casi como si fueras un tercero. Puedes pensar de manera constructiva para ambas partes y buscar una manera mutuamente satisfactoria de resolver el problema.[309]

---

[309]   Ury, 37-38.

Al distanciarse temporalmente del toma y daca de las discusiones, podrá hacer un mejor trabajo para analizar objetivamente lo que está causando los problemas y determinar qué podría hacer al respecto.

b. Como manejar un comentario ofensivo

Andrea Kupfer Schneider ofreció un enfoque particularmente útil, orientado a las opciones existentes para manejar los comentarios ofensivos, sugiriendo que un negociador puede responder de las diferentes maneras que se enumeran a continuación.[310] Para elegir entre ellas, sugiere que revises tus suposiciones para asegurarte de que no estás proyectando algo falso en la persona, que evalúes su motivación para hacer comentarios —equivocados o malintencionados— y que luego elijas la respuesta que te parezca más adecuada. Ignorar el comentario es ciertamente una opción, pero, según ella, «debería ser una decisión consciente y positiva de tu parte en el sentido de que, o bien el comentario no te molesta tanto, o bien no vale la pena que le dediques tiempo y esfuerzo».[311]

i. Una pausa en la comunicación

Si escuchas algo que te ofende, una respuesta sería detenerte y no decir nada, tal vez simplemente mirar, con una expresión de desconcierto, a la otra persona. Su contraparte, sin saber lo que usted está pensando, puede sentirse incómoda con el silencio y revisar lo que se dijo, y tal vez incluso disculparse.

Una pausa en la comunicación también le dará la oportunidad de ordenar sus pensamientos y no responder con una réplica de la que luego se pueda arrepentir. A este respecto, Thomas Jefferson aconsejó una vez: «Cuando te enfades, cuenta diez antes de hablar; si estás muy enfadado, hasta cien».[312]

ii. Reconocer y avanzar

Otro enfoque consiste en eludir problemas de este tipo o, como dice Schneider, reconocer el comentario, desviarlo y seguir adelante. Escribió: «Si alguien te pide que vayas por un café, puedes responder: "Llamaré a mi secretaria para que nos traiga un refrigerio". Mientras tanto, ¿podemos revisar el contrato?».[313]

---

[310] Andrea Kupfer Schneider, Effective Responses to Offensive Comments, *Negotiation Journal* 10 (1994): 107-14.
[311] Ibid., 112.
[312] Ury, 45.
[313] Schneider, 112.

Este también puede ser un momento para confiar en el lenguaje corporal para enviar un mensaje sin interrumpir más las conversaciones: «Una ceja levantada, un suspiro exagerado o un giro de ojos dejan poco espacio para una refutación verbal».[314] Un mediador experimentado ofreció una opción menos conflictiva, señalando: «Utilizar la famosa señal de mano que significa "pausa" cuando la situación se ha descontrolado es una forma excelente de controlar el comportamiento sin que parezca que se está condenando».[315]

En medio de una sesión de negociación en grupo muy intensa, marcada por alguna declaración incendiaria, puede ser muy útil un breve caucus entre los principales negociadores de las respectivas partes. Se puede señalar que los intercambios que parecen ásperos o insultantes dificultan que los aliados o los miembros del equipo se mantengan unidos. En todos estos casos, el negociador no ignora el comentario ofensivo, sino que lo reconoce y pasa a centrar la discusión en el proceso de negociación.

iii. Confrontar a la parte y su declaración

Una tercera forma de proceder es enfrentarse a los comentarios o a la persona que los ha hecho. Los comentarios que una de las partes considera intimidatorios, abusivos o totalmente injustos pueden agravarse, provocar un profundo resentimiento y posiblemente arruinar las relaciones y la negociación.

Un enfoque orientado a la confrontación consiste en llamar la atención —en mencionar— sobre lo que está haciendo el negociador contrario. Deborah Kolb y Judith Williams escribieron: «Al mencionar la movida, le haces saber a la otra parte que no está funcionando. Por muy astuta o disimulada que sea la táctica, usted ve a través de ella y no se deja intimidar».[316] Ilustraron este punto relatando una negociación de derechos de televisión. Tras conseguir finalmente que el agente literario se pusiera al teléfono, el ejecutivo de medios de comunicación contó que:

Antes de que pudiera saludar, el agente empezó a gritarle improperios, atacando su competencia y su experiencia. Le sorprendió que pusiera en peligro un acuerdo lucrativo para su cliente, pero, fuera cual fuera su motivación, no podía dejar que su actitud pasara desapercibida, y marcó el tono de la negociación. «Llamé para empezar

---

[314] Kolb and Williams, 132.
[315] Karen King, But I'm Not a Funny Person ..., *Negotiation Journal* 4 (1988): 121.
[316] Ibid., 114.

a hablar sobre los puntos del acuerdo —interrumpió—. Cálmate. Gritar no servirá de nada. No me iré».

Más tarde, el ejecutivo se enteró de que aquella disertación había sido un esfuerzo por ganar tiempo, ya que el agente, de hecho, aún no tenía el control sobre los derechos de televisión en cuestión. Kolb y Williams observaron, además:

> Una contestación en tono de broma o de burla suscita una reacción diferente a la de una reprimenda implacable. A pocos negociadores les gusta quedar en ridículo, y un giro irónico o un comentario sarcástico suelen revelar lo absurdo que resulta un comportamiento humillante en lugar de una estocada contundente.[317]

iv. Involucrar el comentario

Un último enfoque ante un comentario incendiario que Andrea Kupfer Schneider denomina «involucrar», una respuesta que, según ella, ofrece ciertas ventajas notables. Por involucrarse, Schneider quiere decir que se sostiene «una conversación acerca del propósito de la otra parte al hacer el comentario y de sus sentimientos al escucharlo». Después de conocer su intención y haber escuchado su punto de vista, aconseja compartir tus propias percepciones. Recomienda: «Explica tu reacción y... tu razonamiento (por ejemplo, "Cuando oigo ese comentario, suelo suponer... y me hace sentir, pensar, etc.")».[318]

Involucrar a la persona deja las opciones abiertas, ya que todavía sigue siendo posible desviar la atención o confrontarla, una vez que haya escuchado lo que su contraparte tenía que decir y pueda determinar mejor si la declaración fue intencional o un lapsus linguae y si fue motivada por la ignorancia o el prejuicio. Es preferible a no hacer nada, ya que un comentario ignorado puede «influir en las futuras interacciones», e involucrarse puede preservar una relación de trabajo en la que una confrontación la deterioraría o acabaría.[319]

6. Cómo manejar negociadores difíciles en una negociación de grupo

Las negociaciones entre varias partes pueden incluir una o varias personas con las que resulta especialmente difícil trabajar o que no están en sintonía con el pensamiento de los demás. ¿Cómo se puede

---

[317] Ibid.
[318] Schneider, 112.
[319] Ibid., 113.

manejar esta situación? Frecuentemente, el grupo puede llegar a un acuerdo que abarque la totalidad de los reunidos en la mesa. ¿Cómo y cuándo hay que tratar de apartar del acuerdo a ese negociador?

a. Trabajar con sus aliados

Cuando un representante en una negociación grupal resulta ser problemático, una táctica es centrar sus esfuerzos en los aliados naturales de esa persona. Por ejemplo, cuando una empresa está negociando simultáneamente con varios sindicatos o quizás con los alcaldes de varias ciudades colindantes, y las relaciones con uno de ellos son especialmente difíciles, puede ser conveniente extraer lo que piensan los demás.[320] Mientras que un negociador obstinado podría querer dictar el curso de las negociaciones, el grupo podría progresar trabajando con sus aliados más sensatos. Además, pueden estar en la mejor posición para convencer a su colega de que acepte un posible acuerdo.

b. Excluir a las partes problemáticas

Otra opción en una negociación grupal en la que el avance se ve obstaculizado por un negociador puede ser simplemente dejar a esa parte por fuera del acuerdo que se está desarrollando. ¿Tiene esa parte poder de veto o podría bloquear de otro modo un posible acuerdo, quizás a través de una coalición de bloqueo? Cuanto más difícil parezca llegar a un acuerdo sin esa parte, más habrá que tener en cuenta sus intereses en cualquier resolución negociada.

Normalmente, aunque el grupo podría avanzar sin esa parte problemática, no cabe duda de que se echaría de menos su presencia. En este caso, antes de prescindir de esa parte, puede valer la pena intentar descubrir cuál es la mejor alternativa a un acuerdo negociado (MAAN) de dicha parte. ¿Podrían los otros miembros del grupo ofrecer algo que sirviera lo suficiente a los intereses de dicha parte para poder mantener el grupo unido? ¿Merece la pena mantener a esa parte dentro del acuerdo? ¿Ha enviado el grupo claramente a esa parte problemática el mensaje de que está considerando seriamente seguir adelante, en cualquier caso, con o sin ella presente? ¿Cuál sería la forma más discreta de comunicar ese mensaje? ¿En un caucus o frente al grupo en su totalidad? ¿Sería algún negociador en particular el portavoz más eficaz?

---

[320] Cleary, 43-44.

i. Como descubrir a un entorpecedor

Un negociador hábil también debe evaluar si una de las partes que se muestra anormalmente complicada está realmente negociando de buena fe para intentar llegar a un acuerdo. ¿Es que, por el contrario, está desempeñando el papel de entorpecedor, es decir, una parte que cree que sus intereses estarían mejor servidos si impidiera una resolución negociada? Un En lugar de trabajar para llegar a un acuerdo mutuamente beneficioso, un entorpecedor puede tener la intención de adoptar una postura dura o de atraer la atención de terceros, y quizá no esté realmente interesado en resolver el problema. Para no ser excluido, el entorpecedor puede fingir que está buscando una resolución negociada, mientras que en realidad está tratando de impedirla.

Los negociadores identifican a un posible entorpecedor analizando sus intereses, tratando de determinar sus motivaciones subyacentes y estando atentos a las señales reveladoras de que alguien no está negociando realmente de buena fe. Las tácticas de un entorpecedor pueden consistir en hacer que las otras partes se peleen entre sí o en intentar retrasar las conversaciones hasta que los distintos negociadores se frustren o se agote el plazo.

A veces, una de las partes es simplemente un saboteador potencial. Intentar impedir un acuerdo es una opción, pero el posible entorpecedor espera a ver cómo se desarrolla la negociación antes de emprender una estrategia de entorpecimiento. En este caso, los demás negociadores pueden convencer al posible saboteador de que regrese a las discusiones productivas, o pueden llegar a la conclusión de que es necesario prescindir de él para evitar que arruine las posibilidades de una resolución negociada.

E. Conclusión

En este capítulo se han tratado los problemas de comunicación interpersonal relacionados con conflictos de personalidad y tácticas de presión, que van desde la negociación dura hasta las percepciones partidistas y los comentarios ofensivos. A veces, los negociadores se enfrentan a una contraparte poco comunicativa, poco creativa o, incluso, carente de experiencia o competencia en la negociación. ¿Cómo podría proceder un negociador hábil en este caso?

Hay que intentar que la otra parte se sienta lo más cómoda posible y luego tratar de avanzar de manera lenta pero constante.

Hay que establecer relaciones positivas y, si hay diferencias culturales, reconocerlas abiertamente. A continuación, hay que asegurarse de no precipitarse con propuestas elaboradas o grandiosas. Más bien, explore los intereses a fondo. Adopte un proceso de negociación pausado, avanzando paso a paso, si es necesario, siendo muy específico y formulando preguntas que puedan responderse de forma sencilla, incluso con un «sí» o un «no».

Todas las dificultades interpersonales entre los negociadores —ya sean derivadas por incompetencia profesional, rasgos negativos de personalidad o declaraciones y tácticas conflictivas— equivalen a un estorbo inútil que puede entorpecer o perturbar el curso de una negociación. Todo ello puede contaminar las relaciones laborales y obstruir los esfuerzos por negociar de forma cooperativa e innovadora. A veces hacen que las partes se alejen de un posible acuerdo por frustración, hostilidad o disgusto. El hecho es que las personas cuando están enojadas, estresadas o distraídas rara vez están en su mejor momento en términos de creatividad, racionalidad y otras habilidades de resolución de problemas. Por lo general, no son receptivos a reflexionar para llegar a una solución óptima.

Las partes en una negociación complicada pueden verse inmersas en difíciles conflictos personales. A veces, un negociador tiene una buena percepción de lo que ha enfadado al otro, pero otras veces el origen del problema puede no estar claro. Roger Fisher y Scott Brown escribieron:

> Como nos resulta imposible meternos en la parte emocional de otra persona, es posible que ni lo intentemos. Pero si no pensamos en el estado emocional de la otra persona, caeremos en trampas emocionales que podríamos haber evitado si nos hubiéramos tomado el tiempo de considerar cómo nos sentiríamos nosotros en la posición del otro.[321]

Estar atentos a los problemas de comunicación interpersonal y tener en cuenta ideas sobre cómo abordarlos puede ayudar a los negociadores a alcanzar acuerdos mutuamente beneficiosos, y no a abandonarlos.

---

[321] Ibid., 59.

Capítulo 8
Cerrar un acuerdo: llegar a un acuerdo que valga la pena

La esencia de una negociación eficaz basada en intereses implica la comunicación inteligente acerca de un problema u oportunidad compartidos. Una negociación se inicia de forma productiva cuando se abre de forma atractiva. Después se entra en materia trabajando con los intereses, proponiendo criterios objetivos y opciones creativas para abordar los problemas distributivos y de otro tipo, y superando las dificultades que puedan surgir, ya sean cuestiones de personalidad o impasses sustantivos. «Las promesas de lo que se hará o no se hará —aconsejó Roger Fisher—, no deben hacerse al principio de una negociación, sino después de que se hayan apreciado plenamente las diferencias de percepción, intereses y valores».[322]

La comunicación inteligente en una negociación compleja implica reunir una gran cantidad de información. Pero también implica filtrar esa información, darle sentido en relación con las circunstancias presentes, producir ideas convincentes que se relacionen con ella y luego armar una posible resolución. De todos los retos a los que se enfrenta un negociador, formular un posible acuerdo realista y beneficioso es la más extraordinaria. El estadista estadounidense John Quincy Adams observó en una ocasión: «Encontrarás cientos de personas capaces de generar una gran cantidad de buenas ideas sobre cualquier tema para que alguien pueda organizarlas de la mejor manera posible».[323] Los negociadores expertos primero desmenuzan y analizan un problema o una oportunidad y luego combinan diferentes líneas de pensamiento para encontrar posibles soluciones que resulten atractivas para ambas partes.

Este capítulo explora el cierre un acuerdo negociado, el arte de unificar todas las piezas de un acuerdo. Este es quizás el periodo más intenso e intelectualmente emocionante de una negociación compleja, pero también está lleno de riesgos. Un acuerdo puede desarrollarse de manera satisfactoria o puede desmoronarse. Cuanto más compleja sea

---

[322] Roger Fisher, A Code of Negotiation Practices for Lawyers, *Negotiation Journal* 1 (1985): 108.

[323] Lloyd Paul Stryker, *The Art of Advocacy* (New York: Simon & Schuster, 1954), 115.

la situación y los términos propuestos, mayores serán las posibilidades de que las cosas no funcionen bien antes de finalizarlas.[324]

Sin embargo, a través de una hábil negociación, las partes pueden encontrar términos con los que estén de acuerdo. Puede que consigan llegar a un acuerdo básico, un acuerdo de principio, o puede que vayan más allá y lleguen a una resolución final minuciosa y óptima.

A. Momento de la fase de cierre

Cuando enseñaba negociación en Beijing, me enseñaron el dicho chino: «El momento y el lugar adecuados conducen al éxito». El tiempo es, sin duda, clave a la hora de concluir una negociación. Uno quiere ser fiel al ritmo de la negociación y no precipitarse, pero también quiere que la negociación progrese de manera fluida y eficaz hacia su conclusión.

Presionar y acosar rara vez es la mejor manera de cerrar un trato. Un enfoque de «venta dura» para presionar a otra persona puede ser fácilmente contraproducente. La otra parte puede desconfiar. Empieza a ver la propuesta como algo creado por otros y que se le está induciendo a aceptar. Podría aumentar la preocupación de que usted está ganando y ellos están cediendo.

Su contraparte necesitará tiempo para familiarizarse con todos los términos de la propuesta y sentirse cómoda para aceptarlos. En esta fase puede ser especialmente importante ser paciente. Dado que la fase de cierre suele consistir en la identificación y gestión de los detalles, hay que reservar tiempo suficiente para resolverlos. No se quiere crear un acuerdo que nunca se aplique correctamente. Tampoco se quiere llegar a un acuerdo aceptable pero no óptimo. Por estas razones, el negociador debe evitar cerrar un acuerdo prematuramente.

Sin embargo, prestar demasiada atención a las minucias y manipular indebidamente el lenguaje de determinadas cláusulas puede distraer a las partes de su tarea principal para tomar las decisiones cruciales necesarias para llevar el acuerdo a buen puerto. Un abogado experimentado observó:

> La gente se pone nerviosa cuando las cosas avanzan demasiado rápido; dan un paso atrás para reevaluar la situación. Pero un ritmo demasiado lento genera también sus propios problemas, ya que el

---

[324] John Wade and Christopher Honeyman, A Lasting Agreement, in *The Negotiator's Fieldbook*, ed. Andrea Kupfer Schneider and Christopher Honeyman (Washington, DC: American Bar Association, 2006), 486.

retraso empeora los obstáculos y proporciona a las partes tiempo adicional para cambiar de opinión.[325]

Sin embargo, en el momento oportuno, se puede generar un impulso positivo para cerrar el trato. I. William Zartman y Maureen Berman lo explican así: «En algún momento de la negociación se llega a un "pico", tras el cual el resto de los puntos se resuelven rápidamente y la sensación general es la de estar en la recta final». Continúan:

> Este pico puede describirse de varias maneras: es el punto en el que se acuerda lo suficiente para constituir un acuerdo aceptable, aunque los puntos restantes estén sin resolver, o el punto en el que se acuerda lo suficiente de manera favorable para compensar cualquier desacuerdo o no acuerdo pendiente.[326]

1. Plazos y oportunidades fallidas

Un factor que suele influir en el tiempo en la fase de cierre de una negociación es la presencia de algún tipo de plazo. Una de las partes, o ambas, consideran que el acuerdo debe concluirse en una fecha determinada. De hecho, algunos plazos son generados por una de las partes: el acuerdo debe cerrarse antes de una fecha determinada o se aplicará la opción de retirarse.

Otros plazos están relacionados con hechos o circunstancias externas. Por ejemplo, un negociador puede señalar: «Tardaremos ocho semanas en fabricar las 100.000 unidades que desea. Si tiene que tenerlas para el 1 de junio, tenemos que concluir nuestro acuerdo antes del 1 de abril». Otro ejemplo sería un futuro cambio en la legislación que genere consecuencias fiscales desfavorables después del 1 de enero del año siguiente. O, por ejemplo, un acuerdo de negociación colectiva entre un gobierno local y la policía o los bomberos podría tener que ser firmado antes de una fecha determinada.

Lo que a veces impulsa la fase de cierre de una negociación no es tanto la existencia de un plazo límite sino la sensación de que las partes se enfrentan a una oportunidad que se desvanece, es decir, que las posibilidades de llegar a un acuerdo se disipan con el tiempo. Esto supone un motivo real para llevar la negociación a su fin.

---

[325] James Freund, *Smart Negotiating* (New York: Simon & Schuster, 1992), 80.
[326] I. William Zartman and Maureen Berman, *The Practical Negotiator* (New Haven: Yale University Press, 1982), 188.

De hecho, al elaborar una propuesta, el negociador puede buscar maneras de recalcar a la otra parte que la oportunidad de llegar a un acuerdo no durará para siempre. En este caso, puede ser difícil discernir si su contraparte pretende engañar o está realmente preocupada por el tiempo. La ventana para llegar a un acuerdo —que antes estaba abierta— puede, de hecho, estar cerrándose. Tal vez las circunstancias externas estén cambiando o la otra parte esté cambiando de opinión o esté pensando seriamente en recurrir a un tercero. Al intentar poner el acuerdo por escrito o cerrarlo de otra manera, todo el acuerdo podría echarse a perder.

En cualquier caso, cuando se acerca el plazo, las partes o bien llegan a un acuerdo o bien rechazan el posible trato. O, con frecuencia, encuentran la manera de modificar un poco el plazo para seguir negociando. Algunos plazos resultan ser más flexibles de lo que parece a primera vista, y otros son artificiales, no reales. (Recordemos el debate sobre la oferta explosiva del capítulo 7).

Los negociadores también deben ser conscientes de que el hecho de que haya un límite de tiempo aumenta la posibilidad de que se recurra a jugadas de última hora, algo que puede ocurrir en cualquier negociación, pero que es especialmente frecuente en la negociación posicional. «A medida que se acerca la fecha límite —se ha observado—, las partes endurecen sus posiciones, hacen bromas y amagos, preparándose para un salto de última hora que presentará a la contraparte una oferta poco aceptable, pero demasiado tarde para mejorarla».[327]

2. Apresurar el cierre

Mientras que moverse con demasiada lentitud para cerrar un acuerdo es una crítica común hacia los negociadores ineficaces, otra es todo lo contrario: que muchos tienden a moverse con demasiada precipitación para concluir el trato. Generalmente, les preocupan los costes ya invertidos en el proceso de negociación, o quieren asegurarse de que el acuerdo no se deshaga. De ahí que se apresuren a cerrar. A veces, después de mucho bregar y regatear entre sí, las partes se cansan y luego, en un último impulso se ponen rápidamente de acuerdo. Un negociador laboral se lamentaba: «Nunca firmamos un contrato hasta

---

[327] Ibid., 196.

las 4 de la mañana. Las cosas suceden tan rápido que no sabemos ni siquiera lo que estamos acordando».[328]

A veces, los negociadores consiguen cumplir el plazo y el acuerdo se cierra, y los participantes quedan tan encantados de haber logrado por fin una aparente unanimidad que se pasan por alto detalles clave. Y, a menudo, las cuestiones operacionales que se pasan por alto acaban siendo precisamente las que podrían haber hecho más duradero el acuerdo. Las señales de que los negociadores se están precipitando para cerrar un acuerdo son que las partes están acordando los términos sin pensarlos con suficiente detenimiento. O bien, «dividen la diferencia» en lo que queda, y esta diferencia se refiere a una diferencia importante, no a una menor. Otras veces, después de un agotador proceso de negociación, las partes no exploran ideas que podrían dar lugar a un acuerdo aún mejor.

En resumen, cuando los asuntos que un negociador hábil podría tardar en resolver se solucionan en poco tiempo, las partes se apresuran a cerrar el trato. Cuando «el lema es "vamos a terminar" —señaló un abogado—, nos encontramos con que nos conformamos con condiciones que podrían haberse mejorado con un poco más de paciencia».[329] Todo esto subraya el hecho de que los negociadores más experimentados suelen percibir más oportunidades y más obstáculos potenciales, por lo que diseñan un acuerdo más completo y mejor a la hora de cerrar un trato.

B. Pasos útiles para cerrar un trato

A veces, los negociadores que se ven presionados para llegar a un acuerdo hacen hincapié en la certidumbre, y a veces hacen afirmaciones rotundas, dogmáticas o categóricas. Un negociador puede manifestar con firmeza que algo es absolutamente innegociable o que una resolución sugerida es la «definitiva». Hay que ser escéptico ante estas declaraciones, al menos al principio, ya que pueden reflejar simplemente estrés.

No obstante, reconozca también que un negociador hábil tiene que estar preparado, en ocasiones, para decirle a su contraparte «no». El acuerdo de voluntades que da lugar a una resolución negociada rara

---

[328]   Robert B. McKersie, Agency in the Context of Labor Negotiations, in *Negotiating on Behalf of Others*, ed. Robert Mnookin and Lawrence Susskind (Thousand Oaks: Sage Publications, 1999), 192.

[329]   Freund, 88.

vez es una combinación perfecta. Algunos términos o resoluciones que parecen bastante atractivos para una de las partes no satisfacen los intereses o los parámetros de negociación de las otras. Lo que una parte quiere puede ser simplemente incompatible con lo que su compañero de negociación necesita.

Aunque la negociación de problemas complejos suele requerir capacidad de compromiso, cooperación y resolución de problemas, para llegar a una solución negociada también es necesario enviar señales claras entre ambas partes. Algunas cosas son imposibles de cumplir para un negociador, y definir a la otra parte lo que no se puede hacer es a menudo un aspecto de vital importancia para cerrar un acuerdo.

1. Resumen de los temas tratados

A medida que las partes se acercan al cierre, puede ser muy útil dedicar tiempo a resumir el curso de las conversaciones hasta ese momento. Esto ayuda a los negociadores a poner en común sus ideas y a articular los progresos que ya se han hecho, al tiempo que se expone lo que queda por decidir. De este modo, un resumen puede servir de transición hacia la fase final de la negociación.

En esta fase podrían plantearse los siguientes interrogantes.

¿Dónde empezamos, con nuestras discusiones y planteamientos, y dónde estamos ahora?

A la luz de los hechos y las perspectivas intercambiadas hasta ahora, ¿cómo podríamos describir ahora los problemas u oportunidades que se están negociando?

¿Cuáles han sido los principales retos a los que se han enfrentado las partes?

¿Cómo se podrían servir los intereses de ambas partes mediante un acuerdo final?

¿Qué ideas especialmente constructivas se han propuesto que podrían incluirse en la resolución final?

En lugar de un monólogo acerca de estos asuntos, hacer que todos los presentes participen en el proceso de resumen añadiendo sus propias ideas puede completar esa visión general de forma colaborativa y productiva.

2. Cubrir los asuntos de primer orden y las cuestiones secundarias

A la hora de cerrar un acuerdo, los negociadores pueden pensar en términos de asuntos de primer orden, o de mayor importancia, que constituyen el núcleo de la negociación, en contraposición a los asuntos secundarios, es decir, los puntos adicionales, complementarios o subsidiarios diseñados para hacer que el acuerdo sea más duradero, óptimo u operativo, o quizás más rentable o de mayor alcance. Además, hay varios temas que deben tratarse con especial cuidado, ya que afectan directamente los intereses más importantes de las partes y pueden ser considerados por estas como potenciales elementos de ruptura del acuerdo. Es decir, todo el acuerdo negociado puede depender de que esos temas concretos se resuelvan satisfactoriamente o no.

Un negociador concienzudo se asegura de que cualquier propuesta para un acuerdo responda a los asuntos principales de una manera que las partes consideren justa, lógica e inteligente, además de beneficiosa. Los negociadores también deben pensar detenidamente en cómo podría mejorarse un acuerdo por encima de los aspectos más fundamentales. ¿Habrá otros puntos que deban considerarse antes de cerrar un acuerdo definitivo? ¿Se han tenido en cuenta los últimos detalles? Aunque aparentemente son de menor importancia, estos puntos pueden terminar desempeñando un papel importante a la hora de determinar el éxito del acuerdo.

Lo que puede considerarse como un asunto importante y un asunto secundario varía en función de las circunstancias y de los objetivos particulares de las partes. Pero, a modo de ejemplo, los negociadores que representan a un proveedor y a un comprador pueden considerar que sus asuntos más importantes son el precio y las condiciones de pago, la duración del acuerdo y cuándo y cómo se realizará la entrega. Los asuntos secundarios más importantes podrían ser quién asumirá los costes de los seguros durante el traslado de los artículos, cuál es la mejor manera de resolver futuros litigios y cómo se garantizará la calidad de los artículos con el paso del tiempo.

Los negociadores que representan a un autor y a un editor pueden considerar como asuntos principales el tema del manuscrito, el número de palabras que debe producirse, su fecha de entrega, la fecha prevista de publicación y el calendario de regalías, tal vez una escala variable en la que cuantos más ejemplares se vendan, mayor será el porcentaje del precio de venta del libro para el autor. Los asuntos secundarios pueden incluir cláusulas relativas a la publicidad, futuras ediciones del libro, traducciones a diferentes idiomas o ventas de libros electrónicos.

Si una de las partes está comprando una empresa a la otra, los temas de interés pueden ser el tiempo, el precio y la no competencia. Es decir, es probable que el comprador quiera protegerse contra la posibilidad de que el vendedor vuelva a operar y compita con la empresa original. Las partes negociarán la duración de la cláusula de no competencia y cómo debe definirse exactamente el negocio. Es probable que el vendedor quiera que se expliquen los límites geográficos en los que no puede competir, mientras que el comprador puede estar preocupado por conservar a los empleados. Entre los puntos secundarios se puede incluir lo que ocurrirá con el inventario disponible en el momento del cierre o si el propietario anterior podría aceptar un contrato de asesoría a tiempo parcial y a corto plazo para favorecer una transición fluida y rentable.

3. Analizar los problemas y las oportunidades

Una buena negociación implica con frecuencia centrar la atención, presionando para que tanto usted como los demás en la mesa vean algo más que lo obvio. Hacerlo bien suele ser una habilidad que se adquiere. Con el tiempo, los negociadores adquieren la habilidad de pensar cuidadosamente en los posibles problemas y oportunidades. Aprenden a examinar mentalmente los distintos elementos de una posible resolución negociada, analizando los asuntos que se están debatiendo y buscando aspectos ambiguos que puedan estar parcialmente ocultos a la vista. Y, buscan diversas maneras de mejorar un acuerdo potencial, conforme éste comienza a tomar forma.

Un negociador hábil da un paso atrás y examina cuidadosamente el acuerdo que se está desarrollando desde diferentes ángulos. ¿Son los términos claros y nítidos, o algunos parecen imprecisos, enredados, o inútilmente complicados o rebuscados? ¿Cubre la propuesta todos los asuntos centrales sobre los que las partes pueden llegar a un acuerdo, o está llena de vacíos? Los estrategas basados en intereses aconsejan que los negociadores busquen un acuerdo que sea suficiente, realista y práctico. Poner a prueba las cláusulas de un posible acuerdo sobre estas bases requiere tiempo y una cuidadosa evaluación.

Al trabajar en estas distintas dimensiones dentro de un acuerdo complejo, los negociadores deben recurrir a la creatividad, pero también al escepticismo. Para elaborar una propuesta satisfactoria para ambas partes, es posible que tengan que ser creativos. Puede que se necesiten ideas nuevas e interesantes para conseguir la aprobación de todos y acercarse a la mejor resolución teóricamente posible dadas las circunstancias. Pero al mismo tiempo, los negociadores deben ser prudentes y examinar los términos para asegurarse de que lo que se propone es factible y se mantendrá en el tiempo.

a. Contingencias

Un aspecto de la negociación eficaz durante la fase de cierre consiste en concentrar la atención en las contingencias que puedan surgir, es decir, en las cosas que puedan ocurrir por casualidad, por accidente o de forma intencionada. Cuando los negociadores hábiles se plantean los problemas, buscando dificultades u oportunidades ocultas, piensan en las posibles contingencias.

¿Y si sucede x?

¿Y si no ocurre y?

¿Qué consecuencias tendrían esos imprevistos sobre las partes?

Si no tenemos en cuenta la contingencia z, ¿podríamos estar resolviendo un problema a corto plazo a riesgo de crear problemas a largo plazo?

Una vez identificadas las posibles contingencias, los negociadores deben considerar si o cómo deben mencionarse en el acuerdo. Si el acuerdo no dice nada sobre determinadas contingencias, ¿qué podría ocurrir si surgiera alguna de ellas?

Recuadro 8.1 - Preguntas a tener en cuenta en la fase de cierre

En la fase de cierre, los negociadores deben plantearse preguntas como estas.

- ¿Se han planteado todos los puntos necesarios para alcanzar un acuerdo duradero?
- Si hasta ahora hemos pasado por alto algo que podría resultar de vital importancia, ¿qué puede ser?
- Si algún aspecto del acuerdo, tal y como está constituido actualmente, se tornará conflictivo, ¿qué podría ser y qué podríamos hacer ahora para evitarlo?

Sin embargo, si uno de los objetivos es hacer frente a las contingencias importantes, otro es evitar la elaboración de un acuerdo difícil de manejar y engorroso. No hay que pretender necesariamente detallar lo que debe ocurrir en caso de que sucedan una serie de acontecimientos previsibles o, tal vez, no sucedan. «Incluso los contratos de tipo enciclopédico —se ha señalado— no contemplan todas las exigencias que contemplan los asuntos humanos, ya que muchas palabras son susceptibles de múltiples interpretaciones»[330]. Lo más sensato puede ser dejar de lado algunas contingencias por considerarlas demasiado improbables, difíciles o controvertidas para incluirlas en el acuerdo. En este caso, parte de la sabiduría que aportan los negociadores expertos es la capacidad de priorizar de manera inteligente, al hacer juicios racionales sobre lo que debe y no debe abordarse.

4. Reconocer sus portes cuando se posible

Dado que las personas suelen resistirse a que se les impongan decisiones, incluso las más sensatas, el objetivo del negociador basado en intereses es que ambas partes participen en la interpretación de la naturaleza y los aspectos del problema o de la oportunidad, para luego crear juntos una solución mutuamente beneficiosa. Por lo tanto, al tratar de cerrar un acuerdo, el negociador hace bien en destacar las ideas, perspectivas y contribuciones de la otra parte.

Una de las razones por las que esto puede ser importante es que los sentimientos de los participantes sobre una posible resolución suelen estar influidos por la parte que pone cada término sobre la mesa. No es raro que los negociadores resten valor a las sugerencias de sus contrapartes, tal vez porque se supone que son de interés propio. Suponiendo que la otra parte pueda estar tratando de imponerse, un negociador excesivamente cauteloso, temeroso o agresivo puede sospechar de cualquier cosa que la otra parte proponga, ya sea una opción, una concesión o una forma de proceder.

Un académico señaló: «Cuando una parte ofrece unilateralmente una concesión que cree que la otra parte debe valorar y la otra parte

---

[330] Wade and Honeyman, 491.

reacciona devaluando la oferta, esto puede obviamente dificultar la resolución».[331] Este fenómeno psicológico, conocido como devaluación reactiva, puede perder importancia o incluso eliminarse si la propuesta se basa en gran medida en los puntos planteados por la otra parte en el curso de la negociación.[332]

C. Formular una propuesta

Durante la fase de cierre, el negociador trata de formular y presentar a los demás una propuesta con la esperanza de que esta se convierta en la base del acuerdo final entre las partes. Una propuesta es una resolución potencial que uno o varios negociadores ofrecen a las contrapartes y respaldan: es decir, anuncian los términos con los que estarían de acuerdo, y se plantean si los demás también lo estarían.

Recuadro 8.2 - ¿Cuándo se está preparado para cerrar un acuerdo?

¿Cuándo se pasa de hablar de posibilidades a presentar una propuesta real que usted aceptaría y que espera que la otra parte también acepte? Al resolver un problema complejo mediante un enfoque basado en intereses, se estará preparado para intentar cerrar el acuerdo si se han dado los siguientes pasos.

- Has conseguido que las contrapartes comprendan, en detalle, las perspectivas de ellas sobre los temas más importantes que se negocian, y viceversa.
- Has explorado a fondo los intereses, explicando varias de tus preocupaciones y motivaciones fundamentales y demostrado, mediante técnicas de escucha activa, que comprendes las de la otra parte.
- Has trabajado con la otra parte para alinear los intereses de una manera mutuamente beneficiosa, recurriendo a criterios objetivos útiles, generando una lluvia de ideas sobre opciones creativas, y superando los impases que pudieran haber surgido.
- Te sientes preparado para avanzar hacia un posible acuerdo, tal vez porque seguir discutiendo implica una disminución en las ganancias o porque se acerca una fecha límite.

---

[331] Robert Mnookin, *Why Negotiations Fail* (Stanford: Stanford Center on Conflict and Negotiation Working Paper, 1995), 22-23.

[332] Lee Ross, Reactive Devaluation in Negotiation and Conflict Resolution, in *Barriers to Conflict Resolution*, ed. Kenneth Arrow, ed. Kenneth J. Arrow, et al. (New York: W. W. Norton, 1995), 27-42.

El esfuerzo final, por tanto, consiste en unir las piezas de un posible acuerdo, uno que pretenda beneficiar a ambas partes lo suficiente como para que lo acepten. A veces esa posible resolución se diseña conjuntamente. Lo más frecuente es que una de las partes presente una propuesta a sus contrapartes, que deben decidir si la aceptan, la rechazan, la modifican o la refutan.

En esta etapa final, crear una propuesta para presentarla a la otra parte no suele ser tan difícil. Es fácil imaginar alguna resolución que parezca muy atractiva para nosotros, pero que nuestros compañeros de negociación probablemente rechazarán de plano. A su vez, una vez que entendemos realmente los intereses y perspectivas principales de la otra parte, hacer una propuesta que acepten gustosamente también es bastante fácil, siempre y cuando no nos preocupemos demasiado por la reacción entusiasta que tendríamos ante dicha resolución.

Lo que requiere verdadero cuidado y habilidad es desarrollar una propuesta global que la otra parte quiera aceptar, pero que nos permita llegar a un buen acuerdo. Este acuerdo servirá a nuestros principales intereses, pero al mismo tiempo nuestras contrapartes se sentirán atraídas por él. Verán que esta propuesta responde tanto a sus intereses como a los nuestros. A este respecto, Roger Fisher solía hablar de los negociadores que creaban «una solución elegante». «Cuanto más complejo es el problema —escribió—, más influye una respuesta elegante».[333]

1. Una propuesta para obtener el «sí»

Para ayudar a los negociadores a cerrar acuerdos, el enfoque de la negociación basada en intereses promueve el concepto de una propuesta aceptable. Es decir, durante esta fase de cierre, el negociador debe intentar crear una propuesta lo suficientemente clara y completa como para que la otra parte pueda decir simplemente «sí» y el acuerdo quede cerrado.

Aceptar la propuesta debería servir a los intereses de ambas partes mejor que lo sería decir «no».[334] Y el «sí» debe ser una respuesta satisfactoria, realista y práctica. Presentar una propuesta de este tipo obliga a tu contraparte a tomar una decisión definitiva: debe sopesar los pros y los contras y elegir qué hacer al respecto.

---

[333] Roger Fisher, Negotiating Power, *American Behavioral Scientist* 27 (1983): 157.
[334] James Sebenius, What Roger Fisher Got Profoundly Right, *Negotiation Journal* 29 (2013): 162.

Roger Fisher explicó, además: «Hay más probabilidades de saber lo que queremos y de conseguirlo si tratamos de redactar la propuesta sobre la decisión con tal claridad que la única respuesta sea un "sí"». Y añadió: «Cuanto más cómodamente se tome esa decisión, cuanto más aceptable sea la propuesta que se les haga, más probable será que la tomen».[335]

A diferencia de la lluvia de ideas, en la que se generan propuestas sin que nadie se comprometa con ellas, aquí informas a tu compañero de negociación de lo que estarías dispuesto a hacer para llegar a un acuerdo. Has pasado de discutir una serie de posibilidades a presentar una propuesta concreta. Por supuesto, al hacer esto, necesariamente se sacrifica algo: «Presentar una propuesta aceptable puede suponer perder la oportunidad de pedir condiciones más favorables.[336]

Obsérvese también que cuando los teóricos de la negociación basada en intereses aconsejan diseñar una propuesta aceptable, no pretenden sugerir que la negociación termine necesariamente con una de las partes presentando dicha propuesta y la otra, aceptándola o rechazándola. Las conversaciones podrían concluir así, o bien podría haber discusiones adicionales a medida que se modifican, eliminan, añaden o ajustan estos términos. Al formular una propuesta aceptable, se impulsa el proceso de cierre del acuerdo.

2. Haga que la oferta le hable a su contraparte

Para que una oferta determinada pueda considerarse una propuesta aceptable, debe haber alguna posibilidad de que la otra parte responda positivamente a ella. Por lo tanto, al formular una propuesta, es muy importante tener en cuenta no solo los objetivos que se quieren alcanzar, sino también las perspectivas de la otra parte sobre los distintos asuntos. Pregúntese: ¿qué podría decidir hacer su compañero de negociación y qué tan atractiva le parecería esa decisión?

La persona que presenta la propuesta de aceptación tiene que argumentar que esta propuesta satisfará plenamente los intereses fundamentales que la otra parte mencionó anteriormente en las conversaciones. Asegúrate de enfatizar las maneras en que los términos se ajustan a los intereses principales de tu contraparte. Si su compañero

---

[335] Fisher, 15, 56.
[336] Ibid., 17.

negociador ha expresado una preocupación especial por ciertos temas, trate de ilustrar la forma en que la propuesta está diseñada para responder a sus preocupaciones.

Asegúrese de resaltar también todas las ideas de la propuesta que la otra parte haya planteado o ayudado a desarrollar. Centrarse en los pensamientos e ideas *conjuntas* puede resultar desarmante y persuasivo. Además, vea si hay formas de minimizar las desventajas que puedan afectar a su contraparte o de ayudar a la otra parte a evitar que se vea perjudicada. Por ejemplo, un líder sindical, un político o un diplomático puede necesitar aparentar ante sus electores que ha «conseguido una concesión importante» con la otra parte o que se ha arriesgado a ser rechazado por ellos por ser «un líder débil e ineficaz».[337]

Al tratar de convencer a la otra parte de los beneficios de su propuesta, se debe considerar la posibilidad de presentar, en primer lugar, las condiciones que la otra parte o partes consideren más favorables. Con demasiada frecuencia, los negociadores llenan la primera parte de su propuesta con diversos puntos con los que la otra parte no va a estar contenta.

Un ejemplo sencillo ilustra que se trata de una mala estrategia de ventas. ¿Cuántas propuestas de matrimonio se aceptarían si se redactaran en términos como estos?

Sobre esta idea del matrimonio, tienes que entender que mis finanzas son inestables. También debes saber que es muy posible que yo necesite un tiempo determinado para mí cada mes. Ah, y quiero mi propia cuenta bancaria, ya que quiero mantener nuestras finanzas separadas. Por si no lo sabes, mi madre es una obsesiva compulsiva y es imposible hablar con mi padre. Y, ni siquiera consideres una conversación conmigo antes de mi taza de café matutina. Además, aunque me gustaría casarme, francamente, me preocupa bastante lo que pueda pasar con los bienes que aportamos al matrimonio si las cosas no funcionan.

Lo que quiero decir es que una «propuesta aceptable», como una propuesta matrimonial, normalmente debería empezar por destacar los puntos que atraerán a la otra parte. Es muy posible que haya que plantear otros asuntos, incluidos algunos que no entusiasmarán al otro negociador. Sin embargo, suele ser mejor empezar por lo positivo. Al proyectar lo que interesará a la otra parte y lo que se considerará problemático, se puede pensar en lo que un crítico de la contraparte

---

[337] Alexander Nikolaev, *International Negotiations* (Lanham: Lexington Books, 2007), 96.

podría decir en contra de su propuesta, y en la mejor manera de responder a esa crítica. Este ejercicio puede sacar a la luz aspectos de interés a los que hay que prestar más atención. También hay que tener en cuenta que los argumentos que ofrezcas al presentar una propuesta aceptable pueden servir de base para las futuras discusiones de tus compañeros de negociación con sus superiores, colegas, electores u otras partes interesadas.

3. Hacer una oferta creíble

Una parte importante para que una propuesta aceptable sea atractiva es asegurarse de que es creíble. ¿Va en serio lo que dice? ¿Las acciones propuestas se llevarán a cabo realmente? Hay que tener en cuenta que, aunque solemos dar por sentado que nuestra parte hará realmente lo que proponemos, la otra parte puede albergar dudas sobre si cumpliremos nuestros compromisos. Una manera de aumentar la credibilidad de una oferta es hacerla lo más específica y precisa posible, evitando al mismo tiempo las afirmaciones exageradas. En algunas situaciones, un plan detallado que sirva de «hoja de ruta» para las partes disipará las preocupaciones.

En realidad, puede resultar más ventajoso aumentar la credibilidad de una oferta que hacerla más ambiciosa. Roger Fisher formuló la siguiente hipótesis. Imaginemos que estamos dispuestos a entregar un cheque de cien dólares, pero el vendedor teme que sea devuelto. Escribió:

> Una manera de intentar influenciar al vendedor en tal caso es aumentar el importe del cheque hasta convencerle de que se arriesgue. Una manera mucho menos costosa... es mejorar la credibilidad del cheque, demostrando nuestro buen crédito, haciendo que el cheque sea certificado por un banco, poniendo el dinero en custodia, o por otro dispositivo similar.[338]

4. Explique sus razones

Por último, cuando hay razones claras que justifican la propuesta aceptable, puede resultar eficaz detallarlas en la presentación de la propuesta. Por ejemplo, hace unos años, al organizar una oferta para

---

[338] Fisher, 117.

comprar una gran finca, opté por no limitarme a poner una cifra sobre la mesa como contraoferta al precio que la familia había fijado para la compra, sino que expuse a los vendedores en una carta los motivos por los que los posibles compradores habían llegado a la cantidad ofrecida. Todos los miembros de la familia podrían leer y evaluar la manera como se había fijado el precio en la contraoferta.

¿Qué uso se le iba a dar a la finca?

¿Qué valores se atribuyeron a los terrenos forestales y a las tierras de labranza, y basándose en ¿Qué ventas parecidas se han realizado recientemente en el condado?

¿Cómo se valoraron los establos y otras instalaciones anexas y sobre qué base?

¿Qué valor parece tener la antigua granja?

¿Qué puntos de la tasación de la propiedad adjunta parecían especialmente relevantes para los compradores?

¿Quién hizo la inspección de la casa y qué indicó sobre las reparaciones necesarias?

¿Cómo cuadran las cifras y por qué exactamente los posibles compradores consideraron razonable la contraoferta a la luz de cada uno de estos factores?

En 48 horas los vendedores habían aceptado la contraoferta, y los miembros de la familia manifestaron posteriormente que la carta de explicación había sido un factor fundamental en sus decisiones.

D. Comprometerse

Una de las razones por las que la fase de cierre de una negociación tiende a ser la más seria es que las partes se están planteando en ese momento la posibilidad de asumir compromisos reales entre ellas. Se comprometen a hacer ciertas cosas y, tal vez, a abstenerse de hacer otras.

Cuando se preparan para cerrar un acuerdo, los negociadores se centran cada vez más en lo que significa el acuerdo para sus respectivas partes. Adoptar compromisos firmes centra la atención en lo que las partes se comprometen a hacer exactamente. Además, las relaciones de trabajo positivas desarrolladas al principio de la negociación pueden verse afectadas por el tono menos cooperativo de la fase de cierre. Y, cuando las partes analizan la serie de compromisos formales que están a punto de asumir, cualquiera de ellas puede verse influida por las dudas de última hora, a veces denominadas «arrepentimientos del comprador».

Las tensiones pueden surgir por las discusiones sobre si los compromisos —formales o informales, vinculantes o provisionales— ya se han contraído durante las conversaciones y en qué medida. La comunicación entre los negociadores puede haber sido poco clara, y sus recuerdos y suposiciones puede que no coincidan con los de las distintas partes.

Estas disputas pueden verse sobrecargadas por la percepción de que la credibilidad de un individuo como negociador está ligada a los compromisos que decide asumir y a su trayectoria de cumplimiento de los mismos. Ganarse la reputación de no cumplir sus promesas puede afectar a futuras negociaciones con esa parte y quizá también con otras.

En este sentido, los negociadores más hábiles se protegen de lo que podría llamarse un compromiso casual.[339] Es decir, sin analizar la situación con el suficiente cuidado, un negociador se compromete a hacer algo de lo que finalmente se arrepiente y, por lo tanto, tal vez no lo cumpla ni lo lleve a cabo. Pueden surgir costes futuros considerables, costes que los negociadores deberían haber previsto, pero nunca lo hicieron. Los compromisos casuales a veces ocurren cuando un negociador trata de ser agradable. En otras ocasiones, la contraparte o las exigencias de tiempo le obligan a actuar con más rapidez de lo ideal teniendo en cuenta los asuntos que quedan por resolver.

1. Evitar el exceso de compromisos

De la misma manera que evitan los compromisos casuales, los buenos negociadores también perciben los peligros del exceso de compromiso. Nos comprometemos en exceso cuando decimos a la otra parte que vamos a hacer algo que luego no podemos o no queremos hacer. Puede que haya otros compromisos que interfieran o que la carga de cumplir la promesa resulte demasiado elevada.

Uno de los ámbitos en los que suelen surgir estos problemas es cuando un agente se excede en su autoridad o cree erróneamente que se obtendrá la aprobación de los demás. En ese caso, un compromiso puede verse debilitado por la falta de voluntad de quienes el negociador representa para llevarlo a cabo.

El negociador querrá que los compromisos adquiridos en un acuerdo se consideren sólidos y valiosos, algo en lo que el compañero negociador pueda confiar plenamente, y no que sea algo cuestionable,

---

[339] Inis Claude, Jr., *States and the Global System* (New York: St. Martin's Press, 1988), 54-67.

propenso a la duda o a la desconfianza. Comprometerse en exceso puede dañar seriamente la relación entre las partes, e incluso arruinar el acuerdo negociado. Además, el exceso de compromiso, en particular, o las múltiples veces que se ha hecho, pueden dañar gravemente la reputación de un negociador como una persona fiable y digna de confianza, cuya palabra puede aceptarse como creíble.

En la fase de cierre, un negociador experimentado se pregunta:

> ¿Existen ciertas condiciones que la otra parte quiere incluir en el acuerdo y que yo no debería aceptar? ¿Las otras partes a las que debo responder se opondrían a estas disposiciones, con una buena causa? Si hiciera lo que ellos quisieran, ¿estaría comprometiendo en exceso a mis representados?

2. Garantizar el cumplimiento de los compromisos

La negociación de un acuerdo plantea una serie de retos. Pero su aplicación plantea otro. Esto plantea la siguiente pregunta a los negociadores: «¿Cómo redactamos el acuerdo para maximizar las posibilidades de que se aplique tal y como lo prevemos ahora?». A lo largo de la fase de cierre, esa pregunta fundamental y operativa debería estar en la mente de ambas partes.

Los negociadores se apoyan en diferentes mecanismos para garantizar que los compromisos se cumplan. Poner el acuerdo por escrito y redactar disposiciones que puedan aplicarse en los tribunales son pasos importantes. También lo es evitar cuidadosamente «acercarse demasiado a los límites de cualquiera de las normas legales, como la coacción, el engaño, el lenguaje poco claro o la ilegalidad», lo que podría abrir una brecha que una de las partes podría aprovechar para librarse de un compromiso contractual.[340]

A veces, los negociadores organizan las cosas de manera que los que negociaron el acuerdo participen de manera continua en su ejecución. Se pueden planificar reuniones con antelación para revisar los progresos realizados en la aplicación del acuerdo.[341] Dado que una ejecución

---

[340] Wade and Honeyman, 494.
[341] Keith Lutz, Negotiation Examples in Business: Putting Your Negotiated Agreement into Action, Program on Negotiation, Harvard Law School, Jan. 19, 2016, http://www.pon.harvard.edu/daily/negotiation-skills-daily/we-have-a-deal-now-what-do-we-do-three-negotiation-tips-on-implementing-your-negotiated-agreement.

adecuada de los acuerdos requiere a menudo que la información fluya fácilmente en ambos sentidos, los negociadores pueden reflexionar sobre cómo garantizar que esto ocurra de una manera regular y productiva.[342] El acuerdo también puede estructurarse de manera que las partes incurran en costes si no cumplen las condiciones del mismo.

En otros casos, los negociadores tratan de propiciar la ejecución adecuada cultivando relaciones positivas. Para garantizar que el acuerdo se lleve a cabo según lo previsto, los negociadores pueden aprovechar las relaciones de trabajo desarrolladas con su contraparte. Además, algunos individuos pueden estar en condiciones de influir sobre una de las partes para que no incumpla su compromiso. Los aliados, los amigos, los asociados o los socios comerciales podrían «ejercer presión sobre la parte indecisa para que cumpla sus compromisos».[343]

E. La decisión de aceptar o rechazar una propuesta

Para que las diferentes partes se pongan de acuerdo con una resolución negociada en concreto, normalmente cada una de ellas debe creer que obtendrá una ganancia neta del acuerdo. El balance de los pros y los contras debe sugerir que los intereses generales se verán favorecidos si se llega a un acuerdo, en lugar de abandonarlo.

1. Evaluar el posible acuerdo

La mayoría de disputas y oportunidades complejas tienen algún ángulo de distribución, y cualquier negociador hábil se negará a aceptar un acuerdo que sea demasiado parcial. De ahí que un acuerdo que una de las partes considere perfecto, impecable e intachable sea extremadamente raro. Los acuerdos de las negociaciones complejas rara vez son perfectos para ninguna de las partes.

En consecuencia, tratar de alcanzar la perfección en las estipulaciones se convierte frecuentemente en una costosa búsqueda de lo inalcanzable. Roger Fisher solía decir que, si lo que se pretende es obtener el mejor acuerdo posible, casi siempre quedará uno desilusionado, ya que en

---

[342] The Deal is Done – Now What?, Program on Negotiation, Harvard Law School, Oct. 8, 2013, http://www.pon.harvard.edu/daily/conflict-resolution/the-deal-is-done-now-what/.

[343] Wade and Honeyman, 494.

algún punto del acuerdo final se podría haber recibido un poco más de dinero o un acuerdo ligeramente favorable.

Pero, si el negociador no busca lograr un resultado ideal en ese sentido, ¿qué criterios podrían ayudar a determinar cuándo llegar a un acuerdo y cuándo seguir negociando o retirarse? A este respecto, hay que tener en cuenta el siguiente consejo: si un acuerdo propuesto sirve efectivamente a los intereses fundamentales, si a un observador imparcial le parece un acuerdo justo y si se aproxima al mejor resultado que se puede obtener en esas circunstancias, probablemente valga la pena firmarlo.

Para un análisis más detallado, que ayude a determinar si se acepta, se rechaza o se modifica una propuesta, las partes podrían considerar los siguientes cinco factores.

a. Perspectivas de futuro

Normalmente, los acuerdos están pensados para modificar los comportamientos futuros de las partes. Para decidir si firmar o no un posible acuerdo, los negociadores deben anticiparse y preguntarse:

Si no llegamos a un acuerdo, ¿qué va a pasar después?

¿La propuesta supera nuestra mejor alternativa a un acuerdo negociado (MAAN)?

En la fase de cierre, el negociador debe volver a hacer un balance de las opciones de salida, centrando la atención en la mejor de ellas, para poder compararla con la propuesta que hay sobre la mesa. Si nuestros intereses pueden servirse mejor llegando a un acuerdo diferente con otra parte, hay que rechazar la oferta.

Sin embargo, lo más normal es que haya que sopesar una propuesta específica que ofrezca un conjunto definido de ventajas y desventajas con un MAAN cuyos aspectos particulares están rodeados de incertidumbre. La pregunta «¿la propuesta supera nuestro MAAN?» puede ser difícil de responder. Sin embargo, el negociador debe llegar a un dictamen cuidadosamente estudiado al respecto.

En ocasiones, el verdadero reto para los negociadores es continuar y aceptar un acuerdo que claramente es mejor que su MAAN, pero que sigue siendo poco ideal y está muy por debajo de las aspiraciones de su parte. Se necesita mucha serenidad para decidir razonablemente que vale la pena aceptar una determinada propuesta, incluso a pesar de sus deficiencias.

b. Distribuir los pros y los contras

La reacción típica de un negociador ante una propuesta de acuerdo en una situación compleja puede variar. El entusiasmo por lo que se podría ganar se ve empañado por nuestras pausadas reflexiones sobre lo que tendremos que hacer. A la hora de decidir si se cierra un acuerdo, frecuentemente habrá que dar algo para conseguir algo.

Para asegurarse de que las ventajas del acuerdo propuesto superan los obstáculos, el negociador debe plantearse las siguientes preguntas.

¿Qué quieres conseguir con esta negociación?

¿Qué tanto lo quiere?

¿A cuánto está dispuesto a renunciar para conseguir lo que quiere?

¿Qué beneficios podría reportarnos la propuesta que se está considerando?

¿Qué inconvenientes podría acarrear un acuerdo de este tipo?

¿La propuesta aborda de manera satisfactoria los asuntos fundamentales y responde a los intereses esenciales que se han debatido?

Cuanto más cuidadosamente haya analizado sus prioridades con respecto a sus objetivos e intereses, más fácil será tomar decisiones acertadas sobre si vale la pena ceder esto para conseguir aquello. Aquí, en primer lugar, el negociador lo que pretende es tener bien claros los intereses de su propia parte. En cuanto a los intereses de la otra parte, deben satisfacerse tan bien que esta esté de acuerdo y tenga suficientes incentivos para llevar a cabo el acuerdo.

c. Naturaleza de los compromisos

En cuanto a los términos del acuerdo, cada parte debe saber exactamente lo que se le pide que haga, y lo que se supone que sus contrapartes deben hacer también. ¿Son estos términos realistas? A este respecto, recuerde que contar con argumentos sólidos que demuestren que un acuerdo es realmente equitativo, teniendo en cuenta, por ejemplo, cómo se ajusta a criterios objetivos o neutrales, puede ser muy importante para convencer a los participantes de que vale la pena aceptar una propuesta de acuerdo.[344]

Por lo tanto, los negociadores deberían considerar, desde una perspectiva escéptica, si el acuerdo puede realmente llevarse a cabo, tal y como está redactado en esos momentos.

¿A qué se compromete exactamente cada una de las partes, y son estos compromisos claros, equitativos y realistas?

---

[344] McKersie, 190.

¿Con qué facilidad se pueden poner en práctica las cláusulas del acuerdo?

¿Cuánto tiempo durará el acuerdo propuesto? ¿Es adecuado el plazo del compromiso? ¿Qué podríamos comprometernos a hacer para intentar que el acuerdo perdure por el tiempo que esperamos?

¿Sería el acuerdo más sólido si abarcara más situaciones o se elaborara con más detalles? ¿Nos estamos comprometiendo a hacer cosas que es poco probable que ocurran? ¿Parece el acuerdo sólido y duradero, o hay aspectos frágiles, efímeros o inciertos?

d. Aplicación

Para que un acuerdo tenga éxito, sus condiciones deben cumplirse. Por lo tanto, al examinar un posible acuerdo, hay que pensar en su correcta aplicación. En este sentido, el negociador podría preguntarse lo siguiente:

¿Cuándo se llevarán a cabo estas acciones? ¿En qué aspectos el acuerdo va demasiado lejos y demasiado rápido?

¿Cuáles son los incentivos para que cada parte lleve a cabo lo que se ha comprometido a hacer? ¿Podrían reforzarse esos incentivos?

Si los costes o los beneficios están asociados a la implementación del acuerdo, ¿se dividen de forma que sirvan a nuestros intereses y sean lo suficientemente equitativos como para que el acuerdo no se disuelva con el tiempo?

¿Confiamos en otras personas para que lleven a cabo aspectos del acuerdo, y tienen estas la motivación, los recursos y el talante necesarios para poner en marcha los planes?

¿Hay terceros que podrían trabajar para sabotear o bloquear la implementación del acuerdo o fomentar futuras discordias entre las partes a menos que se piense en satisfacer también algunos de sus intereses?

En resumen, ¿es el acuerdo «fácil de aplicar, con responsabilidades claramente asignadas, calendarios definidos y metas visibles y duraderas, capaces de resistir las diferencias en los supuestos y los imprevistos?».[345]

e. Ampliar el pastel

No es extraño que, cuando las partes llegan a un entendimiento, el acuerdo inicial sea un acuerdo poco óptimo: uno que podría ser mejor desde el punto de vista de al menos una de las partes sin ser peor

---

[345] Roger Fisher and Danny Ertel, *Getting Ready to Negotiate* (New York: Penguin Books, 1995), 105.

desde el punto de vista de la otra. Esto es sin duda un problema, no solo para la parte cuyos intereses no están siendo servidos tan bien como podrían serlo, sino para ambas partes, ya que cuanto más contentas o entusiasmadas estén las partes, más probable será que lleven a cabo el acuerdo de manera eficaz y rigurosa durante el plazo acordado.

Con frecuencia, un acuerdo puede mejorarse para ambas partes en una negociación bilateral o para varias partes en una negociación colectiva sin restarle atractivo alguno. A este respecto, los negociadores se refieren a veces a un límite óptimo de Pareto. Llamada así por Vilfredo Damasco Pareto, el economista italiano que popularizó la idea a principios del siglo XX, describe la línea de un gráfico que ilustra que no quedan ganancias conjuntas y que cualquier mejora en el resultado de una parte implicaría una disminución de los beneficios de otra.[346]

Para centrar la atención en si un acuerdo planteado puede mejorarse fácilmente, los negociadores pueden preguntar lo siguiente:

¿Habría alguna manera de que todos estuviéramos en mejor posición?

¿Podríamos mejorar el acuerdo para una de las partes sin perjudicar a la otra?

Dado que valoramos las cosas de manera diferente, ¿podríamos hacer alguna compensación mutuamente ventajosa?

¿Habría alguna manera de hacer que el acuerdo fuera más justo a los ojos de ambas partes o de un observador neutral?

¿Se acerca la propuesta a un resultado óptimo?

Nótese, sin embargo, que en algún momento puede interponerse el principio de rentabilidad decreciente. Los costos de perseguir un acuerdo mejor pueden ser mayores que sus beneficios.

2. Decidir rechazar un posible acuerdo

Especialmente después de pasar largos y quizás agotadores periodos de preparación y posterior negociación, ambas partes tienden a querer concluir el proceso llegando a un acuerdo. Por tanto, es necesario hacer una advertencia. Los negociadores no deben permitir que sus deseos de cooperar nublen su buen juicio.

A veces, tomar la decisión final de no llegar a un acuerdo puede ser lo más sensato. Una evaluación imparcial pero crítica de un acuerdo

---

[346] Howard Raiffa, *The Art and Science of Negotiation* (Cambridge: Harvard University Press, 1982), 158-64.

propuesto puede determinar si sus costes potenciales sobrepasan sus beneficios, si una alternativa de salida sigue siendo más atractiva o si los riesgos que conlleva el posible acuerdo resultan insostenibles.

Si se considera la negociación en términos de mantener una conversación prolongada e inteligente sobre un problema u oportunidad en común, las negociaciones que terminan sin un acuerdo, aunque son decepcionantes, en última instancia son decisiones consideradas como de no avanzar juntos en las circunstancias actuales. La manera en que se hayan llevado a cabo las conversaciones determinará a menudo si la decisión de terminar la negociación se hace de forma cordial o no y si las partes quedan motivadas para reanudar las negociaciones sobre este u otro tema en el futuro.

3. Optar por aplazar una decisión definitiva

Otra opción que los negociadores deben tener siempre presente es tomarse más tiempo antes de adoptar una decisión definitiva sobre si aceptar o no el acuerdo. A medida que los negociadores intentan juntar las piezas para un posible acuerdo, deben considerar cuidadosamente la pregunta: «¿Nos beneficiaría tener más información antes de intentar acordar una resolución final?». Si faltan piezas clave de información, llegar a un acuerdo podría ser prematuro.

Si se pudiera llegar a un acuerdo más viable, eficaz u óptimo en un futuro próximo, sería conveniente aplazarlo, si es que sigue siendo posible. El mejor enfoque podría ser definir las áreas de acuerdos tentativos y aquellas en las que quedan temas significativos, y luego determinar quién va a obtener la información que falta y que podría hacer que un acuerdo futuro sea mejor y más completo.

Cuando las partes optan por el aplazamiento, queda por decidir cuándo se reunirán de nuevo para ver si se puede finalizar y cerrar el acuerdo y determinar quién hará qué en ese intervalo. Cuando una negociación se suspende de este modo, los temas secundarios que deben considerarse son los siguientes.

¿Cuál de las partes va a obtener la información que falta?

¿Es importante que la otra parte tenga la oportunidad de verificarla?

¿Cómo deberían funcionar los procesos de recopilación y verificación de la información?

Una preocupación válida puede ser que, mientras los negociadores «completan esos vacíos», la situación se deteriore, en lugar de permanecer neutralizada durante ese tiempo. Esto plantea la siguiente pregunta: ¿hay algo que pueda hacerse para evitar que los retos de la negociación se vuelvan más difíciles de resolver cuando las partes se vuelvan a reunir?

F. Redactar un acuerdo eficaz

Aunque los acuerdos sencillos en ocasiones siguen siendo verbales, en la gran mayoría de los escenarios de mayor complejidad con los que nos encontramos los acuerdos se redactan por escrito. De hecho, en lo que respecta a los asuntos relacionados con la propiedad, las leyes de muchos estados exigen que todos los contratos de venta o arrendamiento de terrenos de más de un año de duración se hagan por escrito para evitar que sean anulables.

Poner por escrito el acuerdo al que han llegado las partes es un aspecto de vital importancia en la fase de cierre, ya que es más probable que los acuerdos se apliquen correctamente si se redactan por escrito. Sin embargo, redactar un acuerdo eficaz puede no ser fácil. Incluso los términos que parecían relativamente sencillos cuando las partes los hablaron pueden convertirse en algo mucho más complicado cuando los negociadores intentan redactar una disposición mutuamente aceptable. Los compromisos adquiridos son más claros por escrito. Los puntos que se acuerdan fácilmente cuando se discuten por primera vez pueden dar lugar a interpretaciones más complejas y controvertidas.

Cuando un equipo negocia en nombre de una organización, puede ser especialmente útil que cada parte recurra a diferentes habilidades y conocimientos a lo largo del proceso de redacción. Procure recoger los comentarios de sus colegas, corroborando con ellos determinados puntos y reconfirmando las cuestiones técnicas con aquellos que tengan conocimientos especiales.

1. Mecanismos de redacción

En cuanto a la mecánica de redacción, en algunas ocasiones los negociadores redactan juntos al menos las disposiciones más importantes. Otra posibilidad es que un negociador convierta el acuerdo oral en un borrador inicial, que la otra parte revisará y analizará con sentido crítico. A veces se crean varios borradores, y puede surgir un duelo de borradores, en el que los negociadores trabajan para conciliar las disposiciones redactadas de manera diferente.

El negociador que redacta el primer borrador puede elaborar sus términos de manera que le convenga a su parte. El redactor puede omitir algunos puntos y detallar otros. Puede optar por un lenguaje claro y preciso con respecto a una disposición y una redacción mucho más imprecisa con respecto a otra. Además, el redactor determina en gran medida la velocidad de elaboración del primer borrador.

Sin embargo, es probable que cualquier contraparte experimentada sea muy consciente de estas ventajas. El receptor del primer borrador debe estar atento para evitar que el acuerdo sea unilateral o que los redactores introduzcan nuevos temas en el texto. Dos autoridades observaron:

> Si se redacta el documento, se debe dar a la otra parte la oportunidad de corregirlo y de discutir cualquier lenguaje que no incorpore fielmente el acuerdo alcanzado Pero muchos abogados no son redactores minuciosos, así que la oportunidad de escribir el primer borrador se convierte en el poder de elegir el lenguaje crítico que se necesita para el caso. Si un adversario escribe el primer borrador, usted debe estar preparado para revisarlo línea por línea y, si es necesario, reescribir cada palabra.[347]

2. Empezar con una plantilla o un acuerdo marco

En el transcurso de la elaboración de un acuerdo complejo, los negociadores a veces trabajan a partir de un esbozo de lo que esperan que se convierta en el documento final. La plantilla puede comenzar con al menos los títulos de las disposiciones principales. Por ejemplo, las de una empresa conjunta podrían incluir «finanzas, localización, producción, distribución, organización, gestión, contabilidad y control, resolución de conflictos, política de empleo, revisión de las operaciones y planes de contingencia, entre otras, dependiendo del contexto específico».[348]

---

[347] Michael Meltsner and Philip Scrag, Negotiating Tactics for Legal Services Lawyers, in *What's Fair Lawyers*, ed. Carrie Menkel-Meadow and Michael Wheeler (San Francisco: Jossie-Bass, 2004), 211

[348] Howard Raiffa, with John Richardson and David Metcalfe, *Negotiation Analysis* (Cambridge: Harvard University Press, 2002), 207.

Al principio, la plantilla tendrá muchas secciones en blanco, que representan temas que deben resolverse. Durante la negociación se van rellenando los puntos, añadiendo los negociadores palabras o frases clave. Se pueden añadir fragmentos de lenguaje que se pueden perfeccionar cuando se formule un borrador real. De este modo, cada parte tiene la oportunidad de perfeccionar y mejorar el documento durante las conversaciones. Hay que tener en cuenta que este enfoque requiere que alguien actúe de secretario, idealmente un negociador que sea «bueno reduciendo declaraciones complejas a una composición concisa que pueda ser redactada para que todos la vean», al tiempo que «verifica continuamente lo que ha entendido frente a los objetivos del otro negociador».[349]

Crear una plantilla y trabajar en ella conjuntamente puede ser un aspecto crucial de una negociación:

> Trabajar en un borrador ayuda a centrar las discusiones, tiende a sacar a la luz asuntos importantes que, de otro modo, podrían pasarse por alto, y da una sensación de progreso. La elaboración de un borrador sobre la marcha también deja constancia de las discusiones, lo que reduce la posibilidad de malentendidos posteriores.[350]

El uso de una plantilla también puede evitar que se generen conflictos innecesarios en la redacción de un acuerdo, ya que algunas de las frases ya se han redactado.

3. Contenido: definir las disposiciones adecuadas

En el curso de una negociación avanzada, es probable que las partes hayan mencionado diversos puntos. Las discusiones con la otra parte podrían considerarse como «dos» negociaciones: las verbales y las concernientes a qué términos elegir para reflejar con exactitud las intenciones de las partes. Las palabras escritas son las que cuentan para un juez, árbitro o ejecutor de un acuerdo.[351]

Durante el proceso de redacción, los negociadores tendrán que decidir cuántos detalles de las discusiones previas deben incluirse en

---

[349]   Ibid., 401.
[350]   Roger Fisher, William Ury, and Bruce Patton, *Getting to Yes*, 2nd ed. (New York: Penguin Books, 1991), 172.
[351]   Thomas Colosi, *On and Off the Record* (Dubuque: Kendall/Hunt Publishing, 1993), 57.

el acuerdo escrito y cuáles de los muchos puntos discutidos deben convertirse en disposiciones.

Pueden haber tenido puntos de vista muy diferentes sobre si ciertos acontecimientos previsibles pueden llegar a ocurrir o es muy improbable que sucedan. Con respecto a ciertos temas, es posible que se hayan dado garantías de algún tipo. Las diferentes partes pueden haber presentado una redacción distinta para determinadas disposiciones, con propuestas de enmiendas, adiciones y sustracciones, pero sin llegar a un acuerdo claro.

Convertir estas enredadas discusiones en disposiciones claras, coherentes y mutuamente aceptables suele resultar fácil con respecto a algunos asuntos, sobre los que se llega a un consenso sin demasiada dificultad, pero mucho más desafiante y polémico con respecto a otros temas. Es importante tener en cuenta que los negociadores, así como los tribunales que examinan posteriormente los acuerdos, suelen considerar que el acto de poner por escrito un acuerdo negociado sustituye las conversaciones anteriores. Poner algo por escrito subraya la intención del negociador de hacerlo legalmente exigible. Los puntos que se ponen por escrito adquieren entonces una importancia crucial, y los que se pasan por alto en el acuerdo escrito se consideran mucho menos importantes.

En el último capítulo estudiaremos las diferencias culturales en la negociación. Por el momento, hay que tener en cuenta que este es un enfoque para los acuerdos que se aplica en muchos países occidentales, pero otras culturas pueden ver este tema de una manera muy diferente. Muchos negociadores japoneses, por ejemplo, son partidarios de acuerdos que, a ojos de los occidentales, podrían parecer simples y escasos, destacando los principios generales, pero dejando los detalles para el futuro. En esta tradición, lo que se dice durante la negociación puede tener un gran peso, aunque no se refleje en el documento final.

4. Apuntar hacia un acuerdo claro y coherente

La redacción de un acuerdo también debe revisarse con mucho cuidado y editarse rigurosamente para evitar posibles problemas. Su estructura general también debe ser objeto de análisis: el orden de las disposiciones y la forma en que se interrelacionan deben estar estructurados de manera lógica. En un acuerdo sólido y coherente, las piezas encajan bien.

Una de las ventajas de redactar cuidadosamente un acuerdo detallado es la de hacer énfasis en la precisión. Poner en palabras disposiciones con las que todo el mundo esté de acuerdo suele obligar a pensar con mayor precisión en los compromisos de cada una de las partes, en lo que específicamente pretende conseguir el acuerdo y en cómo se va a llevar a cabo exactamente.[352] En ocasiones, los negociadores deben ocultar desavenencias no conciliables con una redacción ambigua, pero en general lo que se busca es redactar disposiciones transparentes que no dejen dudas sobre lo que se espera.

Mientras los negociadores revisan el borrador escrito, pueden centrarse en las siguientes preguntas.

¿Se han cubierto bien los puntos más importantes, incluyendo todos los detalles necesarios?

¿Explica el acuerdo exactamente lo que se espera de las partes, o algunas disposiciones son demasiado imprecisas?

¿Existe alguna terminología inadecuada o frases redundantes o repetitivas que podrían eliminarse?

5. Disposiciones ilustrativas

a. Cláusula de resolución de conflictos

Cuando las partes tienen previsto mantener una interacción continua, es aconsejable incorporar una cláusula de resolución de conflictos. Esta cláusula determinará cómo se tratarán los conflictos que puedan surgir en virtud de los términos del acuerdo. Por ejemplo, las partes podrían optar por la mediación o el arbitraje en caso de que las negociaciones no resuelvan sus conflictos. En la mediación, el conflicto se remite a un tercero neutral que intenta ayudar a las partes a resolverlo, ayudándolas a encontrar una solución de mutuo acuerdo. El arbitraje difiere en que en este caso el litigio se remite a una tercera persona imparcial, elegida por las partes implicadas en el conflicto, que normalmente debe acordar de antemano acatar el fallo del árbitro. Este fallo se emite tras una audiencia en la que ambas partes tienen la oportunidad de presentar argumentos y pruebas.

Esto se debe a que ayuda a que se incorpore un tercero neutral para gestionar las diferencias importantes que surjan en su ejecución. Una vez que han surgido los problemas, tal vez con la tensión o la desconfianza

---

[352] Fisher, 78.

que los acompañan, averiguar la mejor manera de resolver las disputas puede ser complicado y puede deteriorar o estropear las relaciones. Lo mejor es aprovechar los sentimientos positivos cuando se está cerrando el acuerdo y negociar un proceso de resolución de conflictos antes de que surjan problemas concretos.

Cualesquiera que sean los pormenores al respecto, el plan debe prever, en primer lugar, múltiples oportunidades para que las partes se reúnan y traten de resolver sus diferencias. Si esos esfuerzos fracasan, debe haber una vía justa y eficaz para llegar a un resultado final y definitivo. La inclusión de una cláusula en el acuerdo que establezca, por ejemplo, que, si no se resuelve una disputa por medio de la negociación, se recurrirá a un arbitraje vinculante, constituye un verdadero incentivo para que las partes resuelvan sus desacuerdos, a fin de evitar perder el control del proceso.[353]

b. Distribuir riesgos

A medida que el acuerdo se lleva a cabo, acontecimientos inesperados o inusuales pueden interferir en su aplicación. El problema subyacente puede ser *cataclísmico* o bastante modesto, pero perturba las expectativas de las partes.

A veces se producen acontecimientos de relevancia pública. La economía puede verse sumida en una recesión, una inundación o un incendio pueden destruir propiedades, o las leyes o normativas medioambientales o de otro tipo pueden cambiar drásticamente.

Otra posibilidad es que surjan problemas relacionados con esa negociación en particular. Por ejemplo, el estado o la longevidad de un producto pueden no cumplir las expectativas del comprador. Una propiedad podría encerrar algún riesgo oculto, como la contaminación. En resumen, lo que una o ambas partes esperaban que ocurriera no está ocurriendo, lo que genera tensión o conflicto.

A la hora de elaborar un acuerdo, los negociadores quizá quieran tener en cuenta determinados riesgos y distribuir entre las partes la responsabilidad de hacer frente a sus efectos. Existen varios métodos para asignar la responsabilidad a una de las partes o a ambas.

Cuando una de las partes está preocupada por el posible efecto de un desastre natural en el acuerdo —inundaciones, tsunamis, huracanes, tifones y otros—, el negociador puede considerar la inclusión de una

---

[353] Dean Pruitt, Strategy in Negotiation, in *International Negotiation*, ed. Victor Kremenyuk, (San Francisco: Jossie-Bass, 1991), 85.

cláusula de fuerza mayor. Esta cláusula exime a una de las partes del cumplimiento de sus obligaciones por causas ajenas a su voluntad y que no podrían haberse evitado incluso si la parte hubiera actuado con la debida diligencia.

En otras circunstancias, una de las partes puede estar dispuesta a dar una garantía, es decir, un compromiso formal, normalmente por escrito. Las garantías están diseñadas para proporcionar protección. Pueden adoptar la forma de una garantía de que un producto tendrá una calidad determinada o funcionará satisfactoriamente durante un periodo determinado. En una garantía de devolución de dinero, si la garantía resulta ser engañosa, el comprador recupera el precio de compra a cambio del producto defectuoso.

A veces, una de las partes ofrece a otra una garantía, es decir, la seguridad de que algún hecho es correcto o verdadero. Por ejemplo, un vendedor puede garantizar que posee el título de propiedad del artículo que va a vender o que funcionará correctamente. Si la garantía resulta ser falsa, la parte que ha hecho la promesa deberá cubrir las pérdidas que se deriven de ella.

Algunas garantías están diseñadas para ajustar los términos del acuerdo en caso de que surjan problemas después de la compra. El vendedor puede acordar compensar al comprador sustituyendo el producto, reparándolo o proporcionando un reembolso total o parcial. En este caso, la redacción exacta de la garantía es muy importante. Por ejemplo, una garantía que establezca que un producto será sustituido solo por defectos de fabricación puede ofrecer poca eficacia si el defecto es consecuencia de un mal uso por parte del comprador.[354] En algunas circunstancias se puede redactar una disposición para ayudar a las partes a determinar si el problema es realmente un defecto de fábrica o una cuestión de mal uso.

c. Consideraciones internacionales específicas

Los negociadores que elaboran acuerdos internacionales suelen tener que enfrentarse a la inestabilidad política, social o económica. Puede estallar una guerra o una revolución, o el tipo de divisa puede variar notablemente en un país en el que una o ambas partes vayan a realizar diferentes actividades. ¿A quién se le pagará en qué moneda

---

[354] Peter Cramton and J. Gregory Dees, Promoting Honesty in Negotiation, in *What's Fair*, 117, 133n13.

y qué se hará con las fluctuaciones monetarias que surjan durante la vigencia del acuerdo?

De hecho, las partes deben considerar cómo podría afectarse su acuerdo en caso de que ocurran determinados acontecimientos. Por ejemplo, las partes de una transacción internacional deben prestar atención también a las diferencias entre sus respectivos sistemas jurídicos y políticos.

El papel del Gobierno en la sociedad difiere mucho de un país a otro. Un gobierno extranjero puede estar profundamente implicado en actividades económicas que en muchas sociedades occidentales estarían en manos privadas. Además, es posible que los funcionarios del Gobierno no se centren tanto en maximizar los beneficios de la empresa como en objetivos públicos o partidistas, como ayudar en las cifras de empleo o en conseguir publicidad en favor de algún personaje político.

Las partes en una negociación internacional también deben prestar atención al sistema jurídico bajo el que se interpretarán los términos del acuerdo. Las principales ramas del derecho —derecho común, derecho civil, derecho socialista y derecho islámico— difieren en muchos aspectos. Los negociadores pueden contratar a un abogado local para que les asesore sobre cuestiones concretas como los códigos laborales y las leyes contractuales, empresariales, fiscales y medioambientales pertinentes.

Dado que dos o más tribunales podrían tener jurisdicción sobre una disputa y dos o más sistemas legales podrían tener jurisdicción sobre un contrato, podrían surgir problemas de legislación. ¿Quieren las partes especificar qué leyes regirán los distintos aspectos del acuerdo o cómo deben interpretarse los términos del mismo? Estas son solo un ejemplo de los aspectos que los negociadores deben tener en cuenta a la hora de elaborar un acuerdo en una transacción internacional compleja.

G. Conseguir la aprobación del cliente o del grupo interesado

En prácticamente todas las negociaciones complejas, los negociadores deben obtener el consentimiento de los clientes o mandantes antes de que la resolución que han propuesto sea definitiva y vinculante. En este caso, el compromiso final —la decisión concluyente de aprobar o desaprobar el acuerdo negociado— no es del negociador, sino que está en manos de otros, a veces denominados ratificadores o clausuradores.

Esta realidad debe tenerse en cuenta cuando los negociadores interactúan, finalizan el acuerdo, redactan sus términos y se preparan para comunicar la resolución a la que han llegado, normalmente en privado al principio, pero ocasionalmente en público. A menudo, los negociadores tendrán que llevar a cabo una última negociación a nivel interno para asegurarse de que sus clientes o representados comprenden plenamente los términos del acuerdo y están dispuestos a aprobarlo.

También hay que tener en cuenta que la necesidad de obtener la aprobación por parte del cliente puede influir en la estrategia de negociación. Los negociadores deben ser conscientes de lo que se ha llamado la táctica del salami, a la que a veces se recurre al final de una negociación. Es decir, una de las partes trata de ganar un poco más, una o dos concesiones adicionales, culpando de la exigencia de última hora a sus ratificadores, a los que hay que mantener contentos o, supuestamente, no habrá acuerdo.

En resumen, el proceso para obtener la aprobación final se efectúa de modo diferente según el tipo de negociación, el cliente y la cultura. A veces, los negociadores mantienen un estrecho contacto con sus clientes a medida que se van elaborando los términos del acuerdo. En este caso, cuando los negociadores cierran el acuerdo con un apretón de manos, este refleja ya la opinión de sus representados. En otras ocasiones, lo máximo que pueden hacer los negociadores es llegar a un acuerdo provisional que deben llevar a sus clientes para que lo aprueben o lo desaprueben. En cualquiera de los casos, conseguir la aprobación de los clientes o de los miembros suele ser un asunto complicado, que se extiende hasta la fase de cierre de un acuerdo complejo.

1. Compartir méritos y guardar las apariencias

En los capítulos anteriores se ha hablado de por qué un negociador debe ser generoso a la hora de compartir el mérito con sus compañeros por las ideas y propuestas generadas. Lo mismo ocurre en la fase de cierre. Un acuerdo puede parecer más aceptable para los participantes si se considera que su grupo ha contribuido sustancialmente a generarlo.

Cuando una de las partes intenta obtener la aprobación final de un posible acuerdo, naturalmente pondrá énfasis en aquellos aspectos del acuerdo que sirvan a sus intereses. Los negociadores experimentados son conscientes de que, en algunas circunstancias, la contraparte podría exagerar sus logros, incluso públicamente.

Por ejemplo, cuando los negociadores sindicales presentan un acuerdo provisional a todos sus miembros para que lo aprueben, un mediador del gobierno federal observó: «Normalmente, el sindicato canta su gran victoria ante los directivos, mientras que los directivos guardan silencio... para asegurarse de que el sindicato quede bien parado». Y continuó:

> Si después de cada acuerdo, los directivos se jactan públicamente de haber ganado, los miembros del sindicato podrían creerles, rechazar el acuerdo y enviar a sus negociadores de nuevo a la mesa para obtener más concesiones por parte de la empresa. Al mostrar cierta moderación, la empresa permite al sindicato salir bien librado y asegurarse un acuerdo final.[355]

2. Con miras al futuro

En este capítulo se ha hecho énfasis en el reto principal al que se enfrentan los negociadores de crear un acuerdo que realmente se aplique de la misma manera que se previó cuando se negoció. ¿Acabarán las partes haciendo lo que el acuerdo preveía? ¿Tendrá una de las partes que hacer cumplir sus términos en los tribunales, o será la relación, tal vez establecida durante las negociaciones, lo suficientemente fuerte como para fomentar la aplicación adecuada o para resolver las cuestiones difíciles que surjan?

Otro aspecto a tener en cuenta al mirar hacia el futuro es si se debe dejar algo sobre la mesa. Esta frase significa conceder a su contraparte una última concesión, en lugar de intentar asegurar ese tema para la parte suya. Esta posibilidad es especialmente importante cuando las partes prevén negociar entre sí en el futuro sobre otros asuntos. Dejar algo sobre la mesa puede servir como muestra de buena voluntad de una parte hacia la otra. O puede permitir a un compañero negociador salir bien librado. El negociador también puede pedir reciprocidad para el futuro, recordando a la otra parte en su próxima negociación la última concesión que hicieron en su última negociación.

A este respecto, Roger Fisher me contó una vez que un distinguido negociador japonés le había dicho que estaba muy de acuerdo con

---

[355] Patrick Cleary, *The Negotiation Handbook* (Armonk: M. E. Sharpe, 2001), 21.

gran parte de los consejos ofrecidos en *Obtenga el sí*. Sin embargo, una cuestión con la que no estaba muy de acuerdo era el subtítulo: *Negociar un acuerdo sin ceder*. El negociador japonés observó que, al cerrar un acuerdo, su política habitual era buscar insistentemente un último aspecto en el que se pudiera ceder. Dejaba deliberadamente algo sobre la mesa para que la otra parte lo aceptara, con el fin de terminar la negociación con la otra parte comprometida.

Aunque en la segunda edición del libro *Obtenga el sí* no se cambió el subtítulo, Fisher y sus colegas aconsejaron a los negociadores que fueran generosos al final:

Cuando sientas que por fin estás cerca de llegar a un acuerdo, considera la posibilidad de dar a la otra parte algo que sepas que es valioso para ella y que sigue siendo coherente con la lógica básica de tu propuesta. Deja claro que se trata de un último gesto; no querrás crear expectativas de nuevas concesiones. A veces, una oferta mejorada de este tipo puede disipar las dudas de última hora y cerrar el trato.

Concluyeron: «Uno quiere que la otra parte salga de la negociación sintiéndose satisfecha y tratada justamente. Esa sensación puede dar buenos resultados a la hora de implementar un acuerdo, así como en futuras negociaciones».[356]

Un último aspecto. Dado que la manera de cerrar los acuerdos puede influir en las relaciones futuras, desde tiempos inmemoriales los pueblos han realizado rituales de diversa índole para reforzar su compromiso con el acuerdo.[357] Los protocolos difieren según la cultura: a veces las partes se limitan a estrecharse la mano, otras comparten una botella de licor y otras disfrutan de una comida u otra ceremonia de clausura. Se pueden pronunciar discursos, y ciertos acuerdos pueden hacerse públicos en un comunicado de prensa o en una rueda de prensa. Piense en todo esto como una manera no solo de marcar el momento de un acuerdo importante, sino de fomentar su eventual aplicación según las pautas previstas en las negociaciones. Una ceremonia de clausura puede tener un valor tangible para continuar las relaciones positivas con sus contrapartes.

---

[356] Fisher, Ury, and Patton, 175.
[357] Wade and Honeyman, 494.

Capítulo 9
Conclusión: elaboración y aplicación de estrategias eficaces y éticas

Una estrategia de negociación debe constar de un plan detallado, compuesto por varias tácticas, cuidadosamente elaboradas y destinadas a alcanzar objetivos específicos. Pensar estratégicamente es una de las dimensiones más vitales pero intrincadas de la negociación avanzada, y este capítulo se centra en cómo los negociadores pueden formular estrategias eficaces y éticas. Al crear una estrategia, los negociadores experimentados recurren a sus conocimientos de teoría y práctica de la negociación, y cada uno de los capítulos anteriores ofrece ideas que podrían integrarse en una estrategia. Dado que esta estrategia está basada en todos los capítulos anteriores, la examinaremos en último lugar.

Sin embargo, para los negociadores, la estrategia debe constituir la base de su pensamiento desde la prenegociación. En primer lugar, hay que analizar de forma crítica el problema o la oportunidad de la negociación, pensando en los problemas, las limitaciones y las posibilidades, con la orientación de un profesional. Para elaborar una estrategia de primer orden, el negociador debe identificar objetivos realistas y, a continuación, desarrollar un plan minucioso para alcanzarlos.

Si el reto es crear un buen plan, otro diferente es ejecutar bien esa estrategia. Incluso cuando sus elementos son sencillos, recordar los detalles de una estrategia de negociación y llevarla a cabo sin problemas puede ser un reto, sobre todo cuando las partes se enfrentan a problemas complejos. En este caso, es fácil perder el enfoque. A menudo se cruzan pensamientos contradictorios con rapidez, las sorpresas pueden alterar las expectativas y las discusiones pueden ir cambiando a medida que las partes tratan de poner en práctica sus distintas estrategias. Puede resultar difícil predecir el curso que tomará la negociación.

Lo que complica aún más las cosas es que, a veces, aferrarse demasiado a una estrategia de negociación previamente concebida puede obstaculizar el avance hacia una resolución creativa y mutuamente beneficiosa. A medida que se comienza a negociar, y se comprenden mejor las distintas perspectivas de las partes y sus diferentes necesidades y objetivos, la estrategia con la que se inició la negociación puede resultar inadecuada. Por ello, es posible verse obligado a descartar o modificar elementos de la estrategia o incluso cambiar de plan. De hecho, puede ser útil haber creado una estrategia alternativa a la que se pueda recurrir en determinadas circunstancias.

A pesar de estos desafíos, tomarse el tiempo para pensar estratégicamente es de vital importancia para obtener el mejor resultado posible en una negociación compleja. Es mucho más fácil ajustar una estrategia en medio de una negociación que elaborarla por primera vez una vez que las conversaciones ya están en marcha. Piensa en una estrategia, es decir, en una hoja de ruta para la negociación. Si la ruta que prefiere se ve obstruida, tendrá que encontrar otra. Pero haber trazado una ruta estratégica interesante puede ser una parte inmensamente valiosa de una buena preparación.

A. Crear una estrategia eficaz

Consideremos a continuación algunos factores clave que los negociadores pueden encontrar útiles.

1. Liderar frente a reaccionar

La pregunta inicial es si hay que intentar liderar e influir en la otra parte o si hay que esperar a ver lo que hace el otro negociador y reaccionar ante ello. Los negociadores no preparados o inexpertos suelen estar inseguros sobre qué hacer frente a una amplia gama de circunstancias, mientras que sus homólogos más experimentados o mejor preparados suelen actuar con determinación.

Los negociadores hábiles suelen querer orientar la negociación de la manera que más les ayude a alcanzar sus objetivos. Tienden a confiar en sus capacidades para conseguir sus objetivos y es posible que sientan preocupación de que sus compañeros de negociación puedan entrar en las conversaciones con menos capacidad para hacerlas avanzar de manera productiva.

Sin embargo, a veces, una estrategia centrada en oponerse a la otra parte es muy recomendable. Por ejemplo, dependiendo del contexto, se puede preferir que la otra parte haga una primera oferta. Esto puede ser sensato si el negociador es totalmente incapaz de evaluar su MAAN y su precio de reserva. O bien, una de las partes puede estar muy poco segura del valor de lo que está en juego. Pensemos, por ejemplo, en una negociación laboral en la que «el que hace la entrevista sabe más sobre el posible rango salarial que el candidato al puesto».[358]

Aunque un negociador hábil utiliza cada uno de estos enfoques en diferentes etapas, la mayoría de las veces es preferible liderar que responder en una negociación compleja. Sin embargo, si decides que en este contexto concreto prefieres dejar que la otra parte avance y responder a lo que tiene que decir, deberías ser capaz de articular por qué esa estrategia es la más adecuada para el problema de negociación al que te enfrentas.

Un aspecto relacionado con lo anterior es si se debe elegir la estrategia basándose en las suposiciones sobre la manera de negociar de la otra parte. Algunos teóricos de la negociación aconsejan que, si se percibe a la contraparte como un negociador duro, se adopte una postura similar, pero si se le percibe como colaboradora, se diseñe una estrategia basada en la cooperación.

Este consejo es algo problemático. Al suponer que nuestra contraparte no colaborará con nosotros, corremos el riesgo de dar lugar a una especie de profecía auto cumplida. En una negociación compleja hay que intentar ser proactivo. Esto incluye ver si es posible llevar la negociación por un camino hacia la colaboración, si ese fuese el enfoque preferido.

2. Lista de verificación frente a negociación de paquetes

Otra cuestión estratégica de primer orden consiste en saber si la negociación se plantea como una lista de verificación de asuntos que hay que ir tachando uno tras otro a medida que se resuelven con la contraparte. O si, por el contrario, se considera que el acuerdo final será más bien un paquete de medidas. Si es así, puede discutir los asuntos en profundidad, pero mantenerlos como solución hasta crear una propuesta global que pueda funcionar. Al crear estrategias de negociación, hay que considerar cuidadosamente la naturaleza y las ventajas y desventajas relativas de los enfoques de la lista de verificación y del paquete de negociación.

---

[358] Katie Shonk, When to Make the First Offer in Negotiation, Program on Negotiation, Harvard Law School, Oct. 8, 2015, http://www.pon.harvard-edu/daily/negotiation-skills-daily/when-to-make-the-first-offer-in-negotiation/.

a. Naturaleza de la negociación basada en listas de verificación

En un enfoque basado en listas de verificación, las partes negocian una serie de asuntos, de manera individual, para llegar a soluciones de mutuo acuerdo. Aunque algunos de los puntos pueden dejarse de lado temporalmente para volver a ellos más tarde, el esfuerzo consiste en tratar cada asunto por separado, sin vincular explícitamente un asunto a otro. Una vez que se han resuelto todos los puntos de la lista de verificación, el acuerdo ha quedado completo.

Consideremos un buen número de ejemplos de negociaciones basadas en listas de verificación habituales. Los políticos o sus asesores jurídicos pueden moverse de esta manera a través de un proyecto de ley o reglamento, pasando de una disposición a otra, tratando de encontrar concesiones viables o un terreno en común en cada una de ellas. Dos abogados que negocian los términos de un acuerdo de fusión de empresas o de compraventa también podrían proceder a través de un borrador de documento de una manera similar a la de una lista de verificación. Deben iniciar el proceso desde la primera fase, examinando la redacción de cada una de las cláusulas y aprobándolas o modificándolas.

Al revisar un proyecto de convenio colectivo, los negociadores de un sindicato y una empresa también pueden optar por la modalidad de lista de verificación. Una negociación laboral típica podría incluir no solo las tarifas salariales, sino también

> temas relacionados con planes de pensión, vacaciones pagadas, horas de trabajo y horas extras, servicios sanitarios, competencias de los supervisores, procedimientos de reclamación, instalaciones de recreación, normas de funcionamiento de cierta maquinaria, información y participación de los empleados en las decisiones de la empresa y en su gestión actual, y otros aspectos similares.[359]

Las dos partes podrían abordar estos temas, uno por uno, buscando negociar una resolución en cada asunto.

Un autor, experimentado en negociación colectiva, tenía en mente el enfoque de lista de verificación cuando escribió que el objetivo habitual de los negociadores es hacer que la lista de temas acordados, o «firmados», sea más larga y la de temas no resueltos, o «pendientes», más corta.[360] (Poner la firma) implica que los representantes de cada

---

[359] Philip Gulliver, *Disputes and Negotiations* (New York: Academic Press, 1979), 56n15.
[360] Patrick Cleary, *The Negotiation Handbook* (Armonk: M. E. Sharpe, 2001), 27.

parte acuerdan formalmente la resolución de un asunto concreto, lo que se traduce en que cada negociador pone sus iniciales junto a la disposición acordada).

b. Naturaleza de la negociación de paquetes

Un enfoque opuesto podría denominarse negociación de paquetes. En este caso, las partes abordan un tema en concreto, se hacen una idea de las perspectivas de cada una de las partes del conflicto —los intereses implicados y quizás algunas opciones que se les ocurran—, luego suspenden la discusión (los negociadores se refieren a «presentarla») y pasan al siguiente tema. Solo después de que se hayan expuesto en profundidad los puntos de vista de las partes sobre todos los asuntos, los negociadores pasan a elaborar propuestas. Estas pueden adoptar una apariencia de acuerdo global que abarque todos o muchos de los diferentes temas o asuntos.

Por ejemplo, imaginemos una familia de agricultores en la que el padre o la madre de avanzada edad decide trasladarse a una institución para jubilados. Tiene previsto utilizar el producto de la venta de la casa y las tierras agrícolas para cubrir sus gastos futuros, y ha pedido a sus dos hijos adultos, ambos con sus propias granjas, que decidan cómo deben repartirse entre ellos los demás bienes que no se llevará. Su hija podría proponer un paquete de medidas a su hermano:

> Tú y tu esposa reciben los tres caballos appaloosa, cuatro ovejas, catorce gallinas y el gallinero, la vieja camioneta y el tractor, y el generador portátil. Mi esposo y yo nos quedamos con los dos caballos palominos, los cuatro cerdos, el pequeño rebaño de vacas lecheras, el toro y todas las herramientas del establo.

El punto clave lo constituye el hecho de que un negociador no puede llegar a un acuerdo sobre ninguna de las partes que lo componen hasta ver en qué consiste el paquete completo. Separar los caballos y cambiar tres apaloosas por dos palominos podría no ser un acuerdo justo, pero los paquetes, cada uno de los cuales incluye los caballos como uno de sus componentes, podrían considerarse justos. Por lo tanto, un negociador que pretenda elaborar un acuerdo global estipulará que hasta que las partes no se pongan de acuerdo sobre dicho acuerdo, no se asumirá ningún compromiso. Cualquier sugerencia sobre asuntos específicos será provisional, hasta que ambas partes aprueben una resolución final: «Hasta que no se acuerde *todo*, no se acuerda *nada*».

c. Ventajas de la lista de verificación

A veces, los negociadores prefieren un enfoque basado en listas de verificación. Uno de ellos sería cuando los asuntos que se negocian están separados y son distintos o cuando la lógica interna de la negociación sugiere que es sensato abordarlos uno a uno y resolver cada uno en sus propios términos. El escenario que favorece la negociación mediante listas de verificación sería aquel en el que la lista de asuntos a negociar es larga y difícil de manejar, por ejemplo, un gran grupo de representantes de diferentes Gobiernos que intentan consolidar el derecho internacional en algún tema, por ejemplo, los derechos de los turistas y otros extranjeros cuando viajan al extranjero. El hecho de que existan docenas o incluso cientos de asuntos suele inclinar a las partes hacia un enfoque basado en listas de verificación.

Un negociador que siga una estrategia que implique crear un *momentum* abordando primero los asuntos más fáciles también podría favorecer un enfoque consistente en una lista de verificación. En la mayoría de las negociaciones complejas, algunos puntos del orden del día se resuelven fácilmente y otros son mucho más espinosos. Avanzar en una negociación verificando punto por punto puede ser una forma de hacer avanzar los asuntos, a la vez que ayuda a construir relaciones de trabajo positivas que pueden ser especialmente útiles cuando se analizan los asuntos más difíciles.

Otra posibilidad es que una de las partes se interese realmente por la resolución de uno o dos asuntos de los muchos que se van a discutir. Puede que le preocupe que la otra parte se entere de ese gran interés y mantenga como «rehén» la resolución de ese asunto, es decir, que se niegue a ceder hasta que se hagan concesiones sustanciales en otros temas. Para evitar este tipo de situaciones, el negociador puede optar por proceder a través de una lista de verificación, eliminando los puntos uno por uno sin hacer especial hincapié en alguno de ellos.

d. Ventajas de un enfoque de negociación de paquetes

Por el contrario, un enfoque basado en paquetes sería una opción lógica cuando los temas están interrelacionados y la resolución de cualquier asunto debe dejarse de lado hasta que se pueda llegar a un acuerdo global. Los negociadores prefieren esperar a ver si el paquete completo es lo suficientemente atractivo como para aceptarlo. Cuando los negociadores esperan hacer concesiones, la opción basada en paquetes es especialmente adecuada. Ninguna de las partes obtendrá todo lo que quiere, pero las partes aspiran a una resolución que sea mutuamente beneficiosa, ya que cada una obtiene ciertos elementos que le son muy favorables.

Un enfoque basado en paquetes puede ser más difícil de poner en práctica, pero también puede fomentar una mayor creatividad y dar lugar a una resolución más detallada. Dos expertos sostienen que cuando los negociadores trabajan en un listado de asuntos, intentando resolverlos de uno en uno, tienen «casi garantizado que dejarán valor sobre la mesa para todas las partes», ya que «normalmente llegarán a acuerdos intermedios en cada uno de los asuntos» en los que sus intereses se oponen, en lugar de diseñar compensaciones creativas que maximicen el valor que cada uno recibe. Aunque la elaboración de un paquete puede llevar más tiempo que la elaboración de una lista de verificación, ofrece «una mayor oportunidad de flexibilidad y creatividad».[361]

Por último, hay que tener en cuenta que en una negociación determinada puede haber elementos de negociación basados en listas de verificación y en paquetes. Por ejemplo, los negociadores pueden empezar a revisar la agenda marcando cada uno de los puntos, pero luego se dan cuenta de que el acuerdo final puede depender de la combinación de varios puntos. Por lo tanto, podrían empezar con una lista de verificación y después pasar a un paquete de negociación, o podrían hacer una lista de verificación de algunos puntos, pero crear un paquete que cumpla con las necesidades de ambas partes en otros aspectos.

3. Componentes de una negociación estratégica

Las decisiones para liderar o reaccionar y adoptar un enfoque basado en una lista de verificación o en un paquete de medidas subrayan la importancia de que los negociadores piensen muy cuidadosamente en las características del problema o la oportunidad a la que se enfrentan y elaboren una estrategia acorde. El negociador que prepara su estrategia puede plantearse en primer lugar las siguientes preguntas.

¿Cuál es la naturaleza del problema o de la oportunidad que tenemos ante nosotros? ¿Existe alguna situación que valga la pena recordar, y se recuerda igual o de forma diferente en cada una de las partes?

¿Qué es exactamente lo que nuestra parte quiere conseguir y por qué?

---

[361] Jeffrey Rubin and Bert Brown, *The Social Psychology of Bargaining and Negotiation* (New York: Academic Press, 1975), 147.

¿Cuáles son los principales retos a los que se enfrentan los negociadores?

¿Deben tenerse en cuenta las circunstancias especiales?

¿Cuál es el estilo y la personalidad de nuestra contraparte?

¿Qué estrategia esperamos que siga la otra parte?

Estas preguntas proporcionan información sobre el tema central a considerar: *a la luz de las circunstancias particulares a las que nos enfrentamos, ¿cuál sería el plan más creativo, elaborado y completo que podría ayudarnos a alcanzar nuestros objetivos?*

A la hora de crear una estrategia, el negociador debe considerar cómo capitalizar la influencia y el poder, o disminuir el de su contraparte. En este sentido, una cuestión estratégica importante consiste en analizar las mejores alternativas a un acuerdo negociado (MAAN) y estimar las MAAN de la otra parte. Los negociadores que confían en que tienen muy buenas MAAN pueden poner sus miras en un nivel más alto, y los que tienen unas MAAN realmente débiles pueden tener que pensar detenidamente en lo que sería factible conseguir. Si una de las partes tiene un MAAN claramente superior, dispondrá de una ventaja de la que carece su contraparte.

Hay que recordar también que, en muchas situaciones, los negociadores percibirán indicios estratégicos en el orden del día y considerarán que es mejor abordar los temas en un orden determinado. Una estrategia con un enfoque basado en intereses podría indicar la mejor manera de atraer a la contraparte a un proceso de reflexión conjunta sobre los problemas u oportunidades en cuestión. En este caso, algunas ideas podrían tener como objetivo promover relaciones de trabajo positivas. También hay que tener en cuenta que algunos negociadores podrían analizar cuál sería la ubicación ideal de los asientos o el mejor lenguaje corporal al comenzar las conversaciones.

Para un negociador basado en intereses, la estrategia podría centrarse en cómo explicar de la mejor manera posible sus intereses a la otra parte y cómo descubrir los intereses de su contraparte. No hay que pasar por alto la importancia de las preguntas, muchas de ellas destinadas a completar la información que falta. Una estrategia de este tipo también podría identificar normas objetivas que ambas partes pudieran reconocer como legítimas o lógicas.

Una estrategia puede hacer referencia a opciones creativas prometedoras, incluyendo cuestiones relativas al mejor momento y forma de plantearlas. Además, puede incluir una fase de lluvia de ideas para generar otras nuevas. La estrategia de un negociador también puede hacer referencia a algunas ideas sobre cómo cambiar un ambiente negativo o superar probables problemas o impasses. Las consideraciones estratégicas pueden proyectar ideas detalladas sobre la mejor manera de cerrar el trato. El recuadro 11.1 presenta una serie de preguntas que podrían ayudar a un negociador a organizar su pensamiento estratégico.

Recuadro 9.1 - Lista de verificación de una estrategia de negociación

- ¿Qué tal una agenda? ¿En qué orden quiero abordar los temas?
- ¿Cuál es la mejor manera de conseguir el tipo de relaciones de trabajo que quiero?
- ¿Qué tono quiero tratar de establecer, y cómo podría tratar de establecerlo?
- ¿Hay alguna distribución de asientos que prefiera? ¿Hay aspectos del lenguaje corporal que deba tener en cuenta? ¿Qué accesorios son útiles (portapapeles, pizarra, *power point*, etc.)?
- ¿Qué información falta? ¿Qué preguntas, planteadas en qué orden, podrían ayudar a descubrir los puntos clave?
- ¿Qué pasa con las MAAN? ¿Quiero discutir las mías y/o las de ellos?
- Si estoy adoptando un enfoque basado en intereses, ¿cuál es la mejor manera de involucrar a la otra parte en un debate sobre intereses, averiguando sus intereses y revelando los míos que quiero compartir?
- ¿Qué normas objetivas, opciones creativas y otros dispositivos de resolución de problemas podrían resultar útiles, y cómo y cuándo pienso plantearlos?
- ¿Quiero proponer una sesión conjunta de lluvia de ideas, y cómo preveo que se lleve a cabo?
- ¿Tengo alguna idea concreta sobre los tiempos? ¿Hay asuntos en los que sería mejor no profundizar inmediatamente? ¿Hay algo que prefiera dejar de lado a la espera de que surja un momento oportuno?
- ¿Cómo espero formular una oferta, una propuesta o un sí? ¿Cuál es el mejor orden para enumerar sus elementos? ¿Qué es lo que más animará a la otra parte a conseguir? ¿Qué es lo que más les puede preocupar?

B. Crear una estrategia basada en la ética

1. Asuntos de ética en la negociación

A continuación, pasamos a tratar de crear una estrategia ética y eficaz. La gente considera que una persona honesta es aquella que no realiza diversas actividades antisociales: no roba en las tiendas, por ejemplo, ni hace trampas en los exámenes. Un negociador honesto no miente a las contrapartes ni se aprovecha de forma injusta. Y, sin embargo, por muy sencillo que parezca, los negociadores a menudo reflexionan sobre diversas cuestiones éticas que surgen al trabajar con los demás.

Algunas personas que no se considerarían deshonestas en la vida ordinaria pueden proceder asumiendo que su papel como negociador permite un comportamiento diferente. A veces se esconde un sentimiento de *caveat emptor*, «que el comprador tenga cuidado», así como la opinión de que engañar a la otra parte sobre las intenciones de uno en diversos asuntos es una parte inherente de la negociación.[362] Parte del intento de conseguir el mejor trato posible, según un negociador, implica ocultarle a usted el punto en el que realmente voy a llegar a un acuerdo. Y, si está permitido que evite una comunicación directa al respecto, ¿podría haber una serie de otras circunstancias en las que estaría justificado y sería mejor tratar con usted de manera menos honesta?

«Exagerar» consiste en hablar o sobrevalorar los puntos que benefician a tu parte en la negociación. La mayoría de las sociedades conceden a los negociadores un margen de maniobra para exagerar un poco el precio u otras condiciones de un acuerdo. El negociador puede exagerar su entusiasmo o adelantar opiniones sobre el gran valor de algo o predicciones sobre el excelente rendimiento que se puede esperar. Los compradores también pueden alardear, por ejemplo, diciendo que no pueden comprometerse más o afirmando que el tiempo se está acabando cuando estas limitaciones son en realidad exageradas. En resumen, muchas negociaciones incluyen un argumento de venta de un tipo u otro.

Estos comentarios son una parte muy habitual del «toma y daca» de la negociación, por lo que no se espera que los negociadores se basen,

---

[362] James White, The Pros and Cons of Getting to YES, *Journal of Legal Education* 34 (1984), 118.

literalmente, en estas declaraciones.[363] A menudo existen muchas opiniones válidas o plausibles sobre el valor de algo, y se espera que los vendedores se inclinen por darle un alto valor a lo que están vendiendo. Un célebre juez federal estadounidense declaró: «Hay algunos tipos de opiniones que ningún hombre sensato toma en serio, y si lo hace sufre por su credulidad».[364]

Las preguntas más serias respecto a la ética de la negociación que encontramos se centran a menudo en las circunstancias. Consideremos, por ejemplo, los siguientes asuntos, temas que los negociadores que se creen honestos e íntegros podrían resolver de manera algo diferente.

¿Se debe negociar de una manera con los colegas o los miembros de la familia, y de otra manera en una transacción con personas que no se conocen? ¿Un negociador honesto procede de forma diferente con amigos y desconocidos?

¿Qué hechos pertinentes a una negociación es correcto no revelar a la contraparte? ¿Cuáles son los límites de la información confidencial legítima?

¿Debe uno intentar conseguir en un acuerdo negociado mucho más de lo que considera en privado que es su parte justa? ¿Siempre hay que tratar de maximizar lo que recibe la parte contraria, o en determinadas circunstancias hay que autoimponerse unos límites concretos? Pero ¿qué circunstancias exactamente y qué límites?

¿Y el impacto de una resolución negociada sobre terceros que no están representados en la mesa de negociación? ¿Hasta qué punto se tiene la obligación ética de tener en cuenta sus intereses?

Dado que las preguntas relativas a lo que implica una negociación honesta suelen surgir de forma abrupta, sin dejar mucho tiempo para considerar lo que se debe hacer, la gente debería pensar con antelación cuál es la mejor forma de abordar los asuntos éticos. En este sentido, algunos consideran que hay que hacer una contrapartida: «Cuanto más estrictas sean las normas éticas, mayor será el coste que hay que pagar para mantenerlas en una transacción determinada. Cuanto más bajas sean las normas éticas, mayor será el precio en términos de reputación».[365]

---

[363] Russell Korobkin, Michael Moffitt, and Nancy Welsh, The Law of Bargaining, in *The Negotiator's Fieldbook*, ed. Andrea Kupfer Schneider and Christopher Honeyman (Washington, DC: American Bar Association, 2006), 184.

[364] *Vulcan Metals Co. v. Simmons Manufacturing Co.*, 248 F. 853, 856 (2d Cir. 1918) (opinion by Judge Learned Hand).

[365] Richard Shell, *Bargaining for Advantage* (New York: Penguin, 1999), 205.

2. Diferentes criterios de la negociación ética

Nuestra teoría de lo que constituye una negociación íntegra debe ser coherente y estar basada en nuestros valores. Un negociador honesto e íntegro debería, si se le pide, ser capaz de explicar y defender con un fundamento persuasivo cómo ha manejado un asunto ético. Pasemos, pues, a analizar varias posibles normas.

a. Principios jurídicos

Algunas normas relacionadas con la negociación íntegra y no íntegra tienen que ver con los principios jurídicos. En este caso, los negociadores se preguntan: «¿Qué puedo hacer legalmente para tratar de conseguir el mejor resultado posible para mi parte en la negociación, y qué estaría prohibido por la ley?». Entre los temas específicos que pueden surgir en una negociación están los siguientes.

¿Qué grado de transparencia exige la ley?

¿Qué comportamiento en la negociación puede ser denunciable ante la ley?

¿Qué constituye un comportamiento fraudulento o coercitivo o una tergiversación ilícita?

¿Qué puede llevar a un tribunal a anular un acuerdo, incluso a conceder daños punitivos?

Las legislaturas de varios países han aprobado leyes sobre temas concretos, como el derecho de familia o el derecho de valores, que pretenden afectar el comportamiento de los negociadores. En la venta de inmuebles residenciales, los posibles vendedores pueden estar obligados por ley a revelar los problemas importantes que conozcan sobre su propiedad. Las leyes de consumo y bancarias pueden obligar a una de las partes a revelar determinados asuntos a la otra.

Las leyes relacionadas con el fraude pueden afectar todo tipo de negociaciones. Un negociador hace una declaración fraudulenta cuando dice algo sobre un hecho clave, o importante, a sabiendas de que es falso. Por lo general, la otra parte también debe confiar en esa declaración de manera que el tribunal la considere razonable, y tiene que haber salido perjudicada como consecuencia de esa confianza. En muchos sistemas jurídicos, un tribunal puede anular un acuerdo obtenido de forma fraudulenta, y el negociador que sea sorprendido mintiendo puede ser responsable de los daños y perjuicios. El uso de amenazas indebidas por parte de un negociador también puede llevar a un tribunal a declarar nulo un acuerdo.[366] Puede ser ilegal que el negociador amenace al otro con un delito, con un agravio o con una acusación penal.[367]

No obstante, un negociador que pretenda determinar el comportamiento adecuado e inadecuado según las normas legales debe darse cuenta de que gran parte de la legislación estatal simplemente establece una base mínima en relación con ciertos asuntos, pero no identifica ni prohíbe una gran variedad de tácticas cuestionables. Ciertamente, las leyes rara vez obligan a revelar una amplia gama de asuntos que serían relevantes para los negociadores. Por ejemplo, las declaraciones sobre el valor o el precio de algo no se consideran normalmente declaraciones de hecho, sino que se supone que son meras opiniones, a las que se hace referencia al establecer una postura de negociación. En resumen, si bien se aplican a la negociación diversas disposiciones legales en materia de contratos, sociedades, propiedad y otros cuerpos legales, la mayoría de las veces se deja que el proceso de negociación funcione en gran medida por sí mismo. No conozco ningún sistema jurídico que regule ampliamente la negociación.

b. Principios éticos

En muchos países se puede esperar que los negociadores honestos sigan normas éticas más exigentes, elaboradas o complejas que las de la legislación. Por ética me refiero a los principios o reglas de conducta que una sociedad espera que sus miembros sigan en determinadas situaciones. Una táctica de negociación puede no ser explícitamente ilegal, pero otros negociadores pueden seguir considerándola poco ética. «El propósito de la ética... —declaró una autoridad— es frenar el excesivo interés propio y fomentar más tener en cuenta los derechos de los demás...».[368]

Al reflexionar sobre cuestiones éticas, los abogados estadounidenses tienden a empezar con las Normas Modelo de Conducta Profesional del Colegio de Abogados de Estados Unidos o alguna variante estrechamente relacionada que se encuentre en el código deontológico de un colegio de abogados estatal. Estas fuentes exigen a los abogados que no mientan sobre hechos relevantes, es decir, información que un

---

[366] Gerald Williams, *Legal Negotiation and Settlement* (St. Paul: West Publishing, 1983), 92.

[367] *Restatement, Second, of Contracts*, §175 (1981).

[368] Eleanor Holmes Norton, Bargaining and the Ethics Process, in *What's Fair*, ed. Carrie Menkel-Meadow and Michael Wheeler (San Francisco: Jossie-Bass, 2004), 284.

negociador consideraría razonablemente importante para determinar cómo proceder en una negociación.[369]

En Estados Unidos, se supone que un abogado que dice: «No aceptaremos ningún acuerdo que nos ofrezca menos de x» está dando una opinión, y no declarando un hecho relevante. Sin embargo, un abogado que represente a un banco local que podría ser vendido a un competidor regional más grande estaría obligado a ser veraz sobre las finanzas del banco. Los hechos relativos a los activos del banco y otros asuntos financieros importantes serían esenciales para la negociación. Y, si un abogado se da cuenta de que ha hecho una declaración sustancialmente errónea, existe la obligación en el sistema legal de Estados Unidos de corregir lo que se ha tergiversado anteriormente.[370]

En varios países, contadores, agentes inmobiliarios y otros profesionales tienen códigos de ética, al igual que los abogados, que se comprometen a cumplir. Algunas de estas disposiciones pueden estar relacionadas con la negociación, y una asociación de profesionales puede sancionar o disciplinar de otro modo a un negociador por una conducta poco ética relacionada con la violación de un código ético.

En resumen, más allá de los principios jurídicos, los negociadores pueden intentar discernir las directrices éticas. Algunas de ellas están estipuladas en códigos de conducta para profesionales, pero otras dependen de consideraciones culturales sobre cómo se debe actuar dentro de esa sociedad en diferentes situaciones. Es posible que no estén escritas en ninguna fuente autorizada, pero equivaldrían a costumbres o tradiciones de cómo se comportan los negociadores éticos.

c. Principios morales

La ética habla de la visión de una sociedad, de sus juicios de valor, de lo que es una conducta honrada y valiosa o una conducta deshonesta e incorrecta. Por tanto, ayuda a delimitar el comportamiento adecuado e inadecuado de sus miembros. Sin embargo, diferencio este término a partir de una perspectiva moral de la negociación, que considero que implica las aspiraciones personales de los individuos de ser personas buenas, responsables y honorables.

Aunque cada persona piensa en las características positivas de forma diferente, muchos negociadores podrían asociar la negociación

---

[369] American Bar Association, *Model Rules of Professional Conduct*, Rule 4.1: Truthfulness in Statements to Others.

[370] Geoffrey Hazard, Jr., The Lawyer's Obligation to Be Trustworthy When Dealing with Opposing Parties, in *What's Fair*, 168.

responsable con el trato justo con los demás y con no abusar de su falta de conocimiento. Desde una perspectiva moral no se pregunta: «¿Qué puedo hacer y evitar que me sancionen por ello, legal o socialmente?», sino «¿Qué debo hacer para comportarme como un negociador honesto y justo?».

El fundamento para recurrir a las normas morales es que, por el hecho de estar negociando, no debes convertirte en una persona diferente con menos valores morales. «Lo que está mal hacer a otra persona —se ha dicho— no se excusa por el hecho de negociar».[371] Ningún cliente para el que usted esté negociando debe ser capaz de comprar sus principios morales. No debe alterar lo que cree que es la forma correcta de comportarse simplemente porque ahora está negociando, en lugar de emprender alguna otra actividad. Representar con celo a una parte no obliga a un agente negociador a mentir en nombre de esa parte.

Una de las razones por las que los negociadores deberían tener en cuenta sus principios morales a la hora de determinar qué hacer en una situación determinada es que su comportamiento no solo afecta a su cliente y a su contraparte. También puede afectarles a ellos mismos. Su misma identidad puede estar ligada a su moral, al igual que su bienestar psicológico, incluida su satisfacción laboral. Muchas personas quieren estar orgullosas de para quién trabajan, de lo que representan, de quiénes son. Apartarse de esta verdad o tergiversarla puede tener ramificaciones personales negativas. Una autoridad señaló: «[Un] mentiroso a menudo se minimiza a sí mismo al mentir, y la pérdida es precisamente su dignidad y su integridad».[372]

Así, algunas veces las personas recurren a su propio sentido de lo que constituye un comportamiento moral. En este caso, alguien aplicaría los dictados de su conciencia y sus convicciones a una cuestión relacionada con la ética de la negociación. Por ejemplo, un negociador podría recurrir al consejo bíblico «Haz a los demás lo que quieras que te hagan a ti». ¿Cómo te gustaría que te trataran si te encontraras en la misma situación? La moral puede estar influenciada por la visión de las personas sobre el tipo de sociedad en la que quieren vivir. Algunos se preguntan: «¿Y si todo el mundo actuara así? ¿Sería socialmente un problema?».

Otro enfoque moral de las cuestiones de honestidad lleva a los negociadores a pensar en cómo se verían ante sí mismos o ante los

---

[371] Jonathan Cohen, The Ethics of Respect in Negotiation, in *What's Fair*, 260.
[372] Sissela Bok, *Lying* (New York: Pantheon Books, 1978), 46.

demás.[373] Después de participar en una estrategia que podría ser cuestionada por motivos morales, ¿te avergonzarías de lo que has hecho? ¿Y si tus padres, hijos o mentores te vieran en acción? ¿Cómo se sentirían respecto a tus acciones?

Tu propio comportamiento modélico puede influir positivamente en los demás,[374] mientras que las acciones deshonrosas pueden tener el efecto contrario. Nuestras acciones acumulativas, sobre diversos temas y múltiples negociaciones, afectan directamente a nuestra sociedad. «Nuestra bondad no se define por lo que profesamos en abstracto —se ha observado—, sino que se promulga paso a paso en cada una de las pequeñas cosas que hacemos en la mesa de negociación».[375]

d. Aspectos prácticos o útiles

Al plantearse un asunto de ética en la negociación, las consideraciones pragmáticas también pueden entrar en el cálculo de lo que hay que hacer. En este caso, los negociadores no se centran en si una posible acción es inadmisible, sino en si es poco aconsejable.

Por razones eminentemente prácticas, los negociadores pueden decidir no engañar a los demás sobre determinados puntos. Sócrates aconsejó una vez: «Considera tu buen nombre como la joya más rica que puedes poseer...».[376] El negociador puede relacionarse con numerosas contrapartes a lo largo de los años. Cultivar su buen nombre, haciéndose reconocido por su trato honorable y directo, con el que trata a los demás con respeto y dignidad, puede generar importantes dividendos en futuras negociaciones. Puede ser muy útil entrar en una negociación con una buena reputación en cuanto a integridad, y estar a la altura de esas expectativas durante las discusiones.

Los estudios empíricos sobre la negociación jurídica sugieren que un abogado que actúa de forma ética y respetuosa con los demás tiene más probabilidades de ser considerado como un negociador eficaz por las contrapartes que uno que no lo hace. Tratar a la otra parte con honestidad puede considerarse un requisito previo para lograr una estrecha cooperación necesaria para resolver problemas u oportunidades complejas.

---

[373] Howard Raiffa, *The Art and Science of Negotiation* (Cambridge: Harvard University Press, 1982), 350-51.

[374] Ibid., 353.

[375] Carrie Menkel-Meadow and Michael Wheeler, Bargaining Tactics, in *What's Fair*, 201.

[376] Catherine Tinsley, Jack Cambria, and Andrea Kupfer Schneider, Reputations in Negotiation, in *The Negotiator's Fieldbook*, 202.

Tenga en cuenta también que la confianza es difícil de fomentar y puede esfumarse por un comportamiento dudoso. Después de un acto de engaño, la contraparte puede llegar a reconocer que, de hecho, fue engañada. Quienes descubren que fueron engañados tienden a sentirse agraviados, resentidos y manipulados. Cuando uno trata a otro de forma poco ética, esa parte puede «guardar rencor, buscar formas de vengarse y difundir rumores o chismes que pueden dificultar la consecución de futuros objetivos por parte del negociador».[377]

Además, si una de las partes tergiversa la información y la otra se da cuenta, la contraparte engañada podría hacer su propia tergiversación, iniciando una espiral de engaños que puede socavar toda la negociación. En cambio, si la verdad se conoce en algún momento futuro, la mentira previa puede afectar negativamente la implementación del acuerdo.

El enfoque práctico o útil insta, pues, a los negociadores a considerar cuidadosamente su reputación y el efecto que el comportamiento engañoso podría tener en su capacidad para negociar eficazmente en otras circunstancias. Una autoridad concluyó: «Una mala reputación, la pérdida de credibilidad y el hecho de que los demás no quieran negociar con nosotros son mucho más graves que cualquier cosa que podamos ganar aprovechándonos a corto plazo de nuestro oponente».[378]

3. Información, confidencialidad y fraude

Quienes participan en negociaciones complejas suelen tener múltiples oportunidades en las que pueden exagerar, distorsionar, ignorar o faltar a la verdad. Al llevar a cabo una estrategia, el negociador puede tener la tentación de ocultar, adornar, tergiversar la verdad o hacer declaraciones engañosas, todo ello para tratar de obtener alguna ventaja en la negociación.

Esto plantea la pregunta de qué debo decir a la otra parte y qué puedo tratar de ocultarle adecuadamente. Los asuntos éticos que se plantean con más frecuencia en la negociación tienen que ver con la divulgación o la no divulgación, así como con la distorsión de los hechos. Es útil pensar en la divulgación total y el engaño intencionado como un proceso continuo, que plantea regularmente problemas

---

[377] Roy Lewicki, Alexander Hiam, and Karen Wise Olander, *Think Before You Speak* (New York: J. Wiley, 1996), 216.
[378] Ibid., 238.

a los negociadores en cuanto a lo que deben revelar a la otra parte, cómo formular sus declaraciones, cuándo omitir algo y qué ocultar exactamente a la otra parte.[379]

En la mayoría de las sociedades, no se espera que los negociadores muestren una franqueza total, revelando abiertamente todos los asuntos. La contraparte podría aprovecharse si se pusiera al descubierto alguna vulnerabilidad y revelar toda la información a la otra parte podría afectar negativamente nuestra ventaja. Al preguntarse «¿dónde hay que poner el límite?», un negociador observó que, en ocasiones,

> quieres que tu contraparte crea que eres más inamovible en el precio de lo que realmente eres. No quieres que se dé cuenta de la poca importancia que tiene para ti el punto que estás a punto de ceder, para que tu concesión le motive a hacer un movimiento sustancial en otro aspecto.[380]

Los negociadores experimentados deben tener en cuenta la posibilidad de que, en algunos puntos, la otra parte no esté siendo del todo directa, y deben tratar de diferenciar las declaraciones verdaderas de las medias verdades y las falsedades.

a. Mentiras

La forma más habitual y directa de engaño es la mentira descarada, es decir, una afirmación contraria a lo que quien la pronuncia cree que es cierto. Los negociadores mienten «para desinformar al oponente, para eliminar u ocultar la elección de alternativas del oponente, o para manipular los costes y beneficios percibidos de determinadas opciones que el oponente puede querer seguir».[381] En términos más sutiles, el negociador puede decir algo que, aunque sea literalmente cierto, está cuidadosamente calculado para engañar a la contraparte.

Dada la naturaleza privada de gran parte de las negociaciones, el negociador puede decir mentiras que nunca se descubrirán.[382] Sin embargo, inventar mentiras suele ser una cuestión complicada. Cuanto más intrincada es la mentira y cuanto más se aparte la mentira de la memoria, más difícil será para el mentiroso recordar exactamente lo que se dijo.

---

[379] White, 118.
[380] James Freund, *Smart Negotiating* (New York: Simon & Schuster, 1992), 62.
[381] Roy Lewicki and Robert Robinson, Ethical and Unethical Bargaining Tactics, in *What's Fair*, 223.
[382] James White, Machiavelli and the Bar, in *What's Fair*, 91.

Y una mentira suele llevar a otra. Sissela Bok escribió:

> Es fácil, observó un experto, decir una mentira, pero es difícil decir solo una. La primera mentira «debe ser cubierta con otra o lloverá» a través de ella. Puede que se necesiten más y más mentiras; el mentiroso siempre tiene más que remendar.

Concluyó observando que las tensiones «son cada vez mayores; muchos han observado que se necesita una excelente memoria para que las mentiras se sostengan firmes y despejadas».[383]

Entonces, mentir puede convertirse en algo habitual o adictivo. Mentir puede ser utilizado en cada vez más ocasiones y cada vez por más razones diferentes. Uno puede llegar a convertirse en un mentiroso habitual y persistente. Esto es sumamente perjudicial para los negociadores, ya que las falsas declaraciones suelen tener un potencial real de provocar graves problemas. El célebre estadista francés François de Callières declaró: «Una mentira siempre deja una gota de veneno».[384] Engañar a una contraparte puede amenazar las relaciones de trabajo y estropear las posibilidades de una resolución negociada del problema u oportunidad que se aborda.

Por estas razones, cabe preguntarse si la mentira en la negociación sirve realmente a los intereses fundamentales y ayuda al negociador, o si, con demasiada frecuencia, acaba complicando y socavando los propios intereses, lo que hace que sea una apuesta muy arriesgada en la que confiar. Teniendo esto en cuenta, un experto aconseja: «Siempre que tengas la tentación de mentir sobre algo, detente, piensa un momento y luego encuentra algo —cualquier cosa— sobre la que decir la verdad».[385]

b. Omisiones

Una mentira es un acto de *comisión*: uno decide decir algo para engañar a otro. Pero, a veces, los negociadores deciden no decir nada. Una fuente señala: «Las investigaciones han demostrado que las personas son más propensas a mentir por *omisión* (no revelar toda la verdad) que por comisión (responder falsamente a una pregunta cuando se les plantea)...».[386] ¿Cuándo una omisión pasa el filtro de la ética y cuándo no?

---

[383] Bok, 25.
[384] Francois de Callières, *On the Manner of Negotiating with Princes* (New York: Houghton Mifflin, 1919), 32.
[385] Shell, 228 (italics in original).
[386] Art Hinshaw, Peter Reilly, and Andrea Kupfer Schneider, Attorneys and Negotiation Ethics, *Negotiation Journal* 29 (2013): 281.

Un aspecto de este principio de no divulgación es la confidencialidad. Los clientes tienen derecho a confiar en la discreción de su negociador, que puede tener instrucciones legítimas de no revelar ciertos asuntos. O, por ejemplo, los negociadores que participan de los esfuerzos de su cliente por vender algo. Si el negociador sabe que un comprador potencial podría obtener ese mismo artículo más rápido o más barato con un competidor, podría no revelar ese dato. En una transacción de mercado, la mayoría consideraría que su papel es promover los intereses de su cliente y no se sentiría obligado a proporcionar a sus contrapartes negociadoras toda esa información.

Sin embargo, muchos asuntos relacionados con la no divulgación son mucho más difíciles de resolver. Imagínese la venta de una pequeña empresa. ¿Debe el propietario informar al comprador de que un empleado valioso tiene previsto marcharse antes de que se consuma la venta, o es responsabilidad del comprador averiguar estos asuntos al investigar si hace una oferta de compra? ¿Y si la salida prevista se produce después de la venta? ¿Y si los planes de salida del empleado son aún inciertos? Quienes se proponen negociar honestamente podrían resolver estas situaciones de manera diferente, de acuerdo con sus propias teorías de ética de la negociación.

Otra clase de problema ético surge cuando la contraparte comete un error de cálculo importante durante la negociación. Tal vez la otra parte no comprenda la importancia de lo que ha ocurrido y esté dispuesta a llegar a un acuerdo a pesar de que uno puede ver que las condiciones son evidentemente injustas a su favor. Si el otro negociador desconoce o está confundido, ¿se busca aclarar o sacar provecho de la situación?

En general, según la legislación estadounidense, un abogado que negocia con otro no sería responsable de corregir los malentendidos de la otra parte sobre los hechos, ya que, tal y como establecen las Reglas Modelo de Conducta Profesional, un abogado no tiene «el deber expreso de informar a la parte contraria de los hechos relevantes».[387] Sin embargo, habría una excepción si una de las partes hiciera una declaración errónea y el silencio de la otra confirmara efectivamente que la declaración es cierta. En este caso, la obligación de corregir omisiones existe en el caso de «omisiones que equivalen a declaraciones afirmativamente falsas».[388]

Otra consideración clave en estas circunstancias es que un tribunal puede anular un contrato por haber cometido un error, al igual que

---

[387] American Bar Association, Model Rules of Professional Conduct, Comment to Rule 4.1.
[388] Ibid.

en los casos de fraude y tergiversación. Además, incluso si el asunto no llega a litigar, la parte que cometió el error grave podría no cumplir con sus obligaciones en virtud del acuerdo. La contraparte podría sentirse enfadada, traicionada o burlada y podría buscar represalias. Esto podría ocurrir en la implementación, o en alguna negociación futura, o difamando la reputación del negociador contrario. Estas posibles consecuencias negativas son tan graves que aprovecharse discretamente del gran error de otra persona no solo es moralmente sospechoso, sino que puede ser una cuestión de falta de visión de futuro.

c. Estar alerta ante un posible engaño

El negociador mentiroso conoce algún aspecto importante, pero, con la esperanza de obtener una ventaja, guarda silencio al respecto, lo pasa por alto o desvía la atención de otro modo para animar a la otra parte a creer otra cosa. Los negociadores experimentados son conscientes de que este tipo de mentiras y omisiones se producen con frecuencia cuando las personas interactúan entre sí.

¿Cuándo debe un negociador estar especialmente alerta contra el engaño? Las personas suelen tener un objetivo claro cuando se desvían de la verdad. Si una declaración falsa tiene muchas posibilidades de influir en usted, su contraparte puede verse tentada a exagerar.[389] Cuando se escucha una declaración potencialmente engañosa, sería bueno considerar cuán motivada está la otra parte para engañarte en ese punto. Cuando haya fuertes motivaciones, hay que ser especialmente cauteloso.

Hay que tener en cuenta que dar un giro favorable a un punto o hecho suele estar ligado a consideraciones de apalancamiento, por ejemplo, cuánto quiere alguien algo, en qué fecha lo necesita o si tiene una opción atractiva de salida. Cuando una parte finge una falta de interés en algún punto o deja la falsa impresión de que no tiene prisa por llegar a una solución negociada, puede tener el temor de que, si actúa de otro modo, la otra parte perciba la influencia que tiene y la aproveche.[390]

Los negociadores también pueden estar especialmente propensos a cometer faltas éticas en las siguientes circunstancias:

* cuando se enfrenta a intereses especialmente altos, como la necesidad real de cerrar un trato,

---

[389] Freund, 68.
[390] Roy Lewicki, David Saunders, and John Minton, *Essentials of Negotiation*, 2nd ed. (Boston: Irwin/McGraw-Hill, 2001), 170.

- cuando se enfrenta a clientes o mandantes enojados, exigentes o que ejercen presión,
- cuando el negociador se deja llevar por sus instintos competitivos o se siente acorralado o desesperado,
- cuando se ha desarrollado una desconfianza en la otra parte, especialmente en su veracidad, o
- cuando el tiempo es corto y el negociador desea concluir un acuerdo rápidamente.

Una serie de circunstancias difíciles en las que podría darse un engaño tiene que ver con asuntos que son particularmente difíciles de verificar.[391] A veces las presiones por el tiempo limitan o eliminan la posibilidad de comprobar algo que la otra parte ha dicho. Algunos asuntos, como por ejemplo lo que prefiere una parte o el grado de compromiso con una acción futura, son intrínsecamente algo especulativos o ambiguos. Y, otros asuntos podrían ser fácilmente excusados o explicados como un error o un descuido o un error de comunicación, en lugar de un engaño deliberado.

Otro escenario potencialmente perjudicial es cuando las relaciones futuras entre las partes parecen poco probables. El negociador puede estar especialmente preocupado por conservar una reputación positiva mientras tenga la esperanza de trabajar con su contraparte en el futuro. Por otra parte, la reputación puede tener un peso importante cuando, si se engaña a la otra parte, esa información puede llegar a otras personas cuya opinión podría afectarles. Cuando las relaciones continuas no son importantes y es improbable que la noticia de lo que está ocurriendo en esta negociación trascienda demasiado, hay que tener especial cuidado de no dejarse engañar. En este caso, el negociador tiene menos posibilidades de engañar a su contraparte.

d. Contrarrestar las prácticas engañosas

Entonces, ¿cómo evitar que las personas se dejen engañar? Todos tenemos alguna experiencia tratando de descubrir mentiras. Sospechamos de lo que la gente dice y de cómo lo dice: esquivando temas, eligiendo cuidadosamente las palabras cuando no hay necesidad aparente de ser diplomáticos. También podemos fijarnos en el lenguaje corporal: alguien esquiva el contacto visual o sonríe con una mueca. O bien, el tono de una conversación cambia bruscamente: alguien parece de repente evasivo, malhumorado, incómodo.

---

[391] Peter Cramton and Gregory Dees, Promoting Honesty in Negotiation, in *What's Fair*, 124.

¿Qué más puede hacer un negociador para descubrir o evitar las prácticas engañosas? Un posible antídoto contra el engaño consiste en trabajar para que la relación llegue a tener probabilidades futuras. Una autoridad aconseja:

> Intente conseguir referencias, recomendaciones y contactos que muestren a la otra parte que la relación con usted es importante. Esta medida mitiga en cierto modo la incitación a comportarse de una manera poco ética que, de otro modo, se daría.[392]

También puede ser muy útil negociar personalmente, cara a cara. El lenguaje corporal y las expresiones faciales pueden indicar si se está faltando a la verdad. Y, aunque la negociación por correo electrónico deja constancia escrita, lo cual desincentiva el engaño, también ofrece la posibilidad de plantear las cosas con mucha astucia, abriendo otras posibilidades de engaño. En algunos casos, el negociador puede pedir respetuosamente pruebas o documentación de algún punto especialmente importante.[393] Cuando el negociador hábil se dispone a cerrar un trato, buscará la forma de verificar los puntos clave.

Los negociadores experimentados también contrarrestan el engaño mediante el uso de preguntas que les ayudan a evaluar de forma crítica lo que escuchan de la otra parte. Unas preguntas hábiles pueden ayudar a prevenir o exponer los engaños u omisiones de una contraparte astuta o evasiva. Cuando un negociador percibe una desviación de la verdad o detecta algo que parece contradictorio o que plantea dudas, puede mencionar la declaración enigmática y hacer más preguntas para tratar de aclarar lo que está sucediendo. Una técnica consiste en señalar las contradicciones en las respuestas de la otra parte y exigir explicaciones mejores y más completas.[394] Otra es plantear una serie de preguntas, combinando algunas cuya respuesta ya se conoce.

4. Negociar de buena fe

Ganarse la reputación de negociar de buena fe puede ser excepcionalmente útil. Un negociador de buena fe no tergiversa información ni miente a su contraparte. Un negociador de buena fe está, de hecho, interesado en ver si se puede llegar a un acuerdo y negocia de forma honesta y justa para conseguir ese fin.

---

[392] Shell, 226.
[393] Maurice Schweitzer and Rachel Croson, Curtailing Deception, in *What's Fair*, 176.
[394] Lewicki, Saunders, and Minton, 178-79.

Un negociador íntegro se asegura de que la información que presenta en el curso de la negociación es totalmente exacta: «Si se afirma algo como un hecho, debe ser un hecho».[395] Cuando se procede de buena fe, la organización envía a negociar a alguien que tiene los conocimientos, las capacidades y la experiencia necesarios para realizar el trabajo.

Un negociador de mala fe puede actuar con falsos pretextos, fingiendo que negocia mientras que en realidad está dilatando el proceso, recopilando información, buscando actuar como saboteador o persiguiendo algún otro objetivo. Además, algunos consideran que, una vez hecha una concesión, es una negociación de mala fe eliminarla o revertirla posteriormente. Se espera así que las ofertas sucesivas de un comprador sigan aumentando, y las de un vendedor, disminuyendo. Howard Raiffa llegó a definir como principio de la negociación de buena fe el hecho de que «una vez que se hace una concesión, no se revierte».[396] Negociar de mala fe también incluiría la selección intencionada de un negociador no cualificado con el fin de engañar, frustrar o confundir a la otra parte, retrasar cualquier resolución o encubrir aspectos de la situación.

En resumen, un negociador de buena fe es una contraparte honorable. No se rebajaría a intentar «trucos sucios» con su contraparte. Esto abarcaría toda una serie de prácticas turbias o deshonestas. Hacer que una contraparte se sienta físicamente incómoda con el sol delante de sus ojos o la calefacción encendida sería un truco sucio, al igual que robar las notas de la otra parte o escuchar a escondidas sus reuniones para conocer sus pensamientos privados.

Además, otro aspecto de la negociación de buena fe consiste en aplicar debidamente el acuerdo al que se ha llegado. Una promesa debe ser «moneda sólida», no algo concedido a la ligera. Es de vital importancia para mantener una buena reputación que el negociador cumpla los compromisos adquiridos. Y, si las circunstancias cambian y exigen que se rompa una promesa anterior, es importante avisar a los que se verán afectados, inmediatamente y pidiendo disculpas, con una explicación exhaustiva de lo que ha ocurrido. Estos son los ingredientes centrales de la negociación de buena fe, un componente clave de la negociación ética.

---

[395] Roger Fisher, Negotiating Inside Out, *Negotiation Journal* 5 (1989): 39.
[396] Raiffa, 50.

C. Circunstancias especiales: enfoque de la negociación intercultural

A la hora de preparar una estrategia para una negociación avanzada, puede ser útil resumir brevemente lo que más se destaca de la siguiente negociación. ¿Cuál es el contexto en el que se va a negociar? Por ejemplo, ¿se trata de conversaciones entre personas que se conocen bastante bien, como los socios de una pequeña empresa o los miembros de una familia extensa? O bien, ¿esta negociación se llevará a cabo con personas que no conoces bien? ¿Será necesario superar una situación adversa del pasado?

¿Podría darse en la negociación una dimensión transcultural que merezca especial atención? Normalmente pensamos que las culturas varían sustancialmente de una región a otra, una cultura africana diferente de una asiática, o que difieren de un país a otro, una cultura rusa frente a una francesa. De hecho, muchas personas viven hoy en día en países donde hay múltiples culturas. Las complejas transacciones multiculturales se dan ahora no solo en los negocios internacionales y la política exterior, sino también cuando son los mismos individuos quienes negocian entre sí dentro del mismo país.

Solíamos asociar la negociación intercultural principalmente con el trabajo de los diplomáticos. Pero, en las últimas décadas, la práctica de las relaciones internacionales ha saltado mucho más allá de las interacciones tradicionales de los ministerios de asuntos exteriores. El personal del sector privado y el no gubernamental, cuyos conocimientos se centran en campos técnicos como la salud, la agricultura y la ciencia, pueden verse trabajando con contrapartes extranjeras y, por tanto, emprendiendo negociaciones con personas arraigadas a culturas diferentes.

Los asuntos jurídicos y gubernamentales trascienden ahora de manera habitual las fronteras estatales. Los funcionarios que intentan resolver problemas comunes o responder a crisis repentinas se encuentran con que deben colaborar estrechamente entre sí. Las enfermedades saltan las fronteras estatales. Los litigios civiles complejos tienen a menudo dimensiones internacionales. Cuando se discuten los acuerdos en estos casos, puede darse una negociación transcultural. De hecho, dado que gran parte de la delincuencia es de carácter internacional, la policía, los fiscales y los abogados defensores suelen estar en contacto con extranjeros.

Los intercambios diplomáticos también se han incrementado. Los casi doscientos Estados soberanos envían cada año a miles de diplomáticos al extranjero para tratar asuntos que trascienden las fronteras. Las diferentes orientaciones culturales entran en juego en los tratos bilaterales entre gobiernos, así como en las interacciones multilaterales, incluidas las que se generan en decenas de organizaciones internacionales. Una razón fundamental para que un gobierno forme un cuerpo diplomático competente es permitir que los funcionarios que trabajan a diario con asuntos internacionales se familiaricen estrechamente con otras culturas y utilicen las habilidades interculturales en las negociaciones en el extranjero.

Los negociadores hábiles saben cómo ver una situación desde la perspectiva de su contraparte. Si tenemos que trabajar con otra persona para aprovechar una oportunidad compartida o para encontrar una solución mutuamente beneficiosa a un problema común, tenemos que entender lo que está pensando. En la negociación de problemas complejos, comprender la mentalidad y los procesos de pensamiento de nuestra contraparte puede ser de vital importancia.

Los negociadores experimentados que trabajan en un entorno transcultural deben considerar cómo las diferencias culturales pueden afectar la manera en que cada una de las partes aborda el tema de la negociación. Una autoridad declaró: «La cultura es para la negociación lo que los pájaros que se estrellan contra los motores son para los aviones en vuelo... impedimentos prácticos que hay que tener en cuenta (y evitar)...».[397] Sin embargo, también veremos que las diferencias culturales pueden brindar oportunidades para llegar a acuerdos. Precisamente porque un negociador ve los intereses de una manera muy distinta a la de su contraparte con otra cultura, ambos pueden obtener beneficios conjuntos.

¿Cuáles son los retos transculturales y cómo pueden superarse con éxito? Las negociaciones pueden verse obstaculizadas por el conflicto transcultural, es decir, por distracciones de fondo relacionadas de algún modo con diferencias culturales que pueden obstaculizar una negociación eficaz al hacer que una de las partes se sienta disgustada, tensa, irritada o incómoda.[398] Por ejemplo, la cultura influye directamente en la proximidad de la conversación, es decir, en la distancia a la que las personas se sientan o se ponen de pie cuando interactúan.

---

[397] I. William Zartman, A Skeptic's View, in *Culture and Negotiation*, ed. Guy Olivier Faure and Jeffrey Rubin (Newbury Park: Sage Publications, 1993, 19.

[398] Glen Fisher, *International Negotiation* (Chicago: Intercultural Press, 1980), 53-57.

Ciertamente, las culturas difieren en cuanto a si es apropiado abrazar, besar, inclinarse y estrechar la mano, y cuándo. Las distinciones culturales pueden ayudar a determinar qué ropa llevan los negociadores y qué temas de conversación son aceptados o tabú. Los protocolos que se siguen cuando se negocia pueden ser importantes, y no exclusivamente en los círculos diplomáticos o gubernamentales. Aprender la etiqueta de una sociedad extranjera puede conducir a negociaciones interculturales más productivas. Los negociadores hábiles que trabajan entre dos culturas intentan hacerse una idea de lo que es un comportamiento adecuado en la otra cultura y se preparan para minimizar los efectos del impacto transcultural.

Evitar las ofensas es solo un aspecto de la negociación hábil entre personas de culturas distintas. Las cuestiones interculturales son mucho más profundas que el comportamiento educado y la etiqueta adecuada. Pueden ahondar en lo filosófico: la visión de la vida de una parte y el orden adecuado de los asuntos privados y públicos. Lo que uno valora, la manera de entender sus intereses, las prioridades y los objetivos que establece, la manera de interactuar con la otra parte, si usted está centrado principalmente en relaciones a largo o a corto plazo, los valores culturales pueden afectar todas estas características importantes de la negociación.

Una fuente sostenía:

> En el pasado, las variables culturales se consideraban «costumbres singulares» que simplemente había que «aprender» para tener éxito en entornos extranjeros... recuerda hacer una reverencia cuando te encuentres con los japoneses, lleva un regalo cuando te reciban en casa de alguien, y no hagas tal o cual gesto que signifique otra cosa indecente en tal o cual país.[399]

Otro académico identificó las relaciones culturales como mucho más que «un encuentro complicado entre idiomas, modales y hábitos contrapuestos... con qué mano se come o si mostrar las plantas de los pies se considera algo decoroso». Por el contrario, los factores culturales pueden influir en las diferentes suposiciones acerca de las características propias de cada sociedad, de si una determinada sociedad da prioridad al grupo o individualmente, y de si las disputas deben resolverse «sobre la base de la justicia abstracta o de la armonía social».[400]

---

[399] Nancy Roth, Todd Hunt, Maria Stavropoulos, and Karen Babik, Can't We All Just Get Along, *Public Relations Review* 22 (1996): 151-61.

[400] Raymond Cohen, An Advocate's View, in *Culture and Negotiation*, 22.

Algunos han argumentado que el concepto de destinar un tiempo para discutir directamente cómo resolver las diferencias o aprovechar las oportunidades tiene su origen en las culturas occidentales. Una de las consecuencias podría ser que las personas de una cultura determinada podrían ver los objetivos fundamentales de una negociación de manera diferente a las de otra. El negociador puede esperar algo más que un intercambio de opiniones, tal vez con afirmaciones simbólicas o argumentos retóricos formales, mientras que el que está profundamente influenciado por otra cultura puede anticipar que se tratará de una negociación pragmática, cooperativa y orientada a la resolución de problemas.[401] Cuando las expectativas culturales respecto al tema central de la negociación difieren notablemente, un aspecto importante de la estrategia puede consistir en hacer que sus contrapartes vean las mismas posibilidades que usted al iniciar las conversaciones sobre el tema.

Los aspectos culturales también pueden influir en el lugar elegido para negociar y en el tiempo que se asigna a las conversaciones. La cultura puede influir en si una negociación se concibe como un asunto intensamente privado o como uno que debe exponerse, al menos parcialmente, a la vista del público. Las personas elegidas para negociar, o para dirigir un equipo de negociación, pueden tener distintas expectativas sobre el comportamiento habitual en las negociaciones, en función de si una cultura tiene un sentido muy refinado y jerárquico o una orientación más igualitaria. Incluso el número adecuado de miembros de un equipo de negociación puede variar en función de las distintas culturas. Por ejemplo, una empresa multinacional con sede en Occidente puede llegar a China con un equipo de tres negociadores y enfrentarse a entre quince y treinta negociadores chinos.[402]

Recuadro 9.2 — Preparándose para negociar entre culturas

La persona que se prepara para una negociación intercultural podría enfocar su atención en algunas de las siguientes preguntas y en la manera en que su estrategia podría abordar mejor las respuestas.

- ¿Qué aspectos de la cultura de mi contraparte pueden plantear retos particulares u ofrecer oportunidades que deba tener en cuenta?

[401] Guy Olivier Faure and Gunnar Sjöstedt, Culture and Negotiation, in *Culture and Negotiation*, 9.

[402] Guy Olivier Faure, International Negotiation, in *International Negotiation*, ed. Victor Kremenyuk (San Francisco: Jossie-Bass, 2002), 402.

- ¿Qué tipo de acuerdo es más probable que le interese a la otra parte: un contrato específico y muy detallado o una declaración de principios básicos generales?
- ¿Pueden las variables culturales determinar algunas de las expectativas de mi contraparte en nuestra relación de trabajo? ¿Pueden influir también en la manera en que la otra parte proyecta resolver cualquier diferencia o problema que surja en el futuro?
- En la cultura de mi contraparte, ¿se espera normalmente que haya compromisos y concesiones como parte de una negociación, o en esa cultura la palabra negociar normalmente connota la construcción de relaciones o algún otro fin?
- ¿Es probable que mi contraparte tenga otras concepciones culturalmente derivadas sobre el proceso de negociación como tal -sus objetivos, sus tácticas y estrategias, su ritmo, sus tiempos y sus fases- que puedan afectar los procedimientos?

Conclusión

Todo esto sugiere que entender cómo ven las personas de una determinada cultura la negociación —sus objetivos y procesos habituales— puede ser una información muy valiosa. En una negociación con dimensiones transculturales, aprender algo del comportamiento de esas culturas particulares que pueda influir en las contrapartes es parte inherente de una buena preparación. Además, existe una rica y creciente literatura sobre la comunicación intercultural, que ofrece a los negociadores la posibilidad de «hacer su trabajo» y aprender algo de antemano sobre la cultura de sus posibles contrapartes.[403]

Para negociar eficazmente entre distintas culturas, se debe tratar de comprender lo suficiente la cultura de la contraparte como para poder formular una estrategia eficaz que minimice los obstáculos que plantean las diferencias transculturales y aproveche las similitudes y oportunidades transculturales.[404] Los negociadores hábiles del siglo XXI tienen que ser sensibles a las variaciones culturales y tratar de evitar que los factores culturales compliquen lo que ya de por sí pueden ser cuestiones de fondo bastante difíciles. Si ocurre algo extraño durante la conversación

---

[403] See, for instance, *The ABA Guide to International Business Negotiations*, 3rd ed., ed. James Silkenat, et al. (Chicago: American Bar Association, 2009).

[404] Alexander Nikolaev, *International Negotiation* (Lanham: Lexington Books, 2007), 252.

con la contraparte en un encuentro transcultural y se siente inseguro o sospechoso de lo que está sucediendo, no considere inmediatamente que su contraparte es irracional o que está utilizando alguna táctica de negociación inteligente diseñada para aprovecharse de usted. Tenga en cuenta que otra posibilidad muy real es el choque de culturas. Es posible que pueda clarificar lo que está ocurriendo, de hecho, pensando o preguntando sobre las diferencias culturales relevantes.

Aunque obviamente es importante que los negociadores piensen en la cultura de sus contrapartes y en las maneras en que la cultura podría afectar la comunicación con ellas, los expertos en negociación transcultural también considerarán cómo su propia cultura podría desconcertar o confundir a los demás. Esta cuestión suele ser mucho más difícil de responder de lo que parece a primera vista, ya que es difícil analizar objetivamente nuestra propia cultura. Cuestiones que pueden parecer de sentido común o reflejo de la naturaleza humana pueden derivarse realmente de la educación recibida en una determinada cultura.

D. Una última reflexión

Crear estrategias de negociación éticas cada vez más eficaces y elaboradas es una habilidad que se puede seguir mejorando, incluso durante toda la vida. Quizá el paso más importante para estar mejor preparado para negociar de la mejor manera posible sea la autoevaluación crítica de los esfuerzos realizados anteriormente en la preparación.

Por muy exhaustiva que sea la preparación previa a la negociación, a menudo se descubre que se han previsto mal algunas cosas, que se han malinterpretado ciertos puntos, que quizás se han cometido algunos errores, o que incluso se ha filtrado algún fallo en el análisis preparatorio. Además, en todas las negociaciones —incluso en las que han salido bastante bien y han producido excelentes resultados— los negociadores suelen mirar atrás y ver ciertos asuntos que podrían haberse manejado con mayor destreza.

No se me ocurre mejor manera de cerrar un capítulo sobre estrategia de negociación que proponiendo una autoevaluación, diseñada para ayudar a los negociadores a enfocar su pensamiento en lo que ha salido bien y en lo que podría mejorarse en la preparación de futuras negociaciones.

Autoevaluación después de una negociación importante

I. Conclusión: ¿Qué es aquello que ha funcionado tan bien que podría volver a intentarlo en una futura negociación?

II. Preparación: Cuando entraste en la negociación, ¿de qué pensabas que se trataba? En retrospectiva, ¿la negociación se centró en esos asuntos o en otros?

Al inicio de la negociación, ¿conocías bien los intereses de ambas partes, sus posibles alternativas y sus criterios objetivos? ¿Hubo algún fallo en este sentido? Al entrar en la negociación, ¿estabas menos seguro de los hechos y las cifras de lo que habría estado un negociador experto? ¿Cómo podrías haber mejorado tu preparación?

III. Curso de la negociación

A. Proceso: Dejando de lado por un momento el resultado alcanzado, sea cual sea, ¿cómo calificaría el proceso de negociación? ¿Cómo fue la comunicación entre usted y su contraparte?

B. Momentos decisivos: ¿Cuáles fueron los momentos clave de la negociación? ¿Quién dijo qué a quién y qué consecuencias se derivaron de ello?

C. Desempeño de la contraparte: ¿Qué es lo que ha funcionado bien para la otra parte y qué podría haber hecho con más eficacia?

D. Tu desempeño: ¿Qué ha hecho usted para llegar a un buen acuerdo?, y qué se dijo o se hizo que podría haberlo obstaculizado? Al repasar la negociación, ¿estuviste más calmado de lo que habría estado un negociador ejemplar? Por el contrario, ¿puede que hayas dominado o sobrecargado las discusiones de tal manera que hayas desanimado a tus contrapartes a aportar ideas o que hayas pasado por alto puntos que alguien que prestara más atención o escuchara mejor podría haber detectado?

E. Negociaciones internas: (i) Trabajo en equipo: Si estabas negociando conjuntamente con otra persona, ¿trabajaste bien con tu compañero o colega? Si tuvieras que volver a llevar a cabo una negociación como esta, ¿qué podría haceros un equipo aún más eficaz?

(ii) Preocupaciones del cliente/agente: Si estabas negociando para otro, ¿cómo se ven en retrospectiva tus interacciones internas, las que se produjeron dentro de tu parte de la negociación? ¿Has comprendido bien los objetivos e intereses de su cliente? Si te pidieran que escribieras un breve memorándum a tu cliente, ¿qué punto destacaría de la negociación? Si debes informar a un director sobre lo ocurrido en la negociación, piensa detenidamente en la manera más eficaz de entregar un informe después de una negociación. Por ejemplo, ¿sería preferible hacer un informe oral o un memorándum a posteriori? ¿Sería útil redactar también un memorándum para su propio expediente? ¿Qué puntos sería mejor destacar para el cliente?

IV. Concluyendo la negociación:

A. Compromisos: Al recordar lo que pediste al otro u otros negociadores, ¿fuiste lo suficientemente realista, teniendo en cuenta sus probables parámetros de negociación y sus objetivos e intereses? ¿Por qué la propuesta final era buena y debía ser aceptada, o por qué era tan defectuosa que rechazarla era la única medida sensata? Si se trata de esto último, ¿cómo debería su parte «recoger los pedazos» y seguir adelante? ¿Qué debería ocurrir exactamente a continuación?

B. Ejercicio del peor crítico: Imagina a una persona que se muestra como tu peor crítico en tu mismo lado de la negociación. ¿Qué crítica podría hacer esa persona sobre la resolución —ya sea un acuerdo o una decisión de no acuerdo— y cómo podrías responder?

C. Ejecución: A medida que se vaya ejecutando el acuerdo, ¿qué asuntos es probable que surjan? ¿Cuáles son los que probablemente exijan una atención continua a medida que pase el tiempo? ¿Qué puntos resultarán difíciles de cumplir para una u otra parte y qué podría haberse hecho de otra manera para evitar posibles problemas?

Índice

www.ingramcontent.com/pod-product-compliance
Lightning Source LLC
Chambersburg PA
CBHW041207220326
41597CB00030BA/5078